人材・介護サービスと地域労働市場

加茂浩靖 著

古今書院

目　次

序　論 ── 1
　　第1節　本書の目的　1
　　第2節　各章の概要　4

本　論

第Ⅰ章　地理学における地域労働市場研究 ── 11
　　第1節　はじめに　11
　　第2節　隣接学問分野における労働市場研究　12
　　第3節　地理学における労働市場研究　18
　　第4節　地理学における地域労働市場研究の課題　24

第Ⅱ章　日本の労働市場の地域構造 ── 27
　　第1節　はじめに　27
　　第2節　研究方法　29
　　第3節　高度経済成長期以降における日本の労働市場の変化　33
　　第4節　1985年における労働市場の地域構造　37
　　第5節　1993年における労働市場の地域構造および
　　　　　　1985年と1993年の比較　47
　　第6節　結　び　57

第Ⅲ章　国内周辺地域における労働者の還流移動
　　　　　－鹿児島県姶良地域を事例として－ ── 63
　　第1節　はじめに　63

第2節　対象地域の概観　66
第3節　姶良地域における地域労働市場の性格　68
第4節　還流移動の実態　76
第5節　還流労働者の労働条件　82
第6節　還流労働者の就業特性　86
第7節　結　び　94

第Ⅳ章　業務請負業の労働力調達行動
－東広島市に立地する業務請負企業を事例に－　99

第1節　はじめに　99
第2節　業務請負業の業種特性　102
第3節　業務請負業における労働力の特徴　106
第4節　業務請負業による労働力の調達　111
第5節　結　び　118

第Ⅴ章　国内周辺地域における製造派遣への労働力供給
－鹿児島地区における求職者を対象として－　123

第1節　はじめに　123
第2節　事例地域の労働市場特性　126
第3節　直接雇用と間接雇用の製造業務求人　127
第4節　人材サービス業の展開と求人の特徴　129
第5節　人材サービス業を選択する理由　133
第6節　結　び　138

第Ⅵ章　工業地域における製造派遣への労働力供給
－西三河地域を事例として－　141

第1節　はじめに　141
第2節　事例地域の労働市場特性　144
第3節　人材サービス業の求人活動　146

第4節　人材サービス業への労働力供給　150
　第5節　結　び　159

第Ⅶ章　製造業の衰退とサービス業の成長にともなう地域労働市場の変化
　　　　―宮崎県西諸県地域を事例として―　　　　　　　　　　　161
　第1節　はじめに　161
　第2節　対象地域の概観　164
　第3節　1970〜80年代における地域労働市場の展開と就業構造　165
　第4節　1990年代における産業構造の変化　167
　第5節　地域労働市場の変化　175
　第6節　就業構造の変化　180
　第7節　結　び　185

第Ⅷ章　大都市圏における介護サービス業の展開と女性の就業
　　　　―名古屋市を事例として―　　　　　　　　　　　　　　189
　第1節　はじめに　189
　第2節　介護サービス供給主体の特徴と事業所の立地　192
　第3節　労働力の特徴と女性雇用対策　196
　第4節　女性従業者の特徴と増加要因　201
　第5節　家庭での役割分担　204
　第6節　結　び　206

第Ⅸ章　沖縄県の介護サービス業に従事する女性の仕事と生活　　209
　第1節　はじめに　209
　第2節　女性就業を取りまく労働市場の変化　212
　第3節　就業にともなう生活の変化　214
　第4節　事業所による女性雇用のための対策　217
　第5節　仕事と家庭の両立　219

第6節　結　び　223

結　論 ———————————— 225
文　献 ———————————— 231
あとがき ——————————— 241
索　引 ———————————— 245

序　論

第1節　本書の目的

　本書の目的は，日本の産業経済の変化のなかで特に人材サービス業と介護サービス業の成長に着目し，通勤圏を空間的な範囲とする地域労働市場の分析にもとづいて，これらの産業における就業者の増加要因の地域的な特性を考察することである．1980年代以降の日本では，経済のグローバル化への対応が求められ，規制緩和による市場と競争の強化を主要な手段として，高コスト構造の見直しと新事業・新産業の育成をめざすことで，経済社会全体の仕組みの転換が図られてきた（横山，2003）．本書では，人材サービス業と介護サービス業を，こうした経済社会の変化のなかで成長を遂げた産業として捉えている．実際，1990年代から2000年代にかけての日本では，サービス経済化の方向へ産業構造が転換し，就業においても第3次産業の構成比が高まっている．製造業ではコスト削減を図る経営戦略として労働者派遣や業務請負等の人材サービスの利用が進み，統計上，事業所サービス業における生産工程・労務作業職の増加として表れている．一方，介護サービス業では社会保障の構造改革のもと市場化と営利化が推進され，高齢化の進展にともない就業者が増加している．

　これらの産業の就業者が全国各地で増加しているとしても，地域間でその要因が同じとは限らないため，これを解明することは地理学にとっての課題である．もちろん統計資料を用いた分析によって，地域的な就業構造の変化を明らかにすることはできる．しかし，変化のメカニズムを理解するためには，地域労働市場の多様な構成要素に着目し，これらの相互作用を分析して捉える研究

が必要である．本書は，産業側が創出する労働力需要に対して労働者側がいかに対応したのかを分析して，人材サービスと介護サービスで就業者が増加した要因を考察するものである．

　従来においても就業や労働に関する地理的課題を解明する研究は試みられたが，資本の分布が労働力の分布を規定することが重視され，労働者の果たす役割があまり考慮されてこなかった．しかし，労働市場には歴史的・制度的に形成された生活環境，世帯構造，風土性等の複雑な諸要因が作用するため，産業の配置や企業の経営戦略によって労働条件や労働力供給が単純に決定されるとは考えがたい．こうした状況に鑑み，地理学では労働者やこれを取り巻く制度的要因等に焦点を当てる研究が1990年代以降に蓄積されている．Labor Geographies を著したHerod（2001）は，労働運動を通じ労働者と資本家が対峙するなかで地域が編成されることを提示し，Peck（1996）は，労働市場は資本の運動に支配されるだけでなく制度諸形態によって社会的に調整されると指摘する．また中澤（2014）は，Herod（2001）やPeck（1996）等の議論を踏まえたうえで，専門高校，派遣・請負業者，人材紹介会社等を労働市場の媒介項と捉えて分析し，2000年以降の日本の労働市場の特徴を解明することに成功している．Herod（2001）らの研究では，労働者が労働運動を通じて地域の編成に関与することを実証分析の結果に基づいて明らかにしているが，日本において同様の現象を見出すことは難しい．しかしながら，生活環境，地域の労働文化や社会規範等に配慮した企業や労働者の行動が，就業構造に反映することはあり得るし，これらに着目した研究も行われてきた．中川（1983）では，北陸地方における就業率の高さや域外就職の傾向が，浄土真宗の信仰の広がりと関わっていることを指摘している．山本ほか編著（1987）では農業経営に支障が生じないよう工場での勤務が配慮されていること，また末吉（1991）では農家の既婚女性が農業と家事に配慮しながら工場勤務に従事していることが示され，兼業化・多就業化のメカニズムが明らかにされている．縁辺地域における土木業の存立構造を研究した梶田（2005）では，経営者，従業者，発注者が同一の地域社会に属し，その強固な社会的一体性と相互規制の中で，できる限り失業を生じさせない雇用管理が行われたことが示されている．さらに吉田

(2007) では，勤務時間内の家事・子育てにかかわる活動が事業所の判断で黙認されていることが描かれている．吉田（2007）における検討課題は，企業が女性労働力を確保するためにいかなる戦略を取っているのか，また女性が労働市場に参入する要因にどのような経済的背景が関連しているのかである．本研究では，1990年代以降の就業構造の変化の要因解明に寄与するために人材サービス業と介護サービス業を取り上げるが，研究の課題は吉田（2007）と同様に，企業による労働力確保のための戦略，労働者の労働力供給要因を検討することにある．労働力を供給する者はそれぞれの地域に居住する生活者であり，その生活に合わせた労働力供給を行い，産業側もこれに合わせた雇用戦略を取ると考えられるからである．

　人材サービス業に関しては様々な分野において研究が進められ，経営や雇用あるいは労働者の一般的な特徴が明らかにされつつある．さらに地理学において人材サービス業の立地特性などが明らかにされている（例えば，友澤・石丸，2004）．人材サービス業は，顧客企業が必要とする労働者を確実に雇用するのが役割であり，このため対象となる労働者に合わせた効率的な求人活動を行う．その1つは求人地域の選択であり，代表的な地域として，国土の周辺部に位置する地域（以下，国内周辺地域）と顧客企業が集積する工業地域があげられる．国内周辺地域は雇用機会が乏しく賃金水準が低い地域である一方で，いわゆる集団就職の新卒者や出稼ぎを送り出してきた地域である．また工業地域は，以前からこの地域で生活圏を築きながら製造業に就業してきた労働者が生活する地域であるとともに，収入を得ることを目的として労働者が流入する地域でもある．人材サービス業が地域の状況に合わせてどのように求人活動を展開し，これに対して労働者がいかに対応しているのかを分析する必要がある．

　一方，介護サービス業は介護保険制度に基づく事業ではあるが，利用者からのサービス需要に応えることが求められ，これに適した労働力の確保が要求される．また近年，民間の営利企業を含む多様な事業者の参入が促進された点が，労働力需要の地理的観点から注目される．サービス提供に採算性が重視されるため，採算性の高い地域を中心に営利企業が参入し，採算の期待できない地域では社会福祉法人や社会福祉協議会がサービス提供の主体になる（宮澤，

2003).さらに労働力供給の地域的な側面において，この産業の主たる担い手が既婚女性である点が重要である．市場メカニズムに従えば，労働者の自由な移動によって労働力を充足できるが，既婚女性の場合は移動が限られる．家事・子育てに対する支援等の既婚女性を取りまく状況によって労働者の対応は異なると考えられ，また営利企業とこれ以外で，既婚女性を雇用するための対策が異なることも予想される．

　本書では，事例地域を選定しそこでの労働力の需要と供給の関係を考察するため，地域労働市場の分析を試みる．具体的には，産業側の労働力需要，労働条件，求人活動等の特徴を捉えたうえで，地域労働市場に参入する労働者の特質，参入の過程や要因を分析する．地域労働市場は一定地域に展開する労働市場で，国全体の労働市場の一構成部分であり，地域スケールに応じて種々の地域労働市場を画定できる（小俣，1990）．本書では，企業の集積地への通勤圏を地域労働市場の空間的範囲と定め，ここで就業する者あるいは求職する者を労働者として扱う．また統計データの分析に際しては，地域労働市場の具体的な空間的範囲として公共職業安定所の管轄区域を用いる．公共職業安定所は，主にその管轄区域内に立地する事業所から求人を受理し，居住する求職者に職を紹介するため，この区域を単位とする地域労働市場の統計データを得ることができる．

第2節　各章の概要

　まず，労働市場の地域構造を全国スケールで把握し，そのなかで研究対象地域を位置づけることが必要である[1]．そこで，本研究の第II章において定量的手法を用いてこれを行う．第III〜IX章ではこの結果を踏まえた事例地域研究を実施する．前節の研究課題に取り組むため，本書は以下のような構成をとる．

　第I章では，隣接学問分野の労働市場研究および地理学における地域労働市場研究を概観するとともに，その成果を踏まえて地理学に求められる検討課題

を導き出す．

　第Ⅱ章では，統計的手法を用いて全国452の職安管轄区域を類型化し，各類型の特徴を明らかにする．これによって，1985年と1993年における労働市場の地域構造を把握するとともに，地域的に多様な個々の地域労働市場を全国のなかで位置づける．分析結果を解釈する際には，産業経済の地域構造に依拠して中心・周辺地帯構成と都市の階層性の概念を分析視角として適用する．すなわち，工業の生産配置の変化等を背景として，1960年代から80年代に形作られてきた地帯構造と，公共セクター関連の事業所・個人サービスの成長により中心機能の発展をみた県庁所在都市等の存在を反映させる．

　第Ⅲ章〜第Ⅸ章では，統計資料の分析およびフィールドワークに基づく事例研究を進める．第Ⅲ章では労働者の還流移動を取り上げるが，これは国内周辺地域の就業特性を解明するために必要であるとともに，この地域からの人材サービス業への労働力供給の要因，介護サービス業が成長する以前のこの地域の就業特性を理解するうえで重要だからである．第Ⅳ章から第Ⅵ章において人材サービス業，第Ⅶ章から第Ⅸ章において介護サービス業に関する研究を実施する．

　第Ⅲ章では，国内周辺地域の地域労働市場の性格と関連づけながら，この地域に特有の就業行動である労働者の還流移動を捉える．北東北，南九州等の国内周辺地域は，工業の地方分散，政府の財政支出等に支えられて，労働市場の急速な拡大を経験した．ところが，その労働市場の展開は中心地域への従属という性格が強く，地域経済のみならず労働者の就業までも，中心地域に本社を置く企業の動向や中央政府の政策に左右されるなど，労働市場の展開のあり方に問題性を内包している．ただし，需要サイドの論理だけでなく供給サイドにも目を向けることに意義がある．この地域に特徴的に現れた還流移動は，工場の地方分散にしたがい労働者が出身地の分工場に配置転換させられる企業戦略に基づく現象である一方で，家族や学校あるいは企業の現地駐在員の助言のもとに行われる県外での就業経験として捉える見方もできる．とはいえ生産労務職以外の職種に乏しいこの地域では，県外で技能を修得した労働者であっても，帰還後は良好とはいえない労働条件で労働市場に吸引されていると推測さ

れる．地域労働市場の基本構造を明らかにした上で，還流労働者の流出および帰還の理由，帰還後の労働条件を分析するとともに，還流労働者の地域労働市場での位置づけを検討する．

第Ⅳ章では，労働力の需要サイドの分析をもとに，人材サービス業の主要な労働力調達地域を明らかにする．人材サービス業の経営的特徴は，勤務変更への抵抗が小さく，また経費抑制に有効な労働者を効率的に採用して顧客に送り出すことである．この経営に適した労働力需要をこの産業は創出するため，企業が直接雇用した場合と比較すると，求める労働力の性質あるいは調達する地域に違いが生じると予想される．本章では，人材サービス業の経営特性を踏まえ，この産業が求める労働力の特徴と調達地域を論じるとともに，東広島市での実態調査の結果をもとにこれを検証する．

第Ⅴ章では，鹿児島公共職業安定所管轄区域を事例として，国内周辺地域からの労働力供給メカニズムを検討する．国内周辺地域は，失業率が高い，賃金水準が低い等の労働市場特性を有するため，人材サービス業がこの地域を労働力調達に適した地域と定めて積極的に求人活動を行うのはもちろんである．その一方で，この地域はいわゆる集団就職によって新規学卒者を，また出稼ぎの期間従業者を送り出してきた地域である．このため人材サービス業は，地域の状況に合わせた求人方法を採用し，元期間従業者等を雇用していることが予想される．その反面，効率性を重視した求人活動を展開し，直接雇用とは異なる労働力の調達を図っていることも考えられる．本章では，地域労働市場の歴史的側面に配慮しながら，この地域においてどのような労働者がなぜ人材サービス業を通じて製造業務に従事するのかを検討する．

第Ⅵ章では，工業地域における人材サービス業への労働力供給の要因を考察する．工業地域は，この地域で以前から生活し生活圏を築きながら製造業に就業してきた労働者が居住する地域であるとともに，収入を得ることを目的として出稼ぎ者や外国人労働者等が流入する地域でもある．したがって，この地域を生活圏として学歴や家族や住宅を築き，技能を獲得する者がいる一方で，流入先での生活基盤の形成が弱く，生活や再就職の問題を抱えている者も存在する．人材サービス業は，この両方の労働者を取り込んで製造業

に労働力を供給していると考えられるため，人材サービス業の求人活動を分析するとともに，地域内の出身者とこれ以外の出身者に分けて製造派遣を選択する理由を分析する．

第Ⅶ章では，製造業の衰退および介護サービス業の成長の中で生じた地域労働市場と就業構造の変化に焦点を当てる．生産機能の海外移転にともない，国内周辺地域に立地した工場の中には人員削減や閉鎖を余儀なくされるものが出現している．こうした地域において介護サービス業の就業者が増加している点は注目される．事例として取り上げた宮崎県西諸県地域は，1970～80年代に衣服製造業が盛んに立地した地域であり，その工場に常勤フルタイム形態で女性が雇用されてきた．一方，介護サービス業にとってこの地域は，採算を確保するうえで不利な条件にあり，労働力需要が増加したとしても常勤フルタイムばかりとは考えがたい．本章では，製造業の縮小にともなう地域労働市場の変化，介護サービス業における労働力需要とその就業者の特徴の把握を検討課題とする．

第Ⅷ章では，名古屋市を事例として，大都市圏における介護サービス業の労働力需給を取り上げる．営利法人の参入は人口が稠密な地域で特に顕著であるが，この地域では多様な産業から雇用機会が提供されているため，介護サービス業にとって労働力の充足が課題である．本章では，営利法人とこれ以外の法人に分けて，既婚女性を雇用するために事業所が取っている対策を明らかにする．さらに，仕事と家庭の両立をいかに図りながら女性が介護サービス業に従事しているのかを検討する．

介護サービス業における就業の変化を捉えるうえでは，労働力需要の増大のみならず，事業所による支援，世帯構造や保育サービスなどの就業を取り巻く環境と関連づけた研究が不可欠である．なかでも家族は，就業女性にとって最も身近な支援者である．地域的に多様な世帯構造に着目し，どのような家族構成で，誰によって家事が担われているのかを分析することで，既婚女性の就業の背景が明瞭になると考えられる．第Ⅸ章では，那覇市の介護サービス事業所で就業する女性を対象に，家事や子育てに対する事業所からの支援，この産業で就業する理由，世帯内での分業の状況を把握する．分析に際しては世帯構造

に着目し,特に母子世帯を取り上げながら介護サービス業における女性の就業特性を明らかにする.

注

1) 本書における労働市場の地域構造の概念は,地域的に多様な地域労働市場が結びついて全体としてどのような形をなすのかを示す.

本 論

第I章

地理学における地域労働市場研究

第1節　はじめに

　1970年代の経済不況に起因して失業者やパートタイム労働者が増加したことで，欧米の社会学や経済学では労働市場問題への関心が高まった．地理学でも，これらの研究の成果を踏まえた労働市場研究の可能性が模索されるようになる（Fischer, 1986 ; Martin, 1986）．とりわけ豊富な研究蓄積を有するのはイギリスであり，失業率の南北格差などの現象の把握のみならず，労働市場への女性の参入，パートタイム需要の増大，低賃金労働力としての外国人の利用など，労働市場をとりまく様々な問題に対して地理学の立場から展望が示された．例えば，Pinch（1987），Peck（1989, 1992），Morrison（1990）は，1970年代以降に注目された二重構造論やフレキシビリティに着目し，そこから導かれる地理学的課題を提示した．またMcDowell and Court（1994）は，職場というミクロな空間に焦点を当てることで，ジェンダーの問題に地理学がアプローチすることの有効性を示している．

　このように地理学における労働市場研究は，社会学や経済学などの隣接学問分野の労働市場研究の成果を摂取しながら発展している．ローカルスケールの分析に適用される地域労働市場（local labor market）に関しても同様で，隣接学問分野の研究成果を取り入れ，さらに日本では欧米地理学の成果を導入し，事例地域での実証研究に試みられている．しかしながら，経済地理学会第49回シンポジウム[1]において指摘されたように，地域労働市場概念に対する認識や分析枠組みの限界，このモデルの多様な地域への適用可能性など，地域労

働市場研究をめぐっては様々な課題が存在する．本章ではまず，労働経済学，社会学，農業経済学などの地域労働市場研究に強い影響を与えた隣接学問分野の研究を概観し，Peck（1996）等をはじめとする地理学の地域労働市場研究を整理するとともに研究課題を探ることにする．地理学においては，労働市場の地域差の実態を把握するのみならず，それを生み出すメカニズムの解明が求められるため，この点を追究した地域労働市場研究を中心に研究動向を整理する．

第2節　隣接学問分野における労働市場研究

1）労働市場の定義と労働市場論の問題領域

　労働市場は，労働力の需要と供給が結合し，労働力が一定条件で取引・交換され，売買契約が結ばれる「場」である．労働市場には労働力商品がその所有者から需要者へ移転する機構としての役割があり，この移転の全過程に存在する諸関係を包括する抽象的な概念として労働市場は規定される（吉村，1998；三井，1988）．

　ただし，労働市場の捉え方は立場によって大きく異なる．古典派は商品市場一般と同様に労働市場を捉え，新古典派は需要と供給の関係によって賃金が決まるという単純な前提のもとに議論を組み立ててきた．これに対して，マルクス学派や制度派は商品市場との異質性を強調して労働市場の概念を提示した．現実の労働市場機構は，非常に複雑な諸要因が関わり，かつ多くの歴史的・制度的要因が作用する機構であるため，需給量と価格の決定機構として容易に抽象化・単純化しがたい性格を有している．

　労働市場論における主な問題領域を提示し，その後の労働市場研究に強い影響を及ぼしたのは，氏原・高梨（1971）である．そこでは，労働市場の運動法則を理解するにあたっての問題領域として次の4点が提示されている．第1は，労働市場の形成過程である．第2は，労働力の産業間，職業間，地域間配分の

法則発見である．特定の産業や職業への労働移動は，経験，熟練度，性，年齢などにより異なるため，産業や職業と労働力の質との関係を探ることが重要になる．第3は，労働力需要の分析である．労働力の産業・職業・地域間の配分には，企業の経営方針が主導的役割を果たす．このため労働力需要を量的質的に決定する資本蓄積のメカニズムを探ることが重要になる．第4は，労働力供給の分析である．すなわち需要の変動に対する供給の適応・不適応の問題である．労働市場論では，上記の枠組みに基づいて現実の労働市場の基礎的な構造が明らかにされているが，地理学においても，地場産業等の特定の産業を扱った研究において同様の枠組みが適用されている．

2）労働市場研究の展開

労働市場研究が扱う領域は，雇用政策，労使関係，教育訓練など広範囲に及ぶが，ここで取り上げるのは，労働市場を構造的に捉える点において地理学に影響を与えた研究である．その主なものは労働市場分断論，労働市場のフレキシビリティ，農業経済学の地域労働市場研究である．

上述した新古典派経済学の労働市場論では，賃金や就業機会の空間的差異が生じたとしても，労働移動によって抑制されるとするが，労働者の移動は必ずしも自由ではなく，現実にはこの仮説は当てはまらない．こうした問題を前にして，個々の労働の限界生産力の違いと賃金格差を結びつけて解釈する人的資本論，新古典派の見地を応用しながら労働市場と労務制度，賃金決定制度を結びつけて理解しようとする内部労働市場論などの考え方が登場した．ドーリンジャー，ピオーリに代表される二重労働市場論もその1つであり，彼らは1960年代の合衆国の都市において特定の層の失業問題が解決されないことに着目し，従来の労働市場論ではこうした社会の現実を説明できないと批判したうえで，労働市場には分断（セグメンテーション）が存在することを主張した（例えば，Doeringer and Piore, 1971；Berger and Piore, 1980）．労働市場分断論の典型は，労働市場が第1次セクターと第2次セクターの2つに分断されているという二重労働市場論である．その分断要因を，二重労働市場論は，人種，居住，

性別などに対する雇用者側の差別的雇用慣行に求めている（吉村，1998）．なお Gordon et al.（1982）などによるラディカル理論は，それを労働運動に対抗するための雇い主による労働者分割統治戦略の一手段に求め，供給側を重視する人的資本論は，労働者の教育や熟練の程度に求めている（ベッカー，1976）．

二重労働市場論は，日本では氏原・高梨（1971），隅谷（1976），美崎（1979），永山（1982）などによって研究が進められた．日本の労働市場構造を考察する場合に広く議論されたのは，大企業と中小企業という企業規模の違いに着目した二重構造である．その典型は，「大企業本雇い」と「大企業臨時工，パート，社外工，下請労働者，中小企業労働者」の分断であり，1950 年代にこの骨格が成立したとされる（永山編著，1992）．これは，大企業において採用されている長期雇用，年功賃金制に基づく分断で，労働移動の制限と賃金格差を特徴としている．

同様の形の二重構造は今日でも認められるが，その様相は複雑で多重的なものとなりつつある．ホーン・川嶋（1985）は，第 2 次セクターの労働市場に包摂された労働者は，社会経済の種々の制度的かつ構造的な要素（性別，職業区分，年齢，学歴など）によって，いくつかのグループに分断されており，グループごとに労働条件も異なると述べる．氏原・高梨（1971）などの二重労働市場論に従えば，第 1 次セクターの労働市場は賃金，その他の労働条件，昇進や雇用保障の点で優れているため，自ら進んで第 2 次セクターの労働市場を選択する者がいるとは考えにくかった．しかし，古郡（1997）が述べるように，非正規労働者で構成される第 2 次セクターの労働市場には，解雇された者や自由に働きたい者など，働く理由が様々な労働者群が存在し，そこに非自発的に身を置く労働者もいれば，その労働市場を自発的に選択した者も存在する．一般的に第 2 次セクターは熟練度の低い職種に限られるが，パートの看護師や情報関係の専門職に従事する派遣社員にその例がみられるように，高度の技能や熟練，知識を要する職種や高賃金の仕事も含まれている（古郡，1997）．

1980 年代に入ると，分断構造の把握には，新たに労働市場のフレキシビリティ概念が導入されるようになる．これは，1970 年代後半からの経済危機の中で，その危機を生み出す要因の 1 つに労働市場の機能不全すなわち硬直性が

あるのではないかという疑問から生じたものである（小越，1989）．Atkinson（1987）は，1980年代のイギリスにおける企業レベルでのフレキシビリティの展開を分析し，「フレキシブル企業」としてモデル化した．ここで示されたことは，中心的労働者グループが機能的フレキシビリティを担い，これに対し，周辺的労働者グループが数量的フレキシビリティを担っている点，そしてこの周辺的グループが中心的グループの雇用保障のための楯となっている点である．数量的フレキシビリティとは，需要の変動に対応して雇用者の数を調整すること，機能的フレキシビリティとは，企業活動の変化に対応して雇用者が遂行するタスクを調整することと定義される．さらに，Atkinson（1987）は周辺的労働市場に労働力を提供する労働者グループを次の3つに細分している．第1はフルタイムの正規労働者であるが，雇用保障およびキャリア形成の機会に乏しい労働者で，女性がこの典型である．第2は，雇用期間に期限のある労働者やパートタイマーなどである．第3は，企業活動の外部化によって生まれた下請企業とその労働者，自営業者そして派遣労働者である．

　労働市場の分断構造の検証は，労働市場のなかに労働者諸層を位置づける試みを中心になされてきた．そこで取り上げられた労働者は，相対的過剰人口の観点から女性，外国人，少数民族などである．特に，女性労働と労働市場の関係については，フェミニズム研究の進展を反映して1980年代以降に一定の成果が得られている．労働市場における男女間の位置づけの違いだけではなく，女性労働者間の相違も検討され，その背景にある法制度的変化，家庭内分業の変化，雇用調整対象の変化，働き方の多様化などが議論された．近年の雇用管理の変化のもとで，女性正規労働者の男性キャリアへの接近および基幹労働力化した非正規労働者の正規キャリアへの接近が生じ，正規と非正規キャリアは完全に分断されているのではなく，連続的になりつつあるという見方もある（武石，2002，pp.333）．一方，外国人労働に関しては，日本では外国人の流入が増加した1980年代以降に研究が増加した（例えば，手塚，1988；鈴木，1990；渡辺編著，1995；島田，2000）．日本の労働市場への参入が進んだのは，就業ビザや短期滞在ビザで入国する外国人よりも日系人，また不況期よりも好況期に入国した外国人である．このため，外国人労働者の

流入が周辺的労働市場の下層の肥大化をもたらしたという指摘もある（下平, 1999）．その一方で，技術・知識労働者の日本への流入も拡大しており，高賃金短期契約など多様な労働条件の労働力の参入が進み，中心的労働市場も複雑化している．

さらに，地理学に影響を及ぼしたものとして農業経済学における地域労働市場研究があげられる（例えば，江口，1978；田代，1975；美崎，1979；御園，1983；中安，1988）．これらは，日本の農業や農家経済を追究する研究であり，高度経済成長期以降の急速な農民層分解過程において農外就業が進むなか，小土地所有や零細農業経営であるがゆえに，就業の場を近くに求める農民層が大量に生じたことに着目している．江口（1978）によると，この農民層は農家や農村を拠点として移動し，また農家からの過剰労働力供給の圧力下にあるため，賃金が最低限にまで押し下げられていて，大都市へ流出することもなく長期的に農村に滞留する労働者層である．農家世帯員によって労働力が供給されることから，この分野における地域労働市場は，自由に移動できる労働者で構成された「基本的労働市場」とは異なる特殊な労働市場という意味で用いられている（木村，1985）．伍賀（1980）は，この地域労働市場を，在宅通勤兼業型の農家世帯員を主要な包摂対象とする労働市場と規定している．また田代（1975）は，日本の農村に展開する地域労働市場のモデルを示した点が注目され，農業・農村地理学に与えた影響が大きい．

3）隣接学問分野の研究成果から導かれる地理学の課題

隣接学問分野における労働市場研究は，現実の社会・経済の動向を背景として進展してきた．近年では，1980年代に急展開した外国人労働問題，労働者派遣法や男女雇用機会均等法などの諸制度あるいは雇用慣行の改変のもとで様々な現実的課題，問題意識が醸成されてきている．海外において構築された労働市場理論の日本への移植を試みるとともに，日本の労働市場の特殊性を解明する研究も進められてきた．しかしながら，国民経済レベルでの研究に比べると，地方レベル，地域レベルでの労働市場研究は少ない．国内において産業の配置

は不均等であるし,また労働力は資本に比べて移動の自由が制限されるため,労働市場をめぐる問題の解明には地理学の立場からの追究が必要であるし,その地理的な現象の要因を把える手法として地域労働市場の概念が用いられる.

経済学の研究ではあるが,三井(1988)が提示した地域労働市場の分析視角は,地理学の研究にとって示唆的である.三井(1988)は,地域経済の変動が労働者の就業・生活に与えた影響を明らかにする,また資本の労働編成や資本蓄積構造と関連づけて労働市場の構造を解明する目的から,地域労働市場分析の6つの課題を設定している.第1は,過剰人口と地域である.これは,農村や旧産炭地域において,その地域と強い結びつきをもって再生産される労働力を地域労働市場の階層構造と対応させて理解する課題である.第2は,地域経済と労働市場である.その地域の資源を利用しながら地域経済を形成する独占資本を対象として,地域労働市場において労働力需要を創出する主体としての役割を明らかにするのが課題である.第3は,労働市場の分断としての地域である.これは,独占資本の意図する生産構造と労働力編成の体制に応じて地域が編成され,その結果,労働市場にも空間的な分断が生じるという考え方に基づいている.第4は,支配構造としての地域内階層的構造である.地域内には,企業の意図する生産構造と労働力編成の体制に応じて地域内階層構造が組み立てられるため,独占資本による下請企業や家内労働などの利用を分析することが重視される.第5は,地域経済と労働力再生産である.地域に歴史的につくられてきた就業と生活の諸条件が資本によって利用され,労働力の再生産の仕組みが定着していくという見方である.このため,その地域の就業構造や労働者の生活者としての側面にも接近することが求められる.第6は,地域的共同性の役割である.地域的共同性やコミュニティが労働者の精神的拠りどころとして流出を妨げ,還流をもたらすこともある.すなわち共同性や連帯が労働力の供給過程の地域性を規定する可能性があるため,これらの役割も看過できない.

前節で取り上げた労働市場分断論は,労働市場の分断性に着目して全国的労働市場の内部構造を分析し,失業・不安定就業の発生メカニズムを説明することに成功している.しかしながら,地域的に多様な労働市場の把握に労働市場分断論の枠組みが適用できるのかといった議論がそこでなされてきたわけでは

ない．この点において注目される地理学の研究はMassey（1995），Peck（1996）等である．雇用の地域差が大きな社会問題になったイギリスでは，構造的アプローチを中心に，この労働市場の空間的な問題について活発な議論がなされてきた．これらの研究は空間的分業論やロカリティ論に代表され，国民経済レベルで作用する要素のみならず，地域レベル，あるいはジェンダー関係などのミクロレベルで作用する要素にも着目して，労働市場の空間的な特質を捉えようとする点に特徴がみられる．Massey（1995）では，政治的関係，労使間の階級関係などと結びついた労働市場の空間特性の把握が試みられた．一方Peck（1996）では，労働市場分断論への空間的な視点の摂取が注目される．Peck（1996）によると，労働市場には，需要側と供給側の多様な要因によって分断が生じるのみならず，地理的な多様性をともなう慣習や社会規範等の社会的調整が作用する．こうした労働力の需要側，供給側，社会的調整の相互作用のなかで労働市場が編成されるため，労働市場には地理的な性格が付随するとしている．

　これらの研究が進展したイギリスでは，労働者は特定の地域に定着していてその上で使用者と向き合い関係を形成してきた歴史的な特性があり，労働市場をめぐる研究にもこの点が反映される傾向がある．それゆえ，上述した視点を用いてあらゆる国や地域の就業や労働に関する現象を捉えるには慎重な議論が必要である．日本において社会的調整様式を正面から取り上げた研究はほとんどないが，産業側と労働者側の両面から構造的に分析して，就業や労働に関する現象を捉える地域労働市場研究は蓄積されてきている．以下では，地理学における労働市場研究の動向と，この研究を進めるうえでの課題を検討する．

第3節　地理学における労働市場研究

1）地域労働市場概念

　地域労働市場（local labor market）という概念は地理学，労働経済学，農業経済学の研究において用いられているが，それが意味するものはそれぞれの研

究によって異なる．農業経済学の分野では，田代（1975），江口（1978），中央大学経済研究所編（1982，1985，1994）などの兼業化や農民層の分解の究明を目的とした研究において，特殊農村的労働市場[2]として地域労働市場が捉えられており，そこで用いられている地域は地理的意味での地域ではない．

これに対して，地理学の立場から地域労働市場を捉える研究は，欧米を中心に展開されてきた（例えば，Vance, 1960；Cheshire, 1979；Ball, 1980；Cooke, 1983）．これらの研究では，地域労働市場が通勤の空間的範囲すなわち通勤圏として定義される点に特徴がみられる．その主な理由は，①通勤圏がそこに立地する企業と労働者の間で成り立つ労働力需給圏にほぼ一致すること，②通勤圏が労働力再生産の地域的範囲に近いこと，③通勤圏が労働統計調査の基本単位区に相当すること，にある（Coombes, 1995）．このため地域労働市場の単位として，イギリスをはじめとするヨーロッパ諸国では通勤圏地域（Travel-to-Work Area）を，ドイツでは労働局管轄区域を，アメリカ合衆国では標準都市統計地区（Standard Metropolitan Statistical Area）を選定し，多様な研究の分析単位に利用してきた（Owen and Green, 1989；Coombes, 1995）．

日本においても通勤圏を地域労働市場圏として定義することの妥当性は議論されており（例えば，友澤，1993；岡橋，1997），中心地や工業地域の配置によって形成される労働力需給圏が通勤圏に近いことから，通勤圏を地域労働市場の圏域として用いている．さらに日本では公共職業安定所の管轄区域が，地域労働市場の具体的な空間的範囲として研究に適用されている．その理由の1つは，公共職業安定所が主にその管轄区域内に立地する事業所から求人を受理し，管轄区域内に居住する求職者に職を紹介することにある．公共職業安定所は地方中心都市クラス以上の都市に設置されることが多く，その都市には事業所の一定の集積があり，そこを中心に労働力需要が創出される．また，有効求人倍率，新規中卒・高卒者の就職者数などの労働市場統計が，公共職業安定所別に作成されるため，その管轄区域を1つの地域労働市場と設定してデータ分析を試みる研究に利用されている．

通勤圏を1つの地域労働市場圏として，失業率などの地域パターンを把握する研究は，Owen *et. al*.（1984），Hoare（1988），Green and Owen（1991），

Laan（1991）をはじめとして数多く残されている．手法としては，労働市場特性を示す変数の地図化あるいは多変量分析に基づいて全国の地域労働市場を少数のグループに類型化する方法に特徴がみられる．例えば，Owen *et al.*（1984），Green and Owen（1991）は，労働力需給に関する変数を用いて分析を試み，イギリスにおける南北格差の把握において成果を上げている．日本で全国スケールの研究に通勤圏を適用する試みは近年までなく，市町村あるいは都道府県を分析の単位地域とする研究が中心で（例えば，北村，1988），地域労働市場圏に対する関心は低かった．それでも，就業や労働に関する地理的課題を地域労働市場単位で検討する試みが進みつつある．東北地方のみではあるが，友澤（1993）は公共職業安定所の管轄区域を単位地域として計量分析を試みている．この研究では職安別のデータ[3]を用いてクラスター分析を実施し，東北地方における地域労働市場の空間構成を明らかにしている．

　他方，通勤圏に基づく地域労働市場の定義を批判的に検討した研究もある（例えば，Morrison, 1990 ; Peck, 1989）．Morrison（1990）は，労働市場分断論の成果を取り入れながら，local labor market, spatial labor market, regional labor market の違いを示している．この研究によると，local labor market は労働経済学に起源を有し，1つの事業所の労働力需給圏を表す．spatial labor market は複数の local labor market で構成される全国スケールの需給圏であり，複数立地企業の空間的分業に対応する労働力需給圏として用いられる．3つめの regional labor market は市町村や1つの統計区であることが多く，そこに立地する企業によって需要が創出される労働力需給圏すなわち通勤圏を表す．なお，Morrison（1990）では通勤圏を表す概念として regional labor market が用いられているが，多くの研究では local labor market が用いられている．Morrison（1990, p.502）によると，local labor market および spatial labor market は，企業の立地要因などの企業側に主眼をおいた研究において利用価値が高い．例えば，複数立地企業では中核的な労働力は全国的な範囲で，周辺的な労働力は事業所周辺の地域で調達される場合が多く，前者の労働市場が spatial labor market，後者の労働市場が local labor market として表される．一方，regional labor market は地域間での労働市場特性の比較など，地域に主眼を置いた研究

において有効である．

　一方，Peck（1989）は地域労働市場を通勤圏として定義する従来の捉え方を批判し，地域労働市場概念の再検討を試みている．Peck（1989）による批判の1つは境界設定の曖昧さである．例えば，大都市圏では，設定された通勤圏境界を越えて流出する労働者の割合が大きい．もう1つは，労働者の属性によって通勤圏が異なることである．例えば，通勤距離や通勤行動には性差が認められる．こうした批判を踏まえて，この概念の再検討に際してペックが重視したのは，労働市場プロセスであり，どのようにして形成されるのかという点である．これまでの労働市場の捉え方には，供給側である労働者あるいは労働市場に影響を及ぼす制度や社会規範等に対する理解が不十分であったとペックは指摘する．労働市場に関する現象は，生産，労働力供給に関わる社会的再生産，社会的調整の相互作用のもとで生じるものであり，それぞれが，またその相互作用のあり方が地理的多様性をともなうために，形成される労働市場にも地域性が現れる．ペックの研究の特徴は，レギュラシオン理論の社会的調整に注目した点にある．社会的調整様式は，蓄積体制を調整する法律や制度，慣習，社会規範の総体からなる制度諸形態とされるが，さらにペックの社会的調整は，国家の役割，制度諸形態のみならず文化やイデオロギーなどのインフォーマルなものに及んでいる．インフォーマルな社会規範によって労使対立が調整され，政府の政策の影響を受けて労働市場に地域差が生じるなど，社会的調整によって労働市場の状況が変化するため，制度や慣習，労働組合，地方自治体や国家の役割への配慮が不可欠になる．この考えに基づけば，地域労働市場の定義もこれらの要素が作用する労働市場プロセスの地域性を基準に，これが類似する空間的な範囲を1つの地域労働市場として設定することができる．制度諸形態さらにはインフォーマルな概念に目を向けるペックの考え方は意義深いが，それぞれの研究課題に合わせた社会的調整様式の検討が必要である．とはいえ，労働市場の構成要素あるいはそれらの相互作用に着目することは，地域的な就業や労働市場をとりまく現象の背後にある要因を捉え，そのメカニズムを解明するうえで重要である．

　地域労働市場における社会的調整を具体的な地域に当てはめて検証する研究

は，Peck and Tickel（1995），Peck（1996），Kelly（2001）などによってなされている．また，必ずしも地域労働市場に関する課題の解明を目的とする研究ではないが，従来では受動的な存在とみなされてきた労働者に焦点を当てて，地域的な現象を捉える研究も進められている．Herod（2001）は，労働者を地域編成の行為主体として正当に評価することを主張するとともに，資本家と対峙する労働者が空間編成に深く関わっていることを検証している．この研究では，資本家と対峙するなかで労働運動が形成されるが，この運動は労働者が生活を維持するための主体的な行動と捉えられている．日本において労働運動を通じた地域編成への労働者の主体的な関与を見出すことは難しいが，生活圏を形成する立場の労働者の主張が，資本家に受け入れられて規範として成立する事例はめずらしいことではない．

2）日本におけるローカルスケールの事例研究

　日本の地理学では，地域労働市場概念そのものを追究する研究よりもむしろ，ローカルレベルの事例地域研究において多くの成果が得られてきた．その一因は，地域労働市場が工業地域や農山村における地域経済の変動を把握する上で有効な方法であったことにある．

　小俣（1980），青木（1987，1995，1996）のように大都市圏に立地する工業に焦点を当てた研究も現れたが，多くは，高度経済成長期以後に工業化を達成した地方を対象とした研究である．この分野の先駆的な研究は赤羽（1975，1980a，b）であり，農山村に立地展開する電機工業の実態を生産組織と労働力利用の側面から検討した．また末吉（1989，1991）は，大手メーカーによる下請企業の編成，労働力利用の地域的特質を分析し，企業内地域間分業の中での地方の役割を検証した．末吉（1991）は，先述した三井（1988）の分析手順を視野に入れた実証分析という点でも注目され，そのアプローチの有効性が企業内地域間分業の研究課題と関連づけて詳細に論じられている．工業立地研究に影響を与えたのは Massey（1984）で，企業内の地域的な機能分担と地域経済の問題を統一的に捉える視点が注目される．Massey（1984）によって提示さ

れた空間的分業論を摂取して,「周辺地域」の地域労働市場の性格を明らかにしたのが友澤(1989a, b)である．友澤(1989a, b)は中・南九州に立地した労働集約型製造業と建設業の労働力構成および労働条件を分析し，地域労働市場が階層構造をなすことを示した．以上の研究から得られた成果の1つは，自由に移動できないがゆえに劣悪な労働条件を甘受せざるをえない農家世帯員の存在が，低賃金・不熟練労働力需要の増大をもたらした点である．

　上述の研究に加えて，やや供給側に分析軸を置いた研究によって，農村の就業構造の変化が明らかにされた（例えば，岡橋，1978；佐藤，1988；板倉・金安・高野，1990）．注目されるのは，農村に立地した製造業の労働力需要に対して，農家側が農業経営に合わせて，生活の中に農外就業を取り入れている点である．そして，この農家兼業の地域性を目安として，全国の農村の類型化を試みる研究も現れた（例えば，斉藤，1961；山本ほか編著，1987；北村，1982）．山本ほか編著(1987)からは，集落営農などの地域的な農業経営の違いによって労働力需要に対する対応が異なり，就業構造に地域的な多様性が現れたことを読み取ることができる．

　これらの研究のなかから，地域労働市場の構造的特質を明示するために，労働市場分断論に依拠したモデルが提示された点は特筆される．日本の地理学で地域労働市場モデルが示されたのは，主に農山村を対象とする研究においてである．田代(1975)，江口(1978)等の農業経済学のモデルの有効性に着目した岡橋(1978)は，高度経済成長期以降に農山村に展開した地域労働市場が，「第1の型」，「第2の型」そして「日雇労働市場」によって構成されることを示した．松田(1979)，友澤(1989b)もこれらに準拠してそれぞれ清酒醸造業の労働市場，「周辺地域」労働市場のモデルを提示した．

　さらに，これまでの農家世帯員に限定されない多様な労働者に目を向けることで，地域労働市場の全体構造あるいはそれぞれの地域が抱える雇用・就業問題に迫ることができる．小金澤ほか(2002)は，地域内の主要産業全てを対象に就業構造モデルの変化を分析し，地域的な就業の変化の要因を解明している．

　また多様な労働者に目を向けるという点で注目されるのは，女性に焦点を当てた研究であり，地域労働市場における労働者の対応を捉えるうえで重要であ

る．先に取り上げた末吉（1991），友澤（1989a, b）においても地域労働市場の分析対象として女性が取り上げられている．ここでは，地方に立地した工場において求められる低賃金・不熟練労働力に適した対象として女性が分析され，地域労働市場への女性の参入を進展させたことが示されている．研究の関心は，女性が持つ労働力の特質であり，Massey（1984）によって提示された空間的分業論に依拠するものである．一方，これらの研究を批判的に検討し，女性労働力を立地因子の1つとしてではなく，労働の主体として捉えることを試みた研究もある．吉田（1994, 1998）は，経済の行為主体として女性を取り上げ，女性がどのような選考をして地域労働市場に参入したのかを論じている．吉田（1993, 1994, 1998）には，ジェンダーの視点を用いた点に特徴があり，女性の就業形態の考察に際して，女性を取り巻く経済的背景，職場や家庭の状況の把握が重視されている．

第4節　地理学における地域労働市場研究の課題

　地理学における労働市場研究は，社会の変化を反映する形で進展してきた．日本の研究でもこの傾向は同様で，高度経済成長期の大都市圏への労働力の流入，その後の工業の地方分散とこれに伴う農村の就業構造の変容という研究動向に表れているとおりである．従来では，製造業を軸に地域労働市場研究が進められてきたが，その後の変化を考慮することも必要である．1990年代以降の日本では，生産機能の海外移転，公共事業の縮小，社会福祉および医療分野における制度の見直しが進むなど就業構造を取りまく状況が大きく変わりつつある．製造業の就業構造に関しては，研究開発部門で就業者が増加した地域がある一方で，他産業への労働移動が進展した地域もある（例えば，阿部，1997；青野，1999；富田，1999）．建設業に関しては，事業費の縮小はもちろんのこと，公共工事の受注に関わる諸制度の改変（梶田，2002），建設企業における事業転換などにより，雇用機会を建設業に依存してきた地域にとって重大な問題が生じている．さらに，これまで公的セクターが担っていたサービス

部門においても大きな変化が生じている（例えば，丸尾，1996；佐橋，2006；二木，2007）．市場化・営利化の動きはその1つであり，このインパクトが地域的に異なるために，従来とは異なる就業の地域構造が形成されていると推測される．それゆえ近年の社会情勢を踏まえ，就業や労働市場の地域的な変化を明らかにする研究が求められる．

　さらなる課題は，地域労働市場の分析枠組みに関するものである．田代（1975）が示した地域労働市場は，農民層分解を捉えるための概念として有効であった．地理学では，農家の兼業化，中心・周辺構造，分工場経済等を検証するために進出工場や労働者の特質が分析され，また地域労働市場の階層構造を捉えるために賃金等の労働条件が分析された．しかしながら，地域の全体像あるいは現代社会の問題に従来の枠組みを適用するには限界もある．需要サイドの変化はもちろん，供給サイドである労働者の生活面，あるいは労働力の需要と供給を仲介する機能に変化が生じていることも予想される．このため企業と労働者，さらには歴史的，社会的，文化的な要因を含めて適切な分析枠組みを構築することが必要である．この点において三井（1988）が提示した地域労働市場の分析視角は，それぞれの地域に歴史的につくられてきた就業や生活の諸条件を需要側がいかに利用するのかを分析したものであり，地域性が形成されるメカニズムを捉える枠組みとして優れている．また従来では，労働力再生産の基本的単位である家族，あるいは生活構造を規定する社会的要因が取り上げられることは少なかった．それぞれの地域で形成されてきた慣習や制度，ある種の観念は労働力の供給構造を規定するものである．例えば，働くことを第一義とする風土性，固定的なジェンダー観は，労働市場への労働力の参入を促進あるいは制約する要因となりうる．沖縄県の就業特性を追究した山口（2004）では，他の地域とは異なる就業観が存在することが示されているし，大都市圏郊外の就業問題を論じた稲垣（2002）では，親との同居，兄弟の在学状況が若年者の職業選択に影響を与え，非正規労働力化に結びついていることが示されている．Peck（1989）が指摘するように，労働市場は様々な要素からなる複雑な機構であるため1つの要素では捉えがたい．それゆえ，Peck（1989）の地域労働市場における社会的調整様式，Herod（2001）の行為主体としての労働者

に焦点を当てる視点は示唆に富んでいる．

注

1) 2002年に開催された経済地理学会第49回シンポジウムのテーマは「日本経済のリストラクチャリングと雇用の地理」である．このシンポジウムの主旨は，1990年代以降大きく進行した日本の経済社会の構造変化の問題を，雇用を切り口として議論するという点にある．
2) 江口（1978）によると，「特定の農業地域の農家からの労働力供給と，それを独自の労働力基盤としてその地域に立地する企業の労働力需要とから構成される市場」と定義される．
3) 分析に用いたデータは，有効求人倍率，雇用保険受給率，製造業従業者1人当たり賃金，新規学卒者の県外就職率である．

第Ⅱ章

日本の労働市場の地域構造

第1節 はじめに

　地理学では，地域労働市場の構造的特性や就業の地域性の解明を主要な課題として研究が進められ，貴重な成果が得られたが，それぞれの地域労働市場の全国における位置づけを明瞭に示した研究は少ない．そこで本章では，統計的手法を用いて，労働市場の地域構造を全国スケールで把握することを試みる．具体的には，労働市場指標に多変量解析法を施し，全国の職安管轄区域を類型化するとともに，各類型の特徴を示す分析を行う．

　本章では労働市場の地域構造を捉える際の視点として，中心都市の階層性と中心・周辺地帯区分に注目する．高度経済成長期を対象にした菊地(1963)，川崎(1963)では，3大都市圏とそれ以外の地域との関係が重視された．しかし，工業の地方分散を経験し，東京一極集中が進展した今日の日本において，従来の視点での地域構造の把握は不十分である．日本の産業経済の地域構造を論じた矢田(1995, p.14)によると，今日の国土構造は，階層的都市システムを核とする重層的な経済圏あるいは地帯構成などの複数の構造が，複合的にからみあったものとして捉えることができる．また地域構造の変化を論じた伊藤(1992)によると，1950年代までの日本の産業経済の地域構造は京浜，京阪神，愛知，福岡の4地区の狭域的な工業化先行の中核地域と農業に特化した広大な周辺地域という二重構造をなしていたが，それが1960年代から70年代を経た80年代には，中核・中間・周辺という三地帯構成へと移行したことを示している．二重構造から三地帯構成への移行を

推進したのは主に工業であり，1960年代に機械系工業を中心とする重化学工業の発展が確立され，1970年代に石油危機，為替自由化という制約条件を，経営合理化，知識集約化，自動化等の技術開発によって克服するなかで，ルーティン化した部門や工程が低賃金労働力を求めて農業地域に立地した．他方，県庁所在都市では地方自治に関わる公的セクターの機能と施設が集中し，これに関連する事業所サービスや個人サービスが発展を見せた．こうした産業や機能が地域雇用に及ぼす影響は大きく，他の地方都市とは異なる労働市場が形成され，周辺地域においても労働条件が比較的良好な労働力需要が発生する．こうした地帯構成と階層性への着眼は，経済の地域構造を反映しつつ形成される労働市場の地域構造を考察する際にも重視される必要があろう．

なお，本章は1985年から1993年までの時期に焦点をあてる．この時期には，1985年の円高誘導を契機として製造業の生産拠点が海外へシフトし，国内の地域間分業が再編されるなど，労働市場を取り巻く社会・経済的環境にも変化がみられた（青野，1986；小俣，1990；Edgington，1994）．1980年代後半には一部の地域を除き，量的には雇用機会の不足が解消されたとの報告があるものの（依光・佐野，1992），地域差がなくなったとは考え難く，この時期を対象にした地域構造の把握が必要である．他方，1993年は景気後退局面から回復局面へ向かう景気循環の転換期に相当し（森，1997，p.50），いわゆるバブル経済の時期を通じて，労働市場の地域構造にいかなる変化が生じたのかを検討するうえで適切な年次と考えられる．

以上の議論に基づき，本章ではまず高度経済成長期以降の労働市場の地域構造を概観したあとで，安定成長期に入って以降の1985年と1993年の2年次にしぼって，労働市場の地域構造を中心都市の階層性や地帯構成と関連づけて把握する．さらに両年次を比較することで，この時期におけるわが国の労働市場の地域構造の変化の特徴を明らかにする．

第2節 研究方法

1）分析単位地域の設定

　諸外国において地域労働市場の空間的な範囲は，日常的な労働力の移動圏すなわち通勤圏[1]として定義されることが多い（Ball, 1980, p.126）．これに対して日本では，通勤圏地域やSMSAのような統計区が設定されていないため，研究者がそれぞれ独自の方法で通勤圏を設定し，各自の研究に利用している（森川, 1990, p.109）．そのなかで注目されるのは，菊地（1963），友澤（1993）であり，労働力需給の空間的な範囲として，公共職業安定所（以下，職安と略称する）の管轄区域を取り上げている．通常，職安は管轄区域の中心となる都市に置かれる機関であり，この管轄区域はその中心都市の通勤圏と一致する場合が多い．また職安で扱われる求人・求職の対象が基本的にその管轄区域内の事業所および住民であるため，職安管轄区域は労働力需給圏としての性格をもつ．また職安管轄区域を用いることによって，『労働市場年報』等の有用な既存統計資料を活用でき，計量的な分析が可能となる．以上の理由から，全国的な労働市場の地域構造を捉える単位地域として職安管轄区域が適していると考えられる[2]．

2）分析方法

　島田（1986, p.137）が述べるように，労働市場の性格を把握するためには，雇用量，賃金，失業などのマクロ経済変動の主要指標の観察が求められる．一国内の労働市場の地域構造を捉える際にも定量的な分析が有効であり，こうした分析方法は，労働力需給に関する変数を用いてイギリスにおける通勤圏地域の類型化を試みた Owen *et al.*（1984），Green and Owen（1991）においても適用されている．日本では，一地方レベルではあるが，中・南九州を対象とした友澤（1989b），東北地方を対象とした友澤（1993）が希少な研究例として注目される．友澤（1989b）では，職安管轄区域単位で労働市場指標の地域的パター

ンが提示され，友澤（1993）では，さらにそれらを変数としてクラスター分析による職安管轄区域の類型化がなされている．

　以上の研究の有効性に着目した本研究では，職安管轄区域を単位地域として，1985 年と 1993 年の両年次において，個々の労働市場変数の全国的な地域性を確認した後，ウォード法クラスター分析を用いて職安管轄区域の類型化を行い，労働市場の地域構造を把握する．

3) 分析に用いる変数の選定

　分析を試みるにあたってここでは有効求人倍率，雇用保険受給率，1 人当たり製造業賃金，一般求職者の県外就職率の 4 変数を用いた[3]．それぞれの変数の特徴を以下に示す．

　有効求人倍率は，職安に登録された有効求人数と有効求職者数の比で，労働力需給の量的側面を示す．有効求人倍率が 1 を超えて高くなるほど，求職者よりも求人数が多いことを意味し，求職者にとっては就職しやすい状態となる．

　雇用保険受給率[4]は完全失業率を代替する変数として取り上げた．その理由は第 1 に，友澤（1989b，p.205）が示すように，ある一時期のみの失業状態をとらえた完全失業率より，雇用保険の受給という失業状態を通年で捉えた雇用保険受給率の方が，職安管轄区域ごとの失業状態を捉えるのに適しているからである．第 2 に，雇用保険受給率は毎年，職安管轄区域単位で発表されるデータから得られるため，国勢調査実施年以外の年のデータを用いた分析が可能だからである[5]．ただし注意を要するのは，雇用保険受給率が失業状態にある者のすべてを捉えた変数ではないという点である．例えば，雇用保険被保険者は雇用保険適用事業所の雇用者に限定され，船員保険の被保険者のように他の法令により給付を受ける者はこの被保険者から除外される．なお雇用保険受給率は，地域内に不安定な就業状態の労働者が多い場合に高い値を示すという性質を有する．

　1 人当たり製造業賃金は『工業統計表』の年間現金給与総額を製造業従業者

数で除したものである．市町村単位で全産業を通して平均賃金を把握することは資料的に困難であるため，この変数を用いる．需要と供給の関係で決定される労働力の価格は賃金で表現され，労働力需要の増大にともない上昇する．このため賃金は労働力需給に対応した性格をもつ．ただし賃金は需給バランスのみならず，労使の力関係や労働者の学歴などによっても差異が生じるため，労働市場の良し悪しの状態をそのまま表現するとは限らない．またこの変数を用いた分析結果は，製造業以外の業種の賃金が反映されにくいという問題点を有する．

　一般求職者の県外就職率は，職安の紹介により就職した有効求職者のうち県外で就職した者の割合である．雇用機会や雇用条件の地域差を背景に地域間の労働力移動が生じ，この移動によって労働力の需給状況はある程度良好な状態に近づく．したがって，県外就職率等の労働力の移動に関する指標も，労働市場の地域性を把握する上で重要である．一般求職者に含まれない新規学卒者の県外就職率に関しては6都府県でデータを得ることができなかったため，ここでは一般求職者の県外就職率のみを分析変数とした．なお，この場合も栃木県と東京都はデータを欠いている．また区域外就職率ではなく県外就職率を選択したのは，区域外データの収集に限界があったためである．

　以上のなかで，有効求人倍率，雇用保険受給率，一般求職者の県外就職率は各都道府県発行の『労働市場年報』等に掲載されている．この資料は職安を経由した求人，求職等の集計であり，労働市場全体の姿を表すものではない．知人の紹介，求人情報誌等による求人や求職活動は統計の範囲外である．宮崎（1991，p.163），矢沢（1997，p.35）によると，この資料によって把握できる求職者の割合は全求職者の約3割とみられている．さらにこの資料の問題点として，年齢階級の高い失業者ほど職安利用率が高いなど，労働者の属性によって職安利用率が異なることも指摘されている（富田，1989，p.86）．ただ管見の限り，この統計以上に労働市場の状態を把握できる資料はなく，またこの掲載データが雇用政策の重要指標としても用いられているため，分析に適した資料と判断できる．なお都道府県によっては，分析に必要なデータが『労働市場年報』等に収録されていないケースがある．このため各都道府県の提供

資料によりデータを補足した．

　本研究では変数間の比較を容易にするため，職安管轄区域単位での各変数の平均と標準偏差から算出した標準得点に基づき，変数ごとに地域的パターンを示すことにした．ただし，特定の職安管轄区域における労働市場特性の変化の分析等で必要な場合には，標準得点のみならず絶対値も用いている．

4）分析視角

　労働市場の地域性を把握する際には，都市的中心性と中心・周辺地帯区分の2つの分析視角を採用した．まず前者は，都市の中心性による分類であり，全国の職安管轄区域をその大小によって区分するものである．磯田（1993）は，都市の中心性による分類を人口移動の分析に適用し，この分類が有効であることを導いている．本章で分析する労働市場特性についても，森川（1990）によって有効性が確かめられた中心機能従業者数を用いて，中心都市の階層性との関連の検討を行った．それぞれの職安管轄区域において中心機能従業者（卸売・小売業従業者＋サービス業従業者）が最大である市区町村のそれを基準に，すべての職安管轄区域を次の3地区に区分する．すなわち上位階層地区（3.0万人以上），中位階層地区（0.7～3.0万人），下位階層地区（0.7万人未満）である[6]（図Ⅱ-1）．

　第2に，岡橋（1990）を参考に，中心・周辺の観点を取り入れて，労働市場の地域構造の把握を試みる．東京の影響地域が拡大している今日では，都市・農村などの既存概念では地域構造の実態把握が難しくなっているため（岡橋，1990），この変化に対応した形での検討が必要である．きわめて単純な方法ではあるが，1人当たり県民分配所得により全都道府県を中心地帯（11都府県），中間地帯（20道県），周辺地帯（16県）の3つのグループに区分した[7]（図Ⅱ-1）．県民所得のみではあるが，地帯構造の把握に大きな問題はないと考えられる．

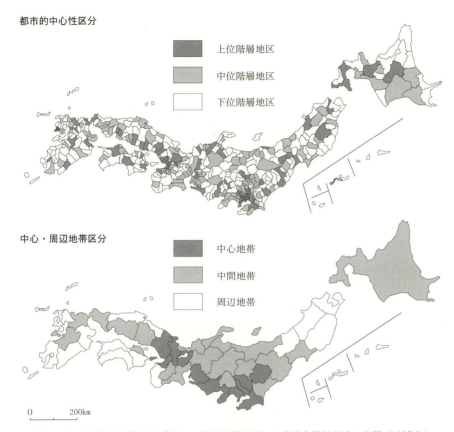

図Ⅱ-1　都市的中心性および中心・周辺地帯区分による職安管轄区域の分類（1985年）
資料：総務省『国勢調査』, 内閣府『県民経済計算年報』.

第3節　高度経済成長期以降における日本の労働市場の変化

1）高度経済成長期における労働市場の地域構造

　この時期の地域構造は，基本的には3大都市圏とそれ以外の地域として捉えられる．1970年の有効求人倍率の地域的パターンでは（図Ⅱ-2），求人倍率が

34 第Ⅱ章 日本の労働市場の地域構造

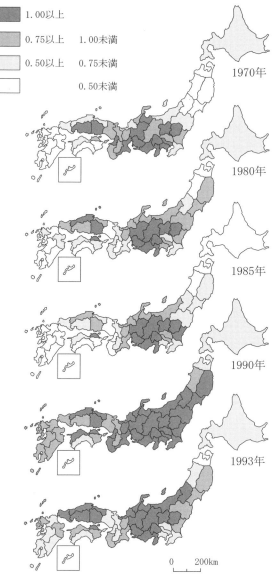

図Ⅱ-2 有効求人倍率の地域的パターン
注) 1970年は沖縄県を除く.
資料:『職業安定業務統計』各年版.

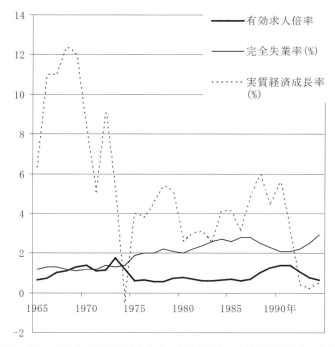

図Ⅱ-3 日本における有効求人倍率,完全失業率,実質経済成長率の推移
資料:『労働市場年報』,『労働力調査年報』,経済企画庁資料.

高い地域は3大都市圏とその周辺部に,対して低い地域は東北,九州などの遠隔地域に集中し,明瞭なコントラストを確認できる.高度経済成長期には有効求人倍率が1を超える状態が長く続き(図Ⅱ-3),しかもそれは3大都市圏とその外延部を含む太平洋ベルト地帯における大量の雇用創出によるものであった.このため,通勤形態での農家労働力の労働市場への参入が進むとともに,充足できない労働力は,非大都市圏の特に雇用機会が乏しく失業率が高い地域から大量に供給された(川崎,1963;菊地,1963).大規模な労働力の地域間移動を反映して,人口流動は,1950年代後半から60年代にかけて,3大都市圏で転入超過,それ以外の地域で転出超過を記録した(渡辺,1989,p.12).また賃金に関して川崎(1963)は,都市化,工業化の進んだ3大都市圏で高く,農業の比率が高い後発的な地域で低いという地域的なパターンを提示した.3

大都市圏とその外延部を軸とした地域構造を以上から確認できる．

2）低成長期における労働市場の地域構造

　この時期には，有効求人倍率が大きく低下し，0.5強で推移した．そのなかで，かつての3大都市圏を中心とした太平洋ベルト地帯とそれ以外の地域という二重構造にも緩和がみられた．1980年の有効求人倍率については，東北北部や九州地方の諸県で低位という1970年代に類似したパターンが継続している（図Ⅱ-2）．さらに細かくみると，東北南部や九州の一部での有効求人倍率の上昇，大阪圏での低下などの変化を確認することができる．他方，人口移動については，1950年代後半から1960年代に転出超過を経験した3大都市圏以外のほとんどの県で転出超過幅が縮小した．この要因は，既成大工業地帯における雇用吸収力の低下，雇用機会の地方分散，定住志向の高まりなどである（依光・佐野，1992, p.51）．これと関連して注目されるのは，兼業化の後進地域において通勤兼業率が上昇したことであり，雇用機会の地方分散によって通勤兼業が国土の周辺部へと拡大したといえる．

　以上は一面，労働市場に関する地域格差の改善を示す変化ともとれるが，労働市場に関する地域問題がすべて解決したというものではない．失業の地域性を検討した北村（1992, p.155）は，高失業地域の縮小化傾向の一方で，縁辺部を中心に失業の偏在化が進展している点を指摘している．

3）1985～93年における日本の労働市場

　本章が特に対象とする1985～93年について労働市場の変化を概観しておく．この期間の労働市場の状況は，有効求人倍率と完全失業率の動きが安定していた1980年代前半までとは異なる（図Ⅱ-3）．

　まず，円高不況期に相当する1985～86年の特徴として，雇用情勢の悪化を指摘できる．中藤（1988, p.235）によると，1985年以降の急速な円高を契機として輸出依存度の高い産業部門の国際競争力が低下し，とりわけ，この部門

への依存度の高い地域では労働力の需給バランスが崩れ,雇用問題が深刻化した. 1986年の「緊急雇用安定地域」指定,1987年施行の「地域雇用開発等促進法」はその対策として代表的である. 1987～90年には国内経済の急速な回復にともない労働力需要が急増した. これを反映して有効求人倍率が1を上回り(図Ⅱ-3),労働力需給の逼迫が大きな社会問題となった[8]. こうした状況を背景とした外国人労働者の増加も,この時期における労働市場の特徴の1つである[9]. しかし,1991年以降の景気循環の下降局面に入ると,有効求人倍率が急速に低下するとともに,失業率が再び上昇した(図Ⅱ-3).

労働市場の激しい変動を経験したこの期間における有効求人倍率の地域的パターンを分析すると,1985年は1980年と大きな変化がないが,1990年には1を超える高率地域が大きく拡大し,中部,関東だけでなく東北地方にまで及んでいることが注目される(図Ⅱ-2). 1993年にはこうした高率地域は縮小するが,大阪圏だけでなく東京圏も含めて大都市圏が低倍率地域になった点が特徴的である. 労働市場の地域構造にこれまでにない変化が生じていると推測される. ただし,大都市圏におけるこの変化の原因を探るうえで注意を要するのは,有効求人倍率のもつ集計上の問題である. 有馬(1992, pp.248-249)は,大都市圏では第3次産業が集積しており,この産業の職安利用率の低さが有効求人倍率に影響しているという見解を示している.

第4節　1985年における労働市場の地域構造

1) 各変数の地域的分布パターン

a) 有効求人倍率

中心・周辺の観点から職安管轄区域平均をまず絶対値で比較すると,周辺地帯で0.43倍であるのに対して,中心地帯および中間地帯では,それぞれ0.82倍と0.75倍(全体の平均0.69倍)であり地域差が明らかである. 標準得点でみた表Ⅱ-1では,周辺地帯の職安管轄区域の8割弱が-0.5未満の低得点クラ

スに含まれる．そしてこの低得点の地区は，主として労働市場の展開が相対的に遅れた北海道，東北北部，紀伊半島南部から四国南部，九州中南部に至る西南日本外帯に分布する（図Ⅱ-4-a）．ただし，有効求人倍率が低い周辺地帯のなかで岩手県内陸部や山陰には，平均以上の有効求人倍率を記録する職安管轄区域が分布する．

他方，有効求人倍率が特に高い地区は北関東と中部地方に圧倒的に集中している．中心地帯のなかでは，大阪圏だけが平均を下回る地区を多く含み，3大都市圏の中で大きく異なっている．富田（1989, pp.116-118）にみるように，高度経済成長期以来の産業・経済面における大阪圏の停滞が，労働市場特性に反映されたものと考えられる．

b）雇用保険受給率

中心・周辺の観点からは，中心地帯では負の得点の地区が約8割を占めるのに対し，周辺地帯では正の得点の地区が約7割を占めるなど，両地帯の対照性が明らかである（表Ⅱ-1）．これは，有効求人倍率とはほぼ逆の得点分布であり，就業機会の乏しい地域で就業状態が概して不安定であることを示す．図Ⅱ-4-bで分布をみると，得点の高い地区は北海道，青森県，西南日本の外帯地域などに集中し，地域的な偏在が極めて明瞭である．もう1点注目されるのが，都市的中心性との関係であり，上位階層で低い得点が多く，下位階層で高い得点が多いという明瞭な関係が認められる．具体的には，-1.0未満の低得点クラスに属する職安管轄区域では，上位階層が73.7%を占めるのに対して，1.0以上の高得点クラスの場合は，下位階層が86.2%を占める．特に，上位階層あるいは中位階層のなかでも県庁所在地区では得点の低さが目立ち（図Ⅱ-4-b, e），相対的に安定した就業状態が実現されている[10]．

c）1人当たり製造業賃金

賃金の地域的パターンは，基本的には高度経済成長期にみられた形態を継続している．それは，高得点地区が太平洋ベルト地帯を軸とした中心地帯に集中していること，そこから離れるにしたがって得点が低下することに求められる

表Ⅱ-1 労働市場指標の標準得点別および中心・周辺地帯区分別の職安管轄区域数（1985年）

標準得点	有効求人倍率			雇用保険受給率				1人当たり製造業賃金				一般求職者の県外就職率			
	中心	中間	周辺	計	中心	中間	周辺	計	中心	中間	周辺	計	中心	中間	周辺	計
1.0以上	31	44	1	76 (16.8)	1	23	34	58 (12.8)	62	20	3	85 (18.8)	1	7	34	42 (9.3)
0.5〜1.0	17	34	7	58 (12.8)	4	11	21	36 (8.0)	33	25	7	65 (14.4)	5	8	11	24 (5.3)
0.0〜0.5	32	27	11	70 (15.5)	18	31	32	81 (17.9)	24	37	6	67 (14.8)	6	17	26	49 (10.8)
−0.5〜0.0	27	30	12	69 (15.3)	33	54	24	111 (24.6)	6	45	18	69 (15.3)	28	62	37	127 (28.1)
−1.0〜−0.5	23	37	45	105 (23.2)	64	71	12	147 (32.5)	6	46	29	81 (17.9)	66	100	15	181 (40.0)
〜−1.0未満	5	22	47	74 (16.4)	15	4	—	19 (4.2)	4	21	60	85 (18.8)	—	—	—	0 (0.0)
計	135	194	123	452 (100.0)	135	194	123	452 (100.0)	135	194	123	452 (100.0)	106	194	123	423 (100.0)

注）表中の数字は職安管轄区域数を示す．
（　）内は各得点階層の構成比を示す．
大字は，職安管轄区域数が（　）内の構成比の値を上回るケースである．
有効求人倍率，雇用保険受給率，1人当たり製造業賃金，一般求職者の県外就職率のそれぞれの職安管轄区域平均0.69倍，4.11%，2,735千円，8.23%を0，標準偏差0.36倍，2.91%，727千円，13.56%を1とする標準得点にもとづいて職安管轄区域を分類した．
一般求職者の県外就職率については栃木県および東京都の職安管轄区域でデータなし．

資料：『県民経済計算年報』，『国勢調査』，『工業統計表』，各都道府県の『労働市場年報』，各都道府県の提供資料．

40 第Ⅱ章 日本の労働市場の地域構造

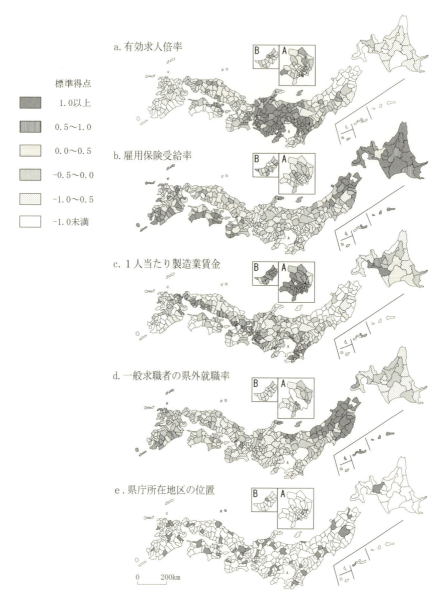

図Ⅱ-4 労働市場指標の地域的パターン（1985年）
注）表Ⅱ-1に同じ．
資料：表Ⅱ-1に同じ．

（図Ⅱ-4-c，表Ⅱ-1）．特に周辺地帯では正の得点を示す地区が2割にも達していないことから，賃金の地域差が明瞭である．他方で，周辺地帯であっても高得点の地区が室蘭市，長崎市，大分市などに散見されるが，これは高度成長期までの大企業を核とした重工業の発達に起因している．この地域における高賃金の持続は，年功序列型賃金などの諸制度あるいは男性中心の労働力構成との関連でも捉えられよう．

さらに都市的中心性との関係を考慮すると，中心地帯の上位階層で高賃金，周辺地帯の下位階層で低賃金という傾向が認められる．例えば，得点の低い-0.5以下のクラスをみると，中心地帯の上位階層地区が全く含まれないのに対して，周辺地帯の下位階層地区は40.4％も含まれる．こうした中心地帯の上位階層ほど高賃金，その対極にある地区ほど低賃金というパターンは，赤羽（1988），末吉（1995）らによって提示された企業内地域間分業の特質，あるいは地方から大都市圏への価値移転によって生じる低賃金地域の固定化とも対応している．

d）一般求職者の県外就職率

県外就職率の地域的パターンについては，東北地方で高得点，中部地方で低得点という対照性が明瞭である（第図Ⅱ-4-d）．表Ⅱ-1によって中心・周辺関係をみると，得点の高い0.5以上クラスに属するのは，その7割が周辺地帯の職安管轄区域である．これに対して，中心・中間地帯の職安管轄区域の圧倒的多数は，負の得点を示すクラスに属し，両者の間に大きな差が生じている．これを各県の『労働市場年報』等に掲載されている「一般求職者の就職地域」を加味して考えると，所得の低い地域から所得の高い地域への労働力移動傾向が読み取れる．なかでも県外就職率が高い青森，岩手，秋田の各県では[11]，県外就職者に占める「東京都＋神奈川県」就職者の割合がそれぞれ47.6％，43.1％，43.2％と大きく，これらの県の就業が依然として東京圏に依存したものであることを窺わせる．労働力の超過供給を生じているこれらの県では，需要量の大きい地域への移動によって雇用問題の自然的調節が図られているものの，移動だけでは労働市場特性の地域的な不均衡の解消が困難であることも示

している．なお東北地方と比較すると，北海道ではさほど高い得点を示していない（図Ⅱ-4-d）．北海道では有効求人倍率が低いにもかかわらず，県外就職率がそれほど高くなく，その分，雇用保険受給率が高い得点を示すものと推察される（図Ⅱ-4-b）[12]．

2）職安管轄区域の類型

　ここでは前節の分析で用いた変数により職安管轄区域を類型化し，分類された各類型の特徴を明らかにする．有効求人倍率，雇用保険受給率，1人当たり製造業賃金の標準得点の3変数にクラスター分析を適用し，職安管轄区域の類型を得ることにした[13]．

　クラスター分析の結合過程を示した樹状図は図Ⅱ-5のとおりである．クラスター間の距離更新に大きな変化が生じる情報損失量26.4%で区分し，7つの類型を得た．図Ⅱ-6はこの7つのクラスターの空間的な分布を示し，表Ⅱ-2

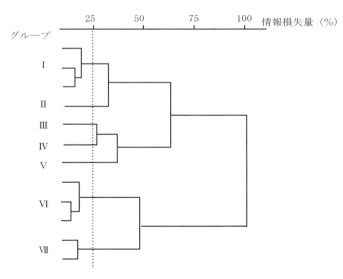

図Ⅱ-5　クラスター分析の樹状図（1985年）
注）情報損失量15.0%未満の樹状図は省略した．

第4節 1985年における労働市場の地域構造

はそれぞれのクラスターに属する職安管轄区域の中心・周辺地帯区分と都市的中心性を，また表Ⅱ-3は特に重要な変数のクラスター別平均を示している．

このあとの結合過程を考慮すると，これらのクラスターはさらに3つのグループにまとめることができる．グループAは，クラスターa1とa2，グループBは，クラスターb1とb2とb3，グループCは，クラスターc1とc2のサブグループで構成される．各グループの労働市場特性を要約すると，グループAは有効求人倍率や雇用保険受給率と比較して1人当たり製造業賃金において比較的高い得点をとること，グループBは他のグループに比べて有効求人倍率で比較的高い得点をとること，グループCは3変数のいずれの得点も劣悪な状態を示すことである．

以下では，第2節で示した分析視角と関連づけながら各グループおよびクラスターの特徴について検討する．まずクラスターa1については，中心地帯の上位・中位階層地区が約6割を占める点（図Ⅱ-2），また中心・中間地帯の県庁所在地区が16地区と多く含まれる点が特徴である．前者に関していえば，特に南関東でこのクラスターの分布が目立ち（図Ⅱ-6），埼玉県，千葉県，東京都，神奈川県の51職安管轄区域のうち38地区がこのクラスターに含まれる．この南関東の38地区と上述の16県庁所在地区では，雇用保険受給率と1人当たり製造業賃金が特に良好な値を示す[14]．これに対して，相生，呉，下松のような瀬戸内海沿岸部の製造業の発達した地区もこのクラスターに含まれるが，この地区において良好な値を示す変数は1人当たり製造業賃金のみである．この地区がこのクラスターに分類されたのは，賃金指標として用いた変数が製造業賃金であることにもよると考えられる．一方，クラスターa2ではすべての変数がクラスターa1より悪い状態を示すが，賃金と一般求職者の県外就職率においては職安管轄区域平均より若干良好である．このクラスターは，労働市場状態の劣悪な周辺地帯のなかでその状態が比較的良好なクラスターであり，西日本の職安管轄区域，なかでも四国や九州の県庁所在地区が多く含まれる．それゆえこのクラスターは周辺地帯におけるクラスターa1型と捉えられよう[15]．なお第3次産業就業者率がクラスターa1で58.3％，クラスターa2で56.8％と高いことから，このグループは第3次産業が発達した類型とみるこ

44　第Ⅱ章　日本の労働市場の地域構造

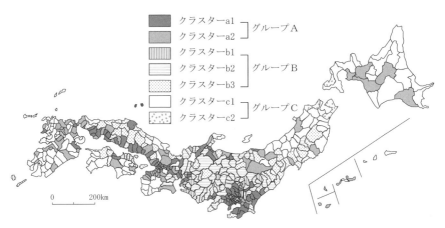

図Ⅱ-6　クラスター分析による職安管轄区域類型の分布（1985年）

注）分析に用いた変数は，有効求人倍率，雇用保険受給率，1人当たり製造業賃金の標準得点である．
資料：『工業統計表』，各都道府県の『労働市場年報』，各都道府県の提供資料．

表Ⅱ-2　中心・周辺区分と都市的中心性からみたクラスター別の職安管轄区域数（1985年）

クラスター	中心地帯				中間地帯				周辺地帯				計
	上位階層	中位階層	下位階層	小計	上位階層	中位階層	下位階層	小計	上位階層	中位階層	下位階層	小計	
a1〔A〕	35	26	6	67	9	11	7	27	3	2	1	6	100
	35.0	26.0	6.0	67.0	9.0	11.0	7.0	27.0	3.0	2.0	1.0	6.0	100.0
a2〔A〕	9	12	2	23	7	13	17	37	6	4	10	20	80
	11.3	15.0	2.5	28.8	8.8	16.3	21.3	46.3	7.5	5.0	12.5	25.0	100.0
b1〔B〕	5	9	1	15		1	3	4		1		1	20
	25.0	45.0	5.0	75.0		5.0	15.0	20.0		5.0		5.0	100.0
b2〔B〕	1	8	11	20	7	19	33	59		1	1	2	81
	1.2	9.9	13.6	24.7	8.6	23.5	40.7	72.8		1.2	1.2	2.5	100.0
b3〔B〕			6	6	3	6	20	29	3	6	10	19	54
			11.1	11.1	5.6	11.1	37.0	53.7	5.6	11.1	18.5	35.2	100.0
c1〔C〕			4	4	1	7	29	37	1	14	57	72	113
			3.5	3.5	0.9	6.2	25.7	32.7	0.9	12.4	50.4	63.7	100.0
c2〔C〕							1	1			3	3	4
							25.0	25.0			75.0	75.0	100.0
計	50	55	30	135	27	57	110	194	13	28	82	123	452

注）表中の数字は職安管轄区域数を示す．ただし下段は各クラスターの計を100とする構成比を示す．
　　〔　〕内はグループ番号を示す．
資料：表Ⅱ-1に同じ．

第4節　1985年における労働市場の地域構造　45

表Ⅱ-3　クラスター分析によって得られた各類型の平均的性格（1985年）

クラスター	労働市場指標					人口			就業構造				1人当たり粗付加価値額（万円）
	有効求人倍率	雇用保険受給率	1人当たり製造業賃金（千円）	一般求職者の県外就職率	新卒者の県外就職率	65歳以上人口割合	65歳以上労働力割合	女子労働力率	第1次産業就業者率	第3次産業就業者率	製造業就業者率	建設業就業者率	サービス業就業者率	
a1 [A]	0.72 (0.10)	2.46 (-0.56)	3,615 (1.21)	3.5	16.7	9.6	4.9	46.7	5.5	58.3	27.0	8.8	20.6	1,074
a2 [A]	0.44 (-0.69)	4.27 (0.06)	2,943 (0.29)	7.2	29.2	11.4	5.8	46.3	11.4	56.8	21.7	9.6	20.4	878
b1 [B]	1.58 (2.49)	1.62 (-0.85)	3,493 (1.04)	2.0	10.1	10.4	6.1	53.3	8.9	48.6	35.2	7.1	17.9	1,014
b2 [B]	1.09 (1.31)	2.46 (-0.57)	2,698 (-0.05)	2.5	16.5	12.5	7.0	53.7	14.1	46.2	30.5	9.0	17.5	770
b3 [B]	0.76 (0.21)	3.29 (-0.28)	2,212 (-0.72)	5.7	29.9	15.2	8.1	54.2	20.1	46.8	22.4	10.3	18.1	541
c1 [C]	0.36 (-0.90)	6.79 (0.92)	1,994 (-1.02)	16.9	46.6	14.3	7.4	50.4	25.2	47.6	16.3	10.6	18.6	498
c2 [C]	0.15 (-1.49)	23.19 (6.56)	1,583 (-1.59)	59.7	70.6	12.1	5.6	45.7	32.8	44.5	8.2	14.1	17.0	427
職安轄区域平均	0.69	4.11	2,735	8.2	28.4	12.3	6.5	50.0	15.1	51.3	23.6	9.6	19.1	769

注：（　）内は標準得点を示す．
　　［　］内はグループ番号を示す．
　　一般求職者の県外就職率については2府県で，新卒者の県外就職率については6府県でデータなし．
　　就業構造については，従業地による産業別就業者数にもとづく値である．
　　65歳以上労働力割合は，労働力人口に占める65歳以上の割合を示す．
資料：表Ⅱ-1に同じ．

とができる．

　グループBのうちクラスターb2は，中心地帯の下位階層および中間地帯の中位・下位階層を多く含み，北関東，中部地方および香川県に集中して分布する（図Ⅱ-6）．製造業就業者率が高く，1人当たり付加価値額がやや大きいことから，このクラスターは高度経済成長期と低成長期を通じて工場が進出した地域と考えられる．一方，クラスターb3は，東北地方および中国地方の高速道路沿線に集中的に分布し，クラスターb2より若干低位な労働市場特性を示す．とりわけ，クラスターb2に比べて有効求人倍率と1人当たり製造業賃金が低い．低付加価値あるいは労働集約的生産工程の立地が，相対的低賃金という労働市場特性の原因の1つと推測される．なお，同じクラスターb3であっても東北地方と中国地方では，30歳未満人口構成比の平均がそれぞれ41.9％，36.0％と異なり，地域労働市場に供給される労働力の質に地域差が生じている．

　グループCは，第1次産業就業者率が高く，農外就業機会が比較的乏しい地域と考えられる．ただし，クラスターc1では製造業就業者率自体は極端に低いわけではない．これに対して，クラスターc2は4地区のみの特殊なタイプであるが，労働市場の状態が極めて低位で，一般求職者および新卒者[16]の県外就職率が高い値を示す．グループCに属する職安管轄区域の9割弱を中間地帯の下位階層と周辺地帯の中位・下位階層が占める．分布地域は主として北海道，東北南部と岩手県内陸部を除く東北地方，紀伊半島，四国南部，九州北部を除く九州地方である．なお，高速道路などの開発軸に沿った職安管轄区域では，これ以外の地区と比較すると労働市場の状態が幾分良好である．したがって，この点で不利な立場におかれた東北地方の最北端のような地域では，労働力需要の不足や高水準の失業状態といった劣悪な労働市場状態があらわれている．

　最後に，図Ⅱ-6の分布特性をもとに1985年における労働市場の地域構造の特徴を捉えると，まず上述の3つのグループが地帯性をもって分布していることが認められる．第1に，賃金の高いグループAが，主として関東地方と西日本の太平洋ベルト地帯に分布する．第2に，劣悪な労働市場特性を有するグループCが，東北北部や北海道，西南日本の外帯地域のような国土の周辺部

に分布する．第3に，有効求人倍率の高いグループBが，グループAとCの間の地域，具体的には，東北南部，中部地方，瀬戸内海沿岸地域を除く中国地方を中心に分布する．なお，北海道や九州にはこのグループBはほとんど分布しない．

　ここで，以上の労働市場指標に基づく地帯区分と，これまで分析視角として用いてきた県民所得に基づく地帯区分を対比すると（図Ⅱ-1，図Ⅱ-6），基本的には，労働市場特性が劣悪な類型が卓越する地域で，県民所得が低いのに対して，賃金の高い類型が卓越する地域で，県民所得が高いという関係を指摘できる．さらに詳細にみると，山陰地方において，比較的有効求人倍率の高い類型が卓越するにもかかわらず，県民所得が低いといった関係も看取される．図Ⅱ-6にみるもう1つの特徴は，県庁所在地区の労働市場面での優位性である．周辺地帯であっても，県庁所在地区のような都市的中心性の高い地区では比較的良好な労働市場特性を示す．県庁所在地区への労働力の流入状況については検討していないが，県庁所在地区がその周辺部の地域に与える労働市場面での影響は大きいものと推測される．

第5節　1993年における労働市場の地域構造および1985年と1993年の比較

1）1985年と1993年における各変数の地域的分布パターンの比較

a）有効求人倍率

　1985年と1993年で比較すると，-0.5未満の低得点クラスに属する職安管轄区域が周辺地帯において減少し，反対に中心地帯において増加した点が認められる（表Ⅱ-1，表Ⅱ-4）．また，1985年と1993年について3地帯の職安管轄区域平均を絶対値で比べると，中心地帯では0.82倍から0.69倍へ，中間地帯では0.75倍から0.69倍へ，周辺地帯では0.43倍から0.72倍へと推移した．全国の職安管轄区域平均が0.69倍から0.79倍へと上昇するなかでのこの変化は，中心・

表Ⅱ-4 労働市場指標の標準得点別および中心・周辺地帯分別の職安管轄区域数（1993年）

標準得点	有効求人倍率				雇用保険受給率				1人当たり製造業賃金				一般求職者の県外就職率			
	中心	中間	周辺	計	中心	中間	周辺	計	中心	中間	周辺	計	中心	中間	周辺	計
1.0以上	6	54	12	72 (15.9)	13	23	21	57 (12.6)	58	20	2	80 (17.7)	17	6	24	47 (10.4)
0.5〜1.0	24	30	8	62 (13.7)	11	8	23	42 (9.3)	37	20	4	61 (13.5)	6	5	12	23 (5.1)
0.0〜0.5	17	37	18	72 (15.9)	22	30	23	75 (16.6)	25	47	4	76 (16.8)	10	16	16	42 (9.3)
-0.5〜0.0	17	30	37	84 (18.6)	28	60	34	122 (27.0)	8	44	21	73 (16.2)	34	56	47	137 (30.3)
-1.0〜-0.5	34	24	25	83 (18.4)	38	51	22	111 (24.6)	6	45	27	78 (17.3)	39	111	24	174 (38.5)
〜-1.0未満	37	19	23	79 (17.5)	23	22		45 (10.0)	1	18	65	84 (18.6)				0 (0.0)
計	135	194	123	452 (100.0)	135	194	123	452 (100.0)	135	194	123	452 (100.0)	106	194	123	423 (100.0)

注）表中の数字は職安管轄区域数を示す．
（ ）内は各得点階層の構成比を示す．
太字は，職安管轄区域数が（ ）内の構成比の値を上回るケースである．
有効求人倍率，雇用保険受給率，1人当たり製造業賃金，一般求職者の県外就職率のそれぞれの職安管轄区域平均0.79倍，3.28%，3,690千円，7.59%をO，標準偏差0.32倍，1.62%，886千円，9.85%を1とする標準得点にもとづいて職安管轄区域を分類した．
一般求職者の県外就職率については栃木県および東京都の職安管轄区域でデータなし．

資料：表Ⅱ-1に同じ．

周辺間の格差の形が変化していることを示唆している.さらに地域的パターンを両年次で比較すると(図Ⅱ-4-a,図Ⅱ-7-a),得点上昇の著しい地区が,新潟県をはじめとする日本海沿岸の地域や中国地方に,一方,得点低下を示す地区が3大都市圏に分布することを指摘できる.以上の変化は,有効求人倍率の高い地域が大都市圏で減少し,代わってその周辺部で増加したことを示している.

b) 雇用保険受給率

有効求人倍率における変化を反映して,正の得点を示す職安管轄区域が周辺地帯で減少し,中心地帯で増加した(表Ⅱ-1,表Ⅱ-4).1985年では,雇用保険受給率の職安管轄区域平均が4.11%,標準偏差が2.91%であるのに対して,1993年では,平均3.28%,標準偏差1.62%と,全体の雇用保険受給率が低下するとともにその地域差も縮小傾向を示している.とはいえ北海道,青森県,西南日本外帯地域のような1985年に高得点であった地域は,九州でやや改善されたのを除けば,この時点でも高い状態を持続していて(図Ⅱ-4-b,図Ⅱ-7-b),雇用保険受給率の高い地域として固定化される傾向を示している[17].一方,1985年に低得点地域であった3大都市圏では,絶対値でも上昇を記録する職安管轄区域が多く[18],これらの地区においては失業状態の悪化が進んでいると推測される.

両年次の比較に関してもう1点注目されるのは,都市的中心性階層間における格差の縮小である.2つの年次で大きな変化がみられなかった上位・中位階層地区に比べて,下位階層地区では雇用保険受給率の変化が顕著で,その値は平均に近い3.69%にまで低下した[19].都市的中心性の低い地区においては失業状態がより改善したとみることができる.

c) 1人当たり製造業賃金

1993年においても,太平洋ベルト地帯への高得点地区の集中に変化はみられない.図Ⅱ-7-cを単純化して考えると,中心地帯で高賃金,周辺地帯で低賃金というパターンが描ける.加えて,中心・周辺間あるいは都市的中心性階層間における賃金格差が極めて大きいことも指摘できる.例えば,1人当たり

50 第Ⅱ章 日本の労働市場の地域構造

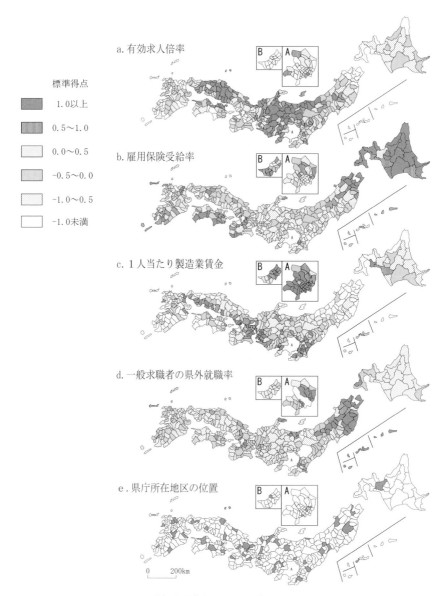

図Ⅱ-7 労働市場指標の地域的パターン（1993年）
注）表Ⅱ-4に同じ．
資料：表Ⅱ-1に同じ．

製造業賃金が最も高い東京都飯田橋地区と，最も低い徳島県牟岐地区との格差は約4倍である．就業機会の地方分散は，高度成長期にみられた賃金格差を大きく変える要因にはなっておらず，1993年時点においても高度成長期における賃金の地域的パターンを継承している．しかも1985年に高い値を示した東京圏や名古屋圏の職安管轄区域のなかには，得点の上昇を記録する地区（例えば，新宿，三鷹，名古屋中）が多いのに対して，国際的なコスト競争で不利な立場におかれた地区（例えば，室蘭，尾道，八幡）および国土の周辺部に位置する地区（例えば，根室，むつ，安芸）においては賃金の低下が認められ，格差はむしろ拡大する傾向にあるという見方さえできる．

d）一般求職者の県外就職率

高得点を示すのは，中心地帯と東北北部や沖縄県などの一部の周辺地帯という主に2つのタイプの地域である（表Ⅱ-4）．なかでも1985年に高い県外就職率を示した青森県の職安管轄区域は，1985年の13.9～83.0%から1993年の9.94～56.2%へ低下したとはいえ，1993年も1985年と同様に最も高水準の地域という位置づけである（図Ⅱ-7-d）．

両年次の比較に関しては，一般求職者の県外就職率が中心地帯で上昇（3.2%から8.2%へ），周辺地帯で低下（18.4%から11.8%へ）という中心・周辺間の差異が明らかである．特に東北日本の日本海沿岸の地区（例えば，鶴岡，新発田，村上）のような，有効求人倍率の大きな上昇を示す地区において，県外就職率の低下が著しい[20]．雇用機会の拡大がこれらの地区の県外就職率の低下に寄与したものと推察される．これに対して，中心地帯における県外就職率の上昇は，主として大都市圏における通勤圏の拡大によるものと考えられる．

2）職安管轄区域の類型

1985年の場合と同様に，クラスター間の距離更新に大きな変化が生じる結合段階（32.2%）で切ると，図Ⅱ-8と図Ⅱ-9に示す7つの類型が得られる．さらにその後のクラスターの結合過程を考慮して職安管轄区域を分類すると，

52　第Ⅱ章　日本の労働市場の地域構造

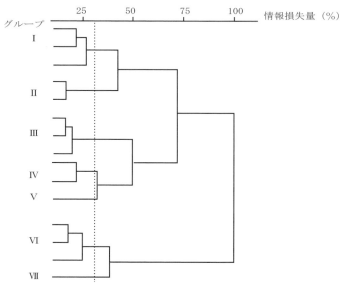

図Ⅱ-8　クラスター分析の樹状図（1993年）
注）情報損失量15.0%未満の樹状図は省略した．

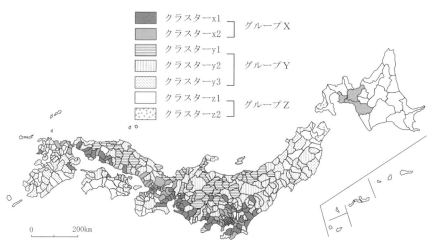

図Ⅱ-9　クラスター分析による職安管轄区域類型の分布（1993年）
注）図Ⅱ-6に同じ．
資料：図Ⅱ-6に同じ．

第5節 1993年における労働市場の地域構造および1985年と1993年の比較 53

3つのグループにまとめることができる．すなわち高賃金を実現しているクラスター x1 と x2（グループ X），有効求人倍率や雇用保険受給率と比べると，1人当たり製造業賃金が劣位にあるクラスター y1 と y2 と y3（グループ Y），特に有効求人倍率が低く，雇用保険受給率が高いなど，労働市場特性が最も劣悪な状態を示すクラスター z1 と z2（グループ Z），である（表Ⅱ-5）．

以下では，各グループおよびクラスターの特徴を考察する．まず，グループ X を構成するクラスター x1 と x2 は高賃金である点では共通するものの，クラスター x1 はほとんどの変数においてクラスター x2 よりも良好な値を示す．クラスター x1 と x2 は，ともに中心地帯の上位・中位階層地区を多く含み（表Ⅱ-6），大都市圏に集中的に分布する（図Ⅱ-9）．ただし，名古屋圏では労働市場の状態がより良好なクラスター x1 が卓越するのに対して，大阪圏ではクラスター x2 が卓越するといった違いも認められる．

グループ Y は，主として中心・周辺関係では中間地帯の職安管轄区域を，都市的中心性については下位階層地区を多く含む（表Ⅱ-6）．なかでも有効求人倍率の高いクラスター y1 は，その8割弱が中間地帯の職安管轄区域によって構成される．グループ Y のうち，クラスター y1 と y2 はグループ X の周辺部に分布し，さらにその周辺部にクラスター y3 が分布するというパターンを描くことができる．このクラスター y3 は賃金において負の高得点を示しており，このグループのなかでは労働市場の状態が最も悪いと判断される．このグループにおける賃金の低さは，高い女子労働力率との関連からも検討する必要があろう（表Ⅱ-5）．

グループ Z については，北海道，東北北部，四国南部などの国土の周辺部，筑豊地方などとともに，大阪周辺に分布の特徴がみられる．このため表Ⅱ-6に示すように，このグループには中間・周辺地帯の下位階層地区，および都市的性格の強い中心地帯の上位・中位階層地区が多く含まれる．前者ではいずれの変数も悪い状態を示すのに対して，後者では賃金だけは良好な状態を示す．賃金が高い一部の地区がこのグループに含まれるため，表Ⅱ-5において，1人当たり製造業賃金がグループ Y のクラスター y3 よりも，このグループ Z のクラスター z1 で高い値を示す．

54 第Ⅱ章 日本の労働市場の地域構造

表Ⅱ-5 クラスター分析によって得られた各類型の平均的性格 (1993年)

クラスター	労働市場指標					人口				就業構造				1人当たり粗付加価値額(万円)
	有効求人倍率	雇用保険受給率	1人当たり製造業賃金(千円)	一般求職者の県外就職率	新卒者の県外就職率	65歳以上人口割合	65歳以上労働力割合	女子労働力率	高等教育修了者割合	第1次産業就業者率	第3次産業就業者率	製造業就業者率	建設業就業者率	サービス業就業者率	
x1 [X]	0.87 (0.26)	1.92 (-0.83)	4,821 (1.27)	4.5	14.2	12.0	4.9	49.8	19.1	5.6	56.8	28.2	8.9	21.5	1,479
x2 [X]	0.48 (-0.95)	3.37 (0.06)	4,620 (1.04)	9.6	23.3	10.3	5.8	45.3	21.3	3.1	61.1	26.0	9.1	23.0	1,367
y1 [Y]	1.28 (1.54)	2.57 (-0.44)	3,371 (-0.35)	3.4	20.9	17.7	6.1	53.7	12.5	13.1	49.0	26.8	10.7	20.2	866
y2 [Y]	0.85 (0.19)	2.71 (-0.35)	3,467 (-0.24)	5.6	22.4	15.6	7.0	51.4	12.3	13.9	50.0	25.8	9.9	19.9	946
y3 [Y]	0.71 (-0.23)	3.78 (0.31)	2,488 (-1.33)	12.3	38.0	17.5	8.1	51.6	9.2	24.2	46.1	18.9	10.6	19.2	563
z1 [Z]	0.48 (-0.98)	5.52 (1.38)	3,103 (-0.64)	11.7	33.8	14.7	7.4	46.5	12.9	16.3	55.5	16.4	11.2	22.3	809
z2 [Z]	0.30 (-1.54)	12.22 (5.50)	2,147 (-1.71)	39.0	48.7	15.2	5.6	46.6	7.4	28.4	45.8	11.5	13.9	18.1	524
職安轄区域平均	0.79	3.28	3,690	7.6	24.3	14.6	6.5	49.8	14.5	12.2	53.1	24.2	10.0	21.0	1,024

注: ( ) 内は標準得点を示す.
 [ ] 内はグループ番号を示す.
 一般求職者の県外就職率については2府県で, 新卒者の県外就職率については6府県でデータなし.
 人口および就業構造については1990年の値である.
 就業構造については, 従業地による産業別就業者数にもとづく値である.
 65歳以上労働力割合は, 労働力人口に占める65歳以上の割合を示す.
資料: 表Ⅱ-1に同じ.

第5節 1993年における労働市場の地域構造および1985年と1993年の比較

表Ⅱ-6 中心・周辺区分と都市的中心性からみたクラスター別の職安管轄区域数（1993年）

クラスター	中心地帯				中間地帯				周辺地帯				計
	上位階層	中位階層	下位階層	小計	上位階層	中位階層	下位階層	小計	上位階層	中位階層	下位階層	小計	
x1〔X〕	23	17	4	44	4	13	7	24	2	1		3	71
	32.2	23.9	5.6	62.0	5.6	18.3	9.8	33.8	2.8	1.4		4.2	100.0
x2〔X〕	23	21	6	50	4	5	6	15	1	1	1	3	68
	33.8	30.9	8.8	73.5	5.9	7.4	8.8	22.1	1.5	1.5	1.5	4.4	100.0
y1〔Y〕			3	3	9	13	31	53		2	10	12	68
			4.4	4.4	13.2	19.1	45.6	77.9		2.9	14.7	17.6	100.0
y2〔Y〕	1	10	16	27	8	17	43	68	7	14	17	38	133
	0.8	7.5	12.0	20.3	6.0	12.8	32.3	51.1	5.3	10.5	12.8	28.6	100.0
y3〔Y〕						1	6	7		6	24	30	37
						2.7	16.2	18.9		16.2	64.9	81.1	100.0
z1〔Z〕	3	7	1	11	2	8	16	26	3	4	27	34	71
	4.2	9.9	1.4	15.5	2.8	11.3	22.5	36.6	4.2	5.6	38.0	47.9	100.0
z2〔Z〕							1	1			3	3	4
							25.0	25.0			75.0	75.0	100.0
計	50	55	30	135	27	57	110	194	13	28	82	123	452

注）表中の数字は職安管轄区域数を示す．ただし下段は各クラスターの計を100とする構成比を示す．
　〔　〕内はグループ番号を示す．
資料：表Ⅱ-1に同じ．

3）労働市場の地域構造に関する変化

　これまでの分析結果を念頭において，労働市場の地域構造に関する変化の特徴を整理する．クラスターの構成地区が両年次で異なるため，クラスター分析の結果から得られた類型を直接的には比較できない．ここでは主として，1985年のクラスター分析で得られた個々の類型あるいは1985年の個々の職安管轄区域を取り上げて，これらの両年次間の比較をもとに検討する．主な特徴として次の2点があげられる．

　第1の特徴は，1985年の地帯性に関する変化である．1985年のグループCの労働市場指標の変化に注目すると，賃金の変化は僅かであったものの，いずれの変数も1985年よりも1993年で良好な状態を示す（表Ⅱ-7）．このことは，

表Ⅱ-7 1985年と1993年における労働市場指標のグループ別平均と県庁所在地区平均

	有効求人倍率 (倍)		雇用保険受給率 (%)		1人当たり製造業賃金 (千円)		一般求職者の県外就職率 (%)		新卒者の県外就職率 (%)	
	1985年	1993年	1985年	1993年	1985年	1993年	1985年	1993年	1985年	1993年
グループA	0.60	0.66	3.26	3.01	3,317 (0.80)	4,329 (0.72)	5.25	7.54	22.40	21.80
グループB	1.04	1.06	2.64	2.40	2,631 (-0.14)	3,670 (-0.01)	3.65	4.29	20.28	18.43
グループC	0.35	0.64	7.35	4.86	1,980 (-1.04)	2,732 (-1.06)	18.00	11.69	48.00	36.06
県庁所在地区平均	0.68	0.79	2.36	2.11	3,077 (0.47)	4,083 (0.45)	7.13	7.35	22.37	20.16
職安管轄区域平均	0.69	0.79	4.11	3.28	2,735	3,690	8.23	7.59	28.4	24.32

注) ( )内は標準得点を示す.
　一般求職者の県外就職率については2府県で,新卒者の県外就職率については6府県でデータなし.
資料:表Ⅱ-1に同じ.

　グループCの分布が卓越する国土の周辺部において,労働市場状態が改善されたことを意味する.この変化は特に有効求人倍率において顕著である.ただし,このグループのなかには賃金の相対的な低下を記録した地区が43地区(グループCは117地区で構成される)あり,上述の変化には地域差がともなう.一方,グループAおよびグループBでは,4つの変数に関して著しい変化は認められない(表Ⅱ-7).

　第2の特徴は,都市的中心性階層間での格差の縮小傾向である.1985年に下位階層地区では相対的に劣悪な労働市場状態を示したが,2つの年次を比較すると,賃金の変化が僅かであった点以外,各変数の変化は改善傾向を示している[21].これに対して,1985年にすべての変数で平均以上の値を記録したグループAの上位階層地区では,変化の程度は小さいものの各変数の値が悪化する方向へ変化した[22].この変化は,大都市圏の都市的階層性の高い地区が,労働市場面での地位を相対的に低下させたことを示唆している.一方,県庁所在地区は,1993年にいずれの変数も職安管轄区域平均以上の良好な値を示し

ており（表Ⅱ-7），労働市場面での優位性を維持している．

第6節　結　び

　1985年と1993年におけるわが国の職安管轄区域について，4変数の地域性を明らかにした上で，クラスター分析を用いて職安管轄区域を類型化し，これらの結果を中心・周辺地帯区分および都市的中心性による階層と関連づけて考察した．その結果は次のように要約される．
　有効求人倍率については，1985年には中心地帯および中間地帯で高く，周辺地帯で低いという中心・周辺間の対照性が明らかであった．さらに両年次の比較から，中心地帯における有効求人倍率の低下と周辺地帯における上昇という変化が認められた．
　雇用保険受給率の地域性に関しては，中心・周辺関係に加えて，都市的中心性との関連が注目される．1985年には，中心・中間地帯の都市的中心性の高い地区でより安定的な就業状態が，反対に，周辺地帯の都市的中心性の低い地区でより不安定な就業状態が認められた．しかし，両年次を比較すると，全体の雇用保険受給率が低下するとともに，その地域差も縮小傾向を示した．
　1人当たり製造業賃金については，太平洋ベルト地帯，とりわけ3大都市圏で高位にあり，そこから離れるにしたがい低下するパターンを示す．これは高度経済成長期におけるパターンを基本的に継承していると考えられ，1985年と1993年の比較においても大きな変化は認められない．
　一般求職者の県外就職率の地域的パターンからは，国土の周辺部において県外就職率が低下し域内に定着化する傾向を，また大都市圏では県外就職率が上昇し通勤圏が拡大する傾向を読み取ることができる．また東北北部では，県外就職率が高く，依然として東京圏を中心とした県外への労働力の供給地域としての性格を示している．
　賃金の地域性から明らかなように，現在でも太平洋ベルト地帯が日本の労働市場の地域構造の骨格をなすことには相違がない．しかし，1985年の各変数

の分布パターンならびにクラスター分析の結果からは，太平洋ベルト地帯とそれ以外の地域という単純な構成ではなく，基本的には高賃金を特徴とする関東地方と西日本の太平洋ベルト地帯，労働市場の状態が劣悪な国土の周辺部，そしてその両者の間に比較的雇用機会に恵まれた地域が広がるという労働市場の三地帯構成が認められる．さらに，県庁所在地区が，それぞれの県のなかでも良好な労働市場特性を示すことが明らかになった．一方，1985年と1993年で比較すると，1985年にみられた三地帯構成が明確さをやや失いつつある．この原因として，中心地帯の上位階層地区における労働市場特性の相対的な悪化，周辺地帯における労働市場特性の改善があげられる．この背景として推測されるのは，大都市圏において不安定な就業状態の労働者が増加していること，国土の周辺部において雇用機会の拡大や少子化の進展により県外就職率が低下していることなどである．

　本研究では，分析資料として各都道府県発行の『労働市場年報』等を用いた．47都道府県に亘ってこの資料を収集あるいは閲覧することの困難さも手伝って，従来，この資料が全国スケールの研究に利用されることは少なかった．本研究では，当該資料を用いることによって，有効求人倍率の地域性などを職安管轄区域単位で，ある程度明らかにすることができた．しかし，この資料は基本的に職安によって把握されたデータのみを掲載したものであり，分析結果は，労働市場の一面しか捉えていないという限界があることを考慮する必要がある．

注
1) 社会・経済的変化に応じて通勤圏地域の境界の改訂がなされていないなど，通勤圏地域を労働市場の分析単位地域として適用するうえでの問題点については，様々な議論がなされている（例えば，Ball，1980；Peck，1989；Coombes，1995）．
2) ここでは分析単位地域の設定に際して，次の操作を行った．まず職安の下位組織である出張所に関しては単独には扱わず，本所に含まれるものとした．また，分析に際し，国勢調査等の統計資料の市区町村単位データを利用できるようにするため，1つの市区町村に設置された複数の職安および研究対象期間内に複数の職安

に分割されたものについては，1つの職安として扱った．さらに同じ理由から，職安管轄区域の境界によって1つの市区町村が複数の区域に分割されている場合は，その複数区域を統合して1つの職安管轄区域とした．本研究で分析対象となるのは452の職安管轄区域であり，全国すべての市区町村がいずれかの職安管轄区域に含まれる．

3) 本研究の分析で用いる4つの変数のうち，有効求人倍率，雇用保険受給率，一般求職者の県外就職率は年度の値であり，1人当たり製造業賃金は年の値である．図表などでの表現が複雑になることを避けるため，ここでは年に統一して表現する．

4) 水野（1992, p.283）によると，公式統計において，雇用保険の受給率は，雇用保険受給者実人員数÷（雇用保険被保険者数＋雇用保険受給者実人員数）×100（％）をもって定義される場合が多い．しかしこの定義では，不安定就業状態に置かれている短期特例一時金受給者の数が反映されない．そこで本研究では，友澤(1989b)を参考に，雇用保険受給率を，（雇用保険受給者実人員数＋短期特例一時金受給者数）÷（年度末の雇用保険被保険者数×12ヶ月）×100（％）と定義した．なお，ここで対象にする雇用保険受給者実人員は，雇用保険の基本手当分の受給者実人員である．基本手当は，求職者給付のうち最も基本的なもので，一般被保険者が失業し，雇用保険法第13条の受給要件を満たしているときに支給される．受給者実人員数は1暦月中に失業給付を受けた実際の人数で，給付日数の多少に関係なく給付を受けたすべての者の実数である．短期特例一時金は，季節的に雇用される者および1年未満の短期の雇用に就くことを常態とする者が，離職した場合に支給される雇用保険である．

5) 完全失業率は，市区町村単位では，5年ごとに発表される国勢調査のデータから得られる．

6) 森川（1990）を参考に分類基準を設定した．なお，森川（1990）は0.3万人未満の都市を「中心性を欠く都市」として階層を設けているが，ここではこの階層に属する職安管轄区域が68と少数であるためこの階層を設けなかった．

7) 各都道府県の1人当たり県民分配所得（1985年）の順位曲線を描くと，2,150千円と1,850千円付近に遷急点が認められるため，ここで区切り，中心地帯（2,150千円以上），中間地帯（1,850-2,150千円），周辺地帯（1,850千円未満）を設定する．データとしては，職安管轄区域単位の県民分配所得を用いるべきであるが，資料的制約のため都道府県単位とした．

8) 求人に対する充足率は，1985〜87年に11.0〜11.8％で推移したが，1988〜91年

には，5.9〜8.7％へと低下した（『職業安定業務統計』）．

9) 1991年に就労目的で新規に入国した外国人は，約114,000人で，この10年間に3倍もの増加を示した（小野，1994，p.179）．

10) 雇用保険受給率の職安管轄区域平均が4.11％であるのに対して，県庁所在地区平均は2.37％である．

11) この3県に属する職安管轄区域の一般求職者の県外就職率は10.8〜83.0％の範囲内である．

12) 北海道においては，県外就職率の低さを，道内他地区への就職率が補っているというわけではない．北海道の道内他地区への就職率は，青森県や岩手県のそれとほぼ等しい7.2％である（各道県の『労働市場年報』）．

13) 一般求職者の県外就職率については，栃木県および東京都のデータの入手が困難であったため分析変数から除外した．

14) 雇用保険受給率と1人当たり製造業賃金をみると，南関東の38地区平均は，それぞれ2.31％，3,689千円（標準得点：-0.61，1.30）であり，同様に16県庁所在地区平均は，2.04％，3,477千円（同：-0.71，1.02）である．なお16県庁所在地区については，県外就職率も一般求職者で9.69％，新卒者で4.91％と良好な状態を示す．

15) 大都市圏では，通勤圏の広域性を考慮して，職安管轄区域という狭い空間だけではなく，さらに広い空間で労働力需給の状況をみることも求められよう．しかし，職安管轄区域平均の有効求人倍率がクラスターa1で0.72倍，クラスターa2で0.44倍であるのに対して，クラスター全体を単位としたそれは，クラスターa1で0.66倍，クラスターa2で0.41倍と，広域的な労働市場圏を想定しても，大きな違いは認められない．

16) 新卒者の県外就職率は『労働市場年報』等による．この資料では，中卒者と高卒者についてはほぼ全体が把握されているが，それ以外の新卒者については統計の対象外である．

17) 雇用保険受給率の高い地域が固定化され，不安定な就業状態が持続する原因の1つは，慢性的な需要不足にあると考えられる．有効求人倍率の低い地域では，高い地域と比較すると，就業機会が乏しいために一旦失業すると失業状態が長期化しやすい（小野，1994，p.122）．

18) 例えば，埼玉県，千葉県，東京都，神奈川県，愛知県，大阪府の82職安管轄区域のうち61地区が雇用保険受給率の絶対値において上昇を記録した．

19) 3つの階層地区についてそれぞれ，1985年と1993年の雇用保険受給率の変化率

を求めると，上位階層地区平均が 6%の低下，中位階層地区平均が 9%の低下，下位階層地区平均が 38%の低下である．

20）この 3 地区の有効求人倍率および一般求職者の県外就職率をそれぞれ 1985 年と 1993 年についてみると，鶴岡が 0.40 倍と 0.75 倍，25.0%と 3.4%であり，新発田が 0.50 倍と 1.24 倍，9.9%と 1.6%であり，村上が 0.44 倍と 1.09 倍，21.5%と 4.6%である．

21）各変数の下位階層地区平均を 1985 年と 1993 年で求めると，有効求人倍率が 0.64 倍と 0.83 倍，雇用保険受給率が 5.1%と 3.7%，1 人当たり製造業賃金の標準得点が -0.52 と -0.50，一般求職者の県外就職率が 10.4%と 8.1%，新規学卒者の県外就職率が 36.0%と 28.1%である．

22）各変数のグループ A の上位階層地区平均を 1985 年と 1993 年で求めると，有効求人倍率が 0.69 倍（標準得点：0.02）と 0.64 倍（同：-0.45），雇用保険受給率が 2.30%（同：-0.62）と 2.26%（同：-0.53），1 人当たり製造業賃金の標準得点が 1.35 と 1.31，一般求職者の県外就職率が 4.06%と 8.25%，新規学卒者の県外就職率が 16.9%と 19.7%である．

第Ⅲ章

国内周辺地域における労働者の還流移動
－鹿児島県姶良地域を事例として－

第1節　はじめに

　本章では，国内周辺地域における労働者の還流移動に着目し，還流移動の要因，還流労働者の就業状況を分析したうえで，地域労働市場における位置づけを明らかにする．さらにこの結果と関連づけて，不安定就業や低賃金として特徴づけられるこの地域の労働市場の周辺的性格の要因を考察する．

　地域的な就業構造がいかにして形成されたのかを明らかにするためには，その地域に特有の就業行動，家の継承，農業を含む世帯の所得形成のあり方などの歴史的・社会的な要因にも目を向ける必要がある．国内周辺地域においては従来，農業経営と関連づけて就業構造の変化の要因が検討された（例えば，赤羽，1975，1980；岡橋，1978，1980）．もちろん，農業や農家への注目は，この地域における就業の変化を理解する上で重要であるが，地域労働市場を構成する多様な労働者を含めて議論することが求められる．

　本章では，労働者の還流移動いわゆるUターンに着目する．上原（1998, p.298）が指摘するように，国内周辺地域における還流移動は労働者の単なる地域間移動ではなく，キャリア形成過程の一形態として捉えることも可能である．還流移動を一種の人生修行的な行動として認識し，これを世代間で継承する慣習がみられるからである．加えて，家族の介護や家業の継承などの必要性から，他地域でのキャリアを犠牲にして実行される出身地への移動という性格も有している．このように還流移動は，風土的特性を反映したこの地域に特徴的な労働者の就業特性として捉えることができる．一方で労働力の需要側である企業は，

こうした地域に歴史的につくられてきた就業と生活の諸条件を考慮して労働力を編成すると考えられ，還流移動も雇用戦略に基づいて生じる労働者の地域間移動として捉えることができる．本章は，実態調査をもとに国内周辺地域における還流移動の要因およびこの労働者の就業特性を分析し，この結果から就業構造と地域労働市場の性格を探るものである．

本研究では鹿児島県の大口職安の管轄区域（以下，大口地区）および国分職安の管轄区域（以下，国分地区）を対象地域として選定した（図Ⅲ-1）．この2地区は，国内周辺地域に位置し，高度経済成長期以降にこの地域出身者による還流移動が発生した地域である．第Ⅱ章のクラスター分析の結果では，最も劣悪な労働市場特性を有するグループに分類される．本書ではこの研究対象地域を姶良地域と称することにする．

なお本研究でいう還流移動は，いったん県外へ流出しそこで就職した者が，一定期間を就業した後，出身地である姶良地域へと帰還し，そこで就職する移動のことである[1]．この定義でいう姶良地域出身者は，中学卒業時にこの地域に在住していた者とする．さらに，姶良地域をサブエリアに区分して還流移動を議論するため，出身市町への還流移動をUターン，それ以外の姶良地域への還流移動をJターンと定めておく．

本章では，第1に，高度経済成長期以降の姶良地域における地域労働市場の展開過程を明らかにする．地域全体の状況を示し得るよう，生産部門に偏る製造業や建設業のみならず多様な産業を取り上げるとともに，労働者の職種にも注意を払って分析する．第2に，還流移動の実態把握を行う．ここでの課題は次の3点である．①学校提供資料をもとに新規高卒者の地域間移動のパターンを把握する，②先行研究および著者が実施した労働者調査をもとに還流移動が生じる要因を検討する，③企業の雇用戦略と関連づけながら還流移動を捉える，である．還流移動の実態に関しては先行研究においても議論されているが，本書では特に移動パターンや還流理由の地域的特徴を明らかにする．第3に，労働条件の分析をもとに，地域労働市場における還流労働者の位置づけを行う．地域労働市場の構造解明を試みた先行研究（田代，1975；岡橋，1978；松田，1979；友澤，1989b）では，労働力の価値基準の1つである賃金，賞与，賃金

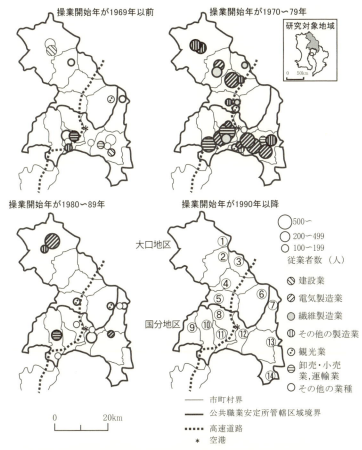

図Ⅲ-1　1997年に姶良地域に立地している事業所の地域的分布
（操業開始時期別・業種別・従業者規模別）

注）従業者数は1997年の人数であり，非常勤を含む．
　　公務および従業者数が99人以下の事業所を除く．
　　太線で描いたパターンは，県外に本社を置く事業所を示す．
　　繊維製造業は，産業中分類の「繊維工業」と「衣服・その他の繊維製品製造業」である．
　　電機製造業は，産業中分類の「電気機械器具製造業」である．
　　観光業は，産業中分類の「旅館，その他の宿泊所」と「娯楽業（娯楽・ビデオ制作業を除く）」である．
　　卸売・小売業，運輸業は，産業大分類の「卸売・小売業，飲食店」と「運輸・通信業」である．
資料：市役所および町役場の提供資料．

支給形態等を軸に分析し成果を得ているため，これを参考に労働者データの分析を進める．分析に際して，労働者を男女およびホワイトカラー・ブルーカラーに区分するが，国勢調査における事務・技術・管理関連の従業者をホワイトカラー，これを除く従業者をブルーカラーと定義する．第4に，個別労働者の学歴，世帯構成，職業経歴等を分析し，地域労働市場における彼らの位置づけとの関係を検討する．

　本研究においては，分析に必要なデータを収集するために実態調査を行った．第1に，地域労働市場の性格を把握するために，姶良地域に立地する事業所あるいは労働組合での聞き取りまたはアンケート調査を実施し，第2に，還流労働者を含む個別労働者のデータを得るため，当地域事業所で従事する労働者に対して，聞き取りあるいはアンケート調査を実施した[2]．対象とした事業所および労働者は，地域の産業構造をより正確に把握するため，業種，事業所規模，地域等に偏りが生じないように選定した[3]（表Ⅲ-1）．

第2節　対象地域の概観

　1970年代以降における姶良地域の人口は，鹿児島市への通勤者率が10%を超える姶良町や加治木町，あるいは大規模工場の立地が特に顕著な国分市で増加したが，地域全体としては1975年まで減少，その後は微増で推移した．

　産業面では，国分地区で工業化が進展し，大口地区ではそれが弱いことを指摘できる．図Ⅲ-1にみるように，規模の大きい事業所は国分地区を中心に立地している．特に姶良町から国分市を結ぶ地域は鹿児島県の中央部に位置し，また鹿児島市に近いことから，製造業のみならず流通業の立地も比較的進んでいる．これに対して，平地に乏しい北東部の牧園町，霧島町，福山町では，大規模な工業用地の確保が困難なこともあり工場誘致が進まず，農林業あるいは観光業への依存が比較的強い[4]．

　農業をみると，稲作，茶業，畜産と多様であるが，1戸当たり経営耕地面積は73.2aと都府県平均程度にとどまる．また小規模農家を中心に離農が進んで

第2節 対象地域の概観 67

表Ⅲ-1 姶良地域における調査労働者の内訳

業種	農林業		建設業		電機製造業		繊維製造業		食品製造業		その他の製造業		卸売・小売業		観光業		観光業を除くサービス業		計		合計
従事する事業所の従業者数	50人以上	50人未満	50人以上	50人未満	50人以上	50人未満	50人以上	50人未満	50人以上	50人未満	50人以上	50人未満	50人以上	50人未満	50人以上	50人未満	50人以上	50人未満	50人以上	50人未満	
男性	3	0	13	0	0	21	2	19	1	5	0	12	4	2	8	9	4	9	35	77	112
	(2)		(8)			(11)	(0)	(6)	(1)	(3)		(0)	(1)	(0)	(3)	(4)	(4)	(0)	(19)	(24)	(43)
女性	0	0	8	0	0	12	34	56	8	5	2	10	0	22	2	18	6	9	60	132	192
			(2)			(4)	(1)	(30)	(1)	(1)	(1)	(0)		(4)	(0)	(2)	(5)	(0)	(10)	(41)	(51)
計	3	0	21	0	0	33	36	75	9	10	2	22	4	24	10	27	10	18	95	209	304
	(2)		(10)			(15)	(1)	(36)	(2)	(4)	(1)	(0)	(1)	(4)	(3)	(6)	(9)	(0)	(29)	(65)	(94)
合計	3		21		33		111		19		24		28		37		28		304		304
	(2)		(10)		(15)		(37)		(6)		(1)		(5)		(9)		(9)		(94)		(94)

注) 事業所の従業者数は非常勤従業者数を含む。
表中の数字の単位は人。下段の( )内は還流労働者の内数。
農林業は、産業大分類の「農業」と「林業」である。
食品製造業は、産業中分類の「食料品製造業」と「飲料・たばこ・飼料製造業」である。
卸売・小売業は、産業大分類の「卸売・小売業、飲食店」である。
繊維製造業、電機製造業、観光業は、図Ⅲ-1に同じ。
資料：アンケート (1997〜98年) および聞き取り調査 (1997〜98年) 。

おり，1985年に9,855戸（農家総数25,163戸の39.2％）であった所有耕地面積30a未満の農家は，1995年には6,000戸（同17,202戸の34.9％）へと大幅な減少を示した．さらに日雇・臨時雇の兼業農家は，1985年の4,278戸（兼業農家総数17,764戸の24.1％）から1995年の1,695戸（同11,524戸の14.7％）にまで減少し，農業以外の仕事を重視した恒常的勤務への兼業農家の移行も著しい[5]．

霧島町，牧園町を中心に展開する観光業には観光ホテルやゴルフ場を中心に約2,500人が従事する．その労働者は地元から雇用されるのみならず，一部は従業員寮や送迎バスの利用を通じて，熊本県，宮崎県からも集められている[6]．

第3節　姶良地域における地域労働市場の性格

1）地域労働市場の展開と労働力需要

明治期以来，姶良地域は大都市圏への労働力の供給地域として位置づけられてきた（塚田，1961，p.59；吉村，1972，p.120）．明治中期から第2次世界大戦までの時期にも，「工員」，「女工」，「女中」などの労働力として多くの人々が都市部へ移動した（中嶋・豊田編，1991，p.212）．表III-2にみるように，1960年代における新規高卒者の県外就職率は80％を超えていた．当時の有効求人倍率は0.2前後ときわめて低水準であり（図III-2），労働力需要を他の地域に依存せざるをえなかったことを示している．

1972年の鹿児島空港の開設，1973年の九州自動車道の開通を契機として，当地域では，電機製造業，繊維製造業，食品製造業，流通業などの旺盛な立地をみた[7]（図III-1）．このことは農林業部門の就業者の減少をもたらすとともに，農家世帯員の他産業への就業を推し進めた．生産・運輸部門の就業者数の増加が著しく，1970年の20,595人（19.9％）から1980年の33,651人（32.5％）へと大きな伸びを示している（図III-3）．この時期に成長した産業には，政府の財政支出に負うところの大きい建設業あるいは域外資本により設立された製造業が

第3節 姶良地域における地域労働市場の性格　69

表Ⅲ-2　姶良地域における新規高卒者の求人・就職状況

年度	就職者数（人）	県内からの求人数（人）	県外からの求人数（人）	県外就職率（%）姶良地域	全国平均	鹿児島県の順位
1965	1,150	893	9,251	83.4	–	–
1970	2,519	810	12,051	75.5	–	–
1975	1,985	473	19,249	62.9	32.7	2
1980	1,484	935	11,873	59.4	27.4	2
1985	1,267	1,314	9,256	57.5	26.4	3
1990	1,303	1,086	21,706	50.1	26.4	1
1995	974	1,093	6,874	37.6	21.3	3

注）－は不明であることを示す．
　　鹿児島県の順位は，県外就職率の高さに関する鹿児島県の47都道府県における順位を示す．
資料：『大口公共職業安定所業務概況』各年版，『国分公共職業安定所業務概況』各年版．県外就職率の鹿児島県および全国平均は，『新規学卒者の労働市場』各年版，『労働市場年報』各年版による．

多く含まれ（図Ⅲ-1），友澤（1989b）が指摘するように，この時期の産業構造の変化を中心地域への経済的従属性の強化過程として捉えることもできる．

　結果として，新卒者の県外就職率は1980年に約60%まで低下するとともに（表Ⅲ-2），還流労働者数は図Ⅲ-2に示すような大きな増加を記録した[8]．1970年頃の還流労働者に関して，吉村（1972, p.124）は①調査労働者の賃金が還流前の離職時と比較して低下したこと，②男性の15%程度が還流後の調査時点で「無業」であったこと，③男性21%，女性15%が県外雇用を求めて再流出していたこと，を示している．以上は，還流移動によって職業上の下降的移動を経験する者が多かったことを示唆している．

　さらに1980年代以降の安定成長期をみると，有効求人倍率の著しい上昇が注目される（図Ⅲ-2）．当地域においては，電機製造業の進出による雇用増加のみならず，進出工場への部品や機械装置の供給を行う製造業，設備メンテナンス等のサービス業の立地も雇用増加に寄与してきた．とはいえ，事業所統計をもとに1980年以降における従業者数の変化を業種別にみると，繊維は1980年以降減少，観光は1990年以降減少，電機および建設は1990年以降横ばいを示す．特に繊維製造業における労働力需要の減退は，この時期における還流労働

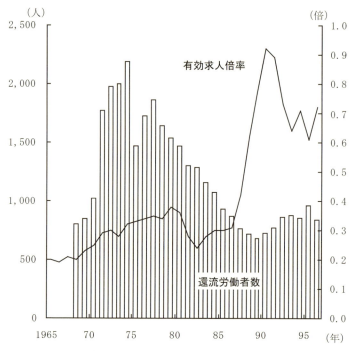

図Ⅲ-2　姶良地域における有効求人倍率と還流労働者数の推移
資料：『鹿児島県労働市場年報』各年版．

者数の減少（図Ⅲ-2）の要因の1つと推測される．この時期の産業構造の変化としてさらに特筆されることは，①電機や繊維製造業のなかに，海外投資を進める一方で[9]当地域の事業所において製品の高付加価値化を図る企業が出現してきたこと，②テクノポリスの承認[10]や鹿児島市への近接性に起因したソフトウエア産業の進出（久野，1986），サービス業の立地などである．もう一点この時期の特徴として，ホワイトカラーの増加があげられる．図Ⅲ-3に示すように，1980年に約22,000人（就業者総数の21.1%）であった事務・技術・管理関係就業者は，1995年には約34,000人（30.6%，全国平均34.4%）へと大きく増加している．しかし，この地域の事業所におけるホワイトカラーの増減が，域外にある本社の方針の影響を受ける面があることには注意が必要である．この地域から大都市圏への研究開発スタッフの再配置を実施した事業所の事例[11]，1990

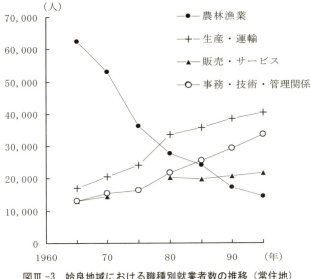

図Ⅲ-3 姶良地域における職種別就業者数の推移（常住地）
資料：総務省『国勢調査』各年版.

年代におけるソフトウエア事業所の著しい域外流出[12]はそれを表している．

2) 主要産業の労働力構成と労働条件

友澤（1989b）によると，「周辺地域」においては資本の「空間的分業」の結果，低賃金労働力を立地要因とする「非自立的産業」が雇用面で支配的となるため，公務員を除くほとんどの労働者が低賃金状態にある，とされる．こうした視点も取り入れながら，本節では姶良地域に立地する主要産業の労働力構成と労働条件を明らかにする．

電機製造業はこの地域において最大の雇用量を有しているが，その大半は生産部門の労働者によって占められる（表Ⅲ-3）．この中には準社員，家内労働者，パートタイマー[13]などの非正規従業者が多数含まれ，表Ⅲ-3の年間賞与支給にみるような，正規従業者との間に労働条件の格差が生じている[14]．電機製造業ではブルーカラーが大半を占め，また非正規従業者の存在，平均年齢

72　第Ⅲ章　国内周辺地域における労働者の還流移動

表Ⅲ-3　労働力構成および労働条件別にみた姶良地域調査事業所の数

業種	事業所の従業者規模		事務・技術・管理従業者の割合		男性の割合		正規従業者の割合		平均年齢 男性		平均年齢 女性		平均賃金(月額) 男性		平均賃金(月額) 女性		年間賞与 正規		年間賞与 非正規	
電機製造業 (10事業所)	500人以上	6	80%以上	0	80%以上	0	80%以上	7	45歳以上	0	45歳以上	3	30万円以上	0	25万円以上	0	4ヶ月以上	5	4ヶ月以上	0
	200〜500	0	60〜80	0	60〜80	5	60〜80	3	40〜45	0	40〜45	0	25〜30	2	20〜25	0	3〜4	2	3〜4	0
	100〜200	1	40〜60	0	40〜60	3	40〜60	0	35〜40	5	35〜40	1	20〜25	3	15〜20	1	2〜3	0	2〜3	2
	50〜100	2	20〜40	3	20〜40	2	20〜40	0	30〜35	5	30〜35	2	15〜20	0	10〜15	0	2ヶ月未満	2	2ヶ月未満	6
	50人未満	1	20%未満	4	20%未満	0	20%未満	0	30歳未満	0	30歳未満	4	15未満	1	10未満	0	なし	1	なし	0
	不明	0	不明	3	不明	0	不明	0	不明	0	不明	0	不明	4	不明	5	不明	0	不明	2
繊維製造業 (8事業所)	500人以上	0	80%以上	7	80%以上	0	80%以上	5	45歳以上	2	45歳以上	4	30万円以上	0	25万円以上	0	4ヶ月以上	2	4ヶ月以上	0
	200〜500	1	60〜80	0	60〜80	0	60〜80	1	40〜45	3	40〜45	2	25〜30	2	20〜25	2	3〜4	2	3〜4	0
	100〜200	2	40〜60	0	40〜60	2	40〜60	1	35〜40	1	35〜40	0	20〜25	0	15〜20	1	2〜3	0	2〜3	2
	50〜100	3	20〜40	0	20〜40	2	20〜40	0	30〜35	0	30〜35	0	15〜20	5	10〜15	5	2ヶ月未満	1	2ヶ月未満	5
	50人未満	2	20%未満	0	20%未満	6	20%未満	2	30歳未満	0	30歳未満	1	15未満	0	10未満	0	なし	0	なし	0
	不明	0	不明	1	不明	0	不明	0	不明	0	不明	0	不明	3	不明	3	不明	2	不明	1
観光業 (7事業所)	500人以上	0	80%以上	0	80%以上	0	80%以上	1	45歳以上	3	45歳以上	2	30万円以上	0	25万円以上	0	4ヶ月以上	4	4ヶ月以上	0
	200〜500	1	60〜80	1	60〜80	2	60〜80	3	40〜45	1	40〜45	1	25〜30	1	20〜25	1	3〜4	2	3〜4	0
	100〜200	2	40〜60	1	40〜60	3	40〜60	1	35〜40	2	35〜40	2	20〜25	2	15〜20	5	2〜3	0	2〜3	1
	50〜100	4	20〜40	1	20〜40	2	20〜40	1	30〜35	1	30〜35	0	15〜20	4	10〜15	0	2ヶ月未満	1	2ヶ月未満	1
	50人未満	0	20%未満	4	20%未満	0	20%未満	1	30歳未満	0	30歳未満	0	15未満	0	10未満	0	なし	0	なし	3
	不明	0	不明	1	不明	0	不明	0	不明	0	不明	1	不明	3	不明	0	不明	0	不明	2
医療・保育業 (5事業所)	500人以上	1	80%以上	2	80%以上	2	80%以上	1	45歳以上	2	45歳以上	1	30万円以上	3	25万円以上	1	4ヶ月以上	2	4ヶ月以上	1
	200〜500	0	60〜80	0	60〜80	0	60〜80	1	40〜45	0	40〜45	0	25〜30	0	20〜25	0	3〜4	1	3〜4	0
	100〜200	0	40〜60	0	40〜60	0	40〜60	1	35〜40	0	35〜40	0	20〜25	0	15〜20	3	2〜3	0	2〜3	1
	50〜100	0	20〜40	0	20〜40	0	20〜40	0	30〜35	0	30〜35	2	15〜20	0	10〜15	0	2ヶ月未満	0	2ヶ月未満	0
	50人未満	4	20%未満	1	20%未満	3	20%未満	2	30歳未満	2	30歳未満	2	15未満	0	10未満	0	なし	2	なし	2
	不明	0	不明	1	不明	0	不明	0	不明	0	不明	0	不明	0	不明	0	不明	0	不明	2

第3節 姶良地域における地域労働市場の性格

サービス業（観光業と医療・保育業を除く）、小売業、運輸業（10事業所）

従業者数		男性比率		パート比率		平均年齢男性		平均賃金男性		平均賃金女性		賞与	
500人以上	0	80%以上	0	80%以上	1	45歳以上	3	30万円以上	3	25万円以上	3	4ヶ月以上	8
200～500	3	60～80	0	60～80	5	40～45	3	25～30	2	20～25	2	3～4	0
100～200	1	40～60	1	40～60	0	35～40	2	20～25	4	15～20	1	2～3	0
50～100	4	20～40	2	20～40	2	30～35	0	15～20	0	10～15	2	2ヶ月未満	0
50人未満	2	20%未満	4	20%未満	2	30歳未満	1	15未満	1	10未満	1	なし	0
不明	0	不明	2	不明	0	不明	1	不明	2	不明	4	不明	2

建設業（6事業所）

従業者数		男性比率		パート比率		平均年齢男性		平均賃金男性		平均賃金女性		賞与	
500人以上	0	80%以上	4	80%以上	5	45歳以上	3	30万円以上	0	25万円以上	0	4ヶ月以上	1
200～500	0	60～80	2	60～80	0	40～45	2	25～30	2	20～25	2	3～4	1
100～200	1	40～60	0	40～60	1	35～40	0	20～25	1	15～20	1	2～3	1
50～100	4	20～40	3	20～40	0	30～35	1	15～20	0	10～15	1	2ヶ月未満	1
50人未満	1	20%未満	2	20%未満	0	30歳未満	0	15未満	0	10未満	0	なし	0
不明	0	不明	1	不明	0	不明	0	不明	3	不明	4	不明	2

注）従業者には、パートタイマー、準社員などの非正規従業者が含まれる。
　医療・保育業は、産業中分類の「医療業」と「社会保険・社会福祉」である。
　繊維製造業の「平均年齢男性」と「平均賃金男性」の欄は、男性従業者がいない事業所が除かれている。
同様に、医療、保育業の「平均年齢男性」と「平均賃金男性」の欄も、2事業所が除かれている。

資料：アンケート（1997～98年）および聞き取り調査（1997～98年）.

の低さなどを反映して，男性平均賃金は県平均（所定内現金給与額28.1万円）より低い額に留まっている．

　電機製造業は，基本的に三交代制の勤務体制を採用し，夜間勤務に男性と未婚女性，昼間パート勤務に既婚女性を配置する点に特色がある．聞き取りによると，家事労働を担う既婚女性が夜勤に従事することは困難であるため，通常，女性は結婚や出産を契機に，退職あるいは他産業や他の雇用形態への移動を余儀なくされる．こうした女性の再就職先としての役割を担っているのが衣服製造業である．特に産業集積において相対的に劣る大口地区では，既婚女性の就業先として衣服製造業の意義が大きい．主として，既婚女性は数10人〜200人規模の衣服工場の正規従業者として従事し，これを定年退職した女性あるいは家事を重視する女性は内職や内職的作業所での縫製業務に従事する．すなわち性別や年齢，配偶関係によって地域内で就業する産業や雇用形態が決定づけられる．ほとんどの事業所において，女性の平均年齢は40歳を超え（表Ⅲ-3），中途採用の割合は9割以上に達する．この業種の高卒初任給は，この地域に立地する主要電機製造業より約1〜3万円低く，平均賃金となると，この繊維製造業自体の高卒初任給（13.1万円）よりもさらに低い12万円程度となる．

　それに対して，観光業は女性平均賃金が比較的高い点に特徴を有する．加藤（1991）は農村労働市場における専門的技術習得者の基本的な賃金水準を「地域平均賃金＋能力給」として示しているが，観光業における女性接客職はこれに近いものと考えられる．その主たる賃金支給形態は，日給あるいは時間給に歩合給を加えた形態であり[15]，基本的に年功賃金体系に包摂される労働者はいない．

　表Ⅲ-3の「サービス業（観光業と医療・保育業を除く），卸売・小売業，運輸業」には，ビル管理サービス，クリーニングサービス，バス会社等が含まれている．労働力編成面での特色は，平均年齢の高さ，ブルーカラー構成比の高さ，非正規従業者率の高さにある．既婚女性のパートタイマーが従業者の過半数を占める事業所も少なくなく，地域労働市場においてこれらの産業は既婚女性に対する雇用機会の提供という役割を担っている．

他方,域内就業並びに良好な労働条件のもとでの就業を志望する新卒女性にとって貴重な就職先となっているのが看護,保育などの専門性の高い業種である.この表からは,医療・保育業の女性の平均年齢は低いものの,平均賃金は比較的高いことが読みとれる.

建設業従業者の多くはブルーカラーで占められる.ただし聞き取りによると,土木技術の進歩にともない,専門技術を身につけた労働者に対する需要は増大している.梶田(1998)が指摘するように,工作機械のオペレーターや土木管理技師などの技術者の確保が建設業の経営にとって重要な問題の1つである.

以上のように,当地域の地域労働市場の特徴が低賃金にあることには相違ない.しかし,専門的な技能を必要とするサービス業の展開がみられること,また「非自立的」とされる産業のなかにも,高い技能を身につけた労働者が存在し,比較的良好な労働条件で雇用されていることは,この地域の地域労働市場を理解する上で看過できない点である.

3) 地域労働市場と新規高卒者の県外就職

還流労働者になる可能性を有するのは県外へ就職移動した新卒者である.ここでは彼らの県外就職の要因を,当地域の地域労働市場の性格と関連づけて検討する.表Ⅲ-2によると,1965年度に83.4%を示した高卒者の県外就職率は,1995年度には37.6%にまで低下している.このように県外就職率の低下は認められるものの,姶良地域を含む鹿児島県の県外就職率が,安定成長期以降一貫して全国最高レベルを維持していることも看過できない.

この高い県外就職率の要因としてあげられるのは次の3点である.第1に,県内からの求人件数の少なさである.表Ⅲ-2をみると,1995年度において新規高卒求職者が974人であったのに対して,県内企業からの求人は1,093件であった.これに対して,県外からの求人は6,874件と県内の6倍強であった.このことは新卒者に対する労働力需要が地元だけでは十分ではなく,県外に依存したものであることを示す.

第2に,需給のミスマッチである.県全体を対象にした鹿児島県の調査[16]

によると，新卒者の就職希望職種は専門・技術職（23%），事務職（22%），生産職（26%）など多様である．これに対して，求人は技能・生産職が63%と過半数を占める[17]．ホワイトカラー希望者は県外での就職を検討せざるを得ない状況に置かれている．

第3に，労働条件の劣悪性があげられる．姶良地域の調査事業所のうち，高卒初任給の情報が得られた32事業所に限ってみると，高卒初任給を「13～14万円」と回答した事業所が12ヶ所（38%）と最も多くを占めた．職安資料[18]によるとこの13～14万円という賃金額は，大都市圏の企業から出される求人の初任給に比べて約2万円低い水準である．

以上のような地域労働市場の特徴から判断すると，新卒者の多くは県外就職を不本意ながら選択しているとみることができる．つまり，この地域の高い県外就職率は，彼らが希望する就業先が地元に乏しいことを反映している．その一方で，労働者の流出，とりわけ新卒女性の流出を伝統的な考え方に着目して捉えた研究があり，注目される．戦前における「女工」出稼ぎを取り上げた合田（1940）は，「学校を卒業すると次は工場に行くという様に子供の頭がなっている」と高い県外就職率の背景を表現している．またこの背景に関してもう1点注目を要するのは，自らすすんで県外就職を選択するという労働者の意識の側面である．鹿児島県が実施した調査[19]によると，県外就職の理由として「都会で自分の可能性を試したい」をあげた調査対象者が18.9%であった[20]．これは，移動を介した職業的なキャリア形成に対する志向性の高さを示しているとみることができる．

第4節　還流移動の実態

1）県外就職者の還流移動

図Ⅲ-4は，姶良地域に立地する高校の1966年3月卒業生が，卒業後に地域間をどのように移動したのかを示している．個別労働者の地域間移動に関する

公式統計が得られなかったため学校提供資料を用いた．特定の学校や卒業年次に限定されるという資料上の制約はあるものの，新規学卒者の地域間移動を理解する上で価値がある．なお，この資料は生活科など職業学科の生徒のみを対象としており，全員が卒業と同時に就職している．

図Ⅲ-4によると，卒業直後の1966年に県外で居住する者は男性で54人，女性で30人であったが，1994年には男性で22人，女性で15人になり，卒業時と比較すると半数以下に減少している．これに対して，姶良地域居住者

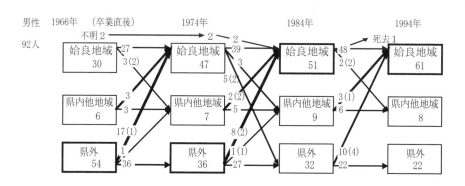

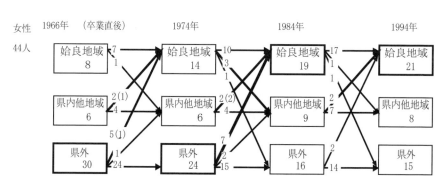

図Ⅲ-4 姶良地域に立地するA高等学校卒業生の卒業後の地域間移動（1966年3月卒業生）
注）卒業生のうち卒業中学が姶良地域以外の者を除く．
　　（ ）内は，いわゆる転勤のような同一職業のまま他地域へ移動した者の内数を示す．
　　他の地域への移動が20%以上を占める場合を太い矢印で，各年において最も卒業生が多い地域を太枠で示した．
資料：A高等学校提供資料．

は，1966年の男性30人，女性8人から，1994年には男性61人，女性21人へと増加した．県外就職者の相当数が再び当地域に還流していることがわかる．

他方，労働者のライフサイクルのどの時期に帰還したのかをみると，県外で就職した新卒者の多くが若年期に帰還していることがみてとれる．いわゆる「転勤」を含めると，県外就職者のうち，男性では54人のうち17人（31.5％），女性では30人のうち5人（16.7％）が20歳代半ばまでに姶良地域に戻っている．また，中高年の時期において還流移動が行われている点にも注意が必要である．1984～94年の時期に，姶良地域に帰還した県外就職者は，女性では少数であるが，男性では県外就職者54人のうち10人（18.5％）と比較的多く存在する．この時期は1966年3月卒業生がほぼ50歳代に相当する時期であり，再就職にとって不利と思われる年齢での還流移動が少なくないことを示唆している．そこで，次節以降において流出者が出身地に帰ってくる原因を探ることにする．

2）還流移動の要因

還流現象の要因分析を行った岡田（1978），二神（1971）によると，移動の主な原因として，大都市側の「プッシュ」要因である「住宅事情の悪さ」と「生活環境の悪さ」が，さらに非大都市側の「プル」要因である「婚姻」と「地元でよい仕事が見つかったこと」があげられている．当地域の調査労働者の還流理由を表III-4によってみると，「プッシュ」要因として，「倒産・人員削減」と「勤務先の契約期間の終了」が比較的多く回答されており，流出先企業の経営状況によって生じる還流移動が多いことを物語っている．一方，最大の理由は「地元の家族の扶養」という「プル」要因である．特に男性では約50％がこれを選んでいる．それに対して，女性に特徴的な理由は「結婚のため」，「勤務先の契約期間の終了」であり，若年女性の還流移動の背景を探る上でこの理由が重要である．とはいえ女性においても最大の理由は「地元の家族の扶養」であり，当地域における還流移動は，本人よりも出身地の家族を重視した行動とみるこ

表Ⅲ-4 姶良地域における調査労働者の還流理由

	男性	女性	計
倒産・人員削減	2	4	6
勤務先の契約期間の終了	1	4	5
居住環境の悪さ	1	2	3
知人が少なく寂しい	1	0	1
地元の家族の扶養	12	6	18
結婚のため	0	3	3
将来の生活を考えて	3	0	3
労働条件の向上	1	2	3
家業の継承	2	0	2
計	23	21	44

注）単数回答方式による．
資料：アンケート（1997～98年）および聞き取り調査（1997～98年）．

とができる[21]．家族的理由が重要な位置を占めることは，還流移動の理由を検討した清水（1984）においても報告されている．

ところで，アンケートでは現職を選んだ理由も尋ねたが，「希望する職がなくやむを得ず」をあげた者が41人中10人存在しており，この点を含めて判断すると，流出先でのキャリア継続を犠牲にしてでも帰還せざるをえない状況に置かれていた労働者が少なくない．

3）企業による還流労働者の利用

上原（1998，pp.317）によると，一定年限を県外で勤務したあと地元に帰るというパターンの県外就職を希望する高校生は今日においても少なくない．新卒女性を中心とするこの種の還流移動は，大都市圏の繊維産業からの求人の減少，募集人制度や同郷集団による就職斡旋機能の低下などにしたがって減少しているが[22]，調査事業所の回答から，現在でもある程度継続していることを確認することができた．代表的なのは，表Ⅲ-5のA社のように，紡績工場で3～4年間勤務し，帰還後に関連の縫製工場に再就職するというパターンである．新規学卒者は，若年労働力を必要とする企業グループ内の特定部門に配

表Ⅲ-5　姶良地域立地事業所における還流労働者雇用の特色

事業所	業種	従業者数	事業所の特色	還流労働者の採用
A	繊維製造業	170（42）	誘致企業．1971年に操業開始．中部地方に本社を有する製造業の子会社．	親会社はこの地域の中学校・高校から就職進学希望の女性を毎年5人前後を採用している． 当該事業所は県外の関連工場で数年勤務した女性を雇い入れている． 1980年以降，従業者数は減少している．現在，希望退職を募っている．
B	繊維製造業	78（34）	誘致企業．1977年操業開始．近畿地方に本社を有する総合商社の子会社生産工場．	近畿地方の紡績工場で勤務した中卒・高卒女性の還流希望者を採用している． 親会社が工場を新設する際，鹿児島県出身の従業者が多かったためにこの地域が選ばれた． 従業者の採用および還流希望者への職の斡旋のため地域内に駐在員を置く． 現従業者の約50％が還流労働者である．
C	観光（ホテル・ゴルフ場）	166（85）	1978年に操業開始．近畿地方に本社を有する製造業の100％出資子会社．	県外の繊維関連工場で勤務した中卒・高卒女性の還流希望者を採用している．
D	電機製造業	600（398）	誘致企業．1972年に操業開始．中京地方に本社を有する製造業の100％出資子会社．	1980年代の生産拡大期に「Uターン」採用枠を設けて生産部門従業者を積極的に採用してきたが，1990年を頂点に採用数は減少している． 2か月の試用期間を経て正社員として正式採用される． 新規学卒者と還流労働者の間には昇給と賃金の点で差がある． 現従業者の約20％が還流労働者である．
E	電機製造業	676（433）	誘致企業．1981年に操業開始．関東地方に本社を有する鉱業の100％出資子会社．	還流労働者は準社員として採用される．ただし，35歳以下で採用された者には，将来正社員に昇格する可能性がある． 現従業者の約15％が還流労働者である．

注）従業者数の（　）は男性の人数を示す．
資料：聞き取り調査（1997～98年）．

属され，採用後数年を経過すれば，その部門には適さない労働力とみなされ出身地へ帰還することになる．県外流出後3〜4年で出身地に帰るため，当該地域の中学校や高校には毎年絶えることなく求人が出される[23]．さらに企業は，就職進学の制度[24]を利用することによって，労働力確保を一層確実なものにしてきたが，一方の労働者にとっても，進学先で保育等の資格を取得すれば，これを生かした職に就きやすいという利点があるため[25]，地元で有利な労働条件での再就職を希望する新卒者には，この制度を利用した就職が重要な選択肢の1つになっている．また新卒女性の募集に際して，茶道や華道などのサークル活動を紹介したのも，帰還後に結婚する女性の花嫁修業を意識してのことと考えられる．

　ところが，前節の新卒者に対する求人の状況でみたように，当地域に進出した製造業の多くを占めるのは，景気変動の影響を受けて生産量が大きく変化する製品の量産工場である．このため，その生産部門で従事する半熟練・不熟練の労働者には景気の調整弁としての役割が与えられる傾向があり，還流労働者も例外ではない．このことは，1980年代後半に積極的に還流労働者を採用したものの，1990年代以降に採用を抑制しているD社の雇用方針に端的に表れている（表Ⅲ-5）．

　ただし，企業からみれば，還流労働者の採用は上述の半熟練・不熟練労働者の補充だけでなく，一定の熟練性を有する人材の確保としての意味も有している．特に，新規設立の事業所あるいは専門的なサービスを供給する事業所においては，実務経験の豊富な労働者や資格保有者が求められており，この点で県外流出者が注目されている．すなわち，地域内でも獲得が容易な農業兼業労働者などとは対照的に，企業が求める技能を保有する労働者が，全国レベルの広域的な労働市場から集められている．この還流労働者の採用によって，企業は熟練労働者を現地水準の労働条件で獲得できるという利点を得ている．一方，採用された還流労働者には，一般に新規採用に準じた労働条件が適用され，その賃金は年功賃金制に基づいて支給される傾向にある．またこうした還流労働者には，若い年齢で採用されれば正社員に昇進する道も開かれている．例えば，E社では還流労働者は準社員として採用され，そのうち35歳以下の労働者には，

その後の勤務実績が良好であれば正社員へ，さらには管理職へと昇格する制度が適用される．

第5節　還流労働者の労働条件

1）賃金

　この章では，還流労働者とそれ以外の労働者，また還流労働者内での労働条件の比較をもとに，還流労働者が地域労働市場のいかなる部分に位置づけられているのかを明らかにする．

　調査労働者の年齢と賃金の分布を示した図Ⅲ-5によると，新規学卒採用の労働者では，男女ともに加齢にしたがって賃金が上昇している．一方，還流労働者に関しては，男女間とホワイトカラー・ブルーカラー間で賃金分布に差異が認められる．男性ホワイトカラーでは年功賃金制を反映した賃金分布を示している．さらに男性ホワイトカラーと新卒者の間には年齢ラグに伴う賃金格差があるため，これを取り除いて分布をみると，両者に類似性が認められる．これに対して男性ブルーカラーと女性では，年功賃金を反映した分布パターンを明瞭に見出すことができない．この点において後者の賃金分布は，地域内だけで就業してきた中途採用とほぼ同等と考えられる．このように，賃金分布から還流労働者は男性ホワイトカラーとこれ以外という大きく2つのタイプに区分され，年齢が高くなるにしたがって両者の賃金差は大きくなる．ただし，賃金は地域最低賃金を基礎に決定される傾向があるため（加藤，1991），全国平均と比較すると，新卒者や男性ホワイトカラーも低い水準にとどまる[26]．さらに注意を要するのは男女間での差である．ホワイトカラーであっても女性の月平均賃金はほとんど20万円以下であり，男性ブルーカラーのそれと同等あるいはそれ以下であることがわかる．

　一方，フルタイムとパートタイム間の差については，図Ⅲ-5では両者を分けて表示してないため，その違いを明瞭に示すことはできない．それでも女性

第5節　還流労働者の労働条件　83

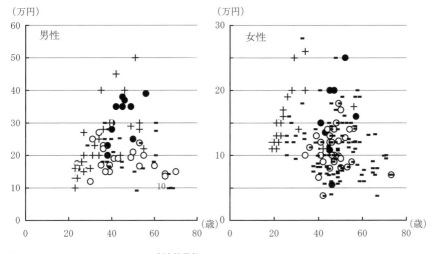

図Ⅲ-5　姶良地域における調査労働者の1ヶ月当たり賃金

注）ホワイトカラーは，国勢調査における事務・技術・管理就業者，ブルーカラーは事務・技術・管理以外の就業者を示す．
　　支給形態が月給制でない労働者の場合は，「1ヶ月当たりの勤務日数」等の回答をもとに算出した．
資料：聞き取り（1997～98年）およびアンケート（1997～98年）．

では，約10万円を境に両者の分布に差が生じている点が注目される．調査回答者では，パートタイムが8万円前後に集中するのに対して，フルタイムは12～15万円に集中する．ただし，1時間当たりの賃金に換算すると，両者ともに約650円となり，一概にフルタイムが賃金面で優位にあるとはいえない．この地域では男性の賃金が概して低いため，世帯所得における女性の役割が重要となる．このためパートタイムよりも，年収150万円前後のフルタイムを選択する事例が多くなる．このフルタイム就業については，相対的に賃金の高い鹿児島市に隣接する地域よりも，鹿児島市から離れた地域で顕著である．鹿児島市への通勤者率が高い地域では，世帯所得が比較的高いため妻の就業が配偶者控除を意識した就業形態になりやすい[27]．

　同様に，男性についてもフルタイムとパートタイムあるいは臨時雇用労働者

との間で賃金の差が生じている．パートタイムの月平均賃金は9〜20万円とフルタイムに比べて低い．ただし，これは女性パートタイムと比較するとやや高い賃金額である．この男女差は，主として男性が建設作業などの重労働や夜間勤務を担っていることによっても説明されよう．

2）賃金外労働条件

還流労働者間の労働条件の違いは賃金以外でも認められる．まず雇用形態については，ホワイトカラーでは，常勤フルタイムが男性の全員と女性の約85％を占めるのに対して，ブルーカラーでは男女ともに約60％にとどまる（表Ⅲ-6）．ブルーカラーには不安定な就業状態に置かれている還流労働者が多いと解釈できる．賃金の支給形態についても両者の差が大きい．ホワイトカラーでは男性の全員，女性の75％が月給制の適用を受けている（表Ⅲ-7）．これに対して，ブルーカラーでは月給制以外の支給形態の適用者が多くなる．特に女性では月給制は3割弱にすぎない．これは，休日取得が生産効率に影響しやすい労働集約部門が当地域に立地していることとも関係するが，労働者にとって

表Ⅲ-6　雇用形態別にみた姶良地域調査労働者の数

	男性				女性			
	常勤フルタイム	非常勤パートタイム	非常勤フルタイム	計	常勤フルタイム	非常勤パートタイム	非常勤フルタイム	計
新規学卒就業者	25	0	0	25	26	0	1	27
	100.0	0.0	0.0	100.0	96.3	0.0	3.7	100.0
還流労働者 ホワイトカラー	17	0	0	17	11	1	1	13
	100.0	0.0	0.0	100.0	84.6	7.7	7.7	100.0
還流労働者 ブルーカラー	16	5	5	26	23	13	1	37
	61.5	19.2	19.2	100.0	62.2	35.1	2.7	100.0
還流労働者以外の中途採用者	9	2	8	19	55	55	1	111
	47.4	10.5	42.1	100.0	49.5	49.5	0.9	100.0
計	67	7	13	87	115	69	4	188

注）各欄の上段が実数（人），下段が構成比（％）である．
資料：アンケート（1997〜98年）および聞き取り調査（1997〜98年）．

第5節 還流労働者の労働条件 85

表Ⅲ-7 賃金支給形態別にみた始良地域調査労働者の数

	男性						女性					
	月給	日給月給	日給	時間給	出来高払	計	月給	日給月給	日給	時間給	出来高払	計
新規学卒就業者	22 81.5	5 18.5	0 0.0	0 0.0	0 0.0	27 100.0	20 76.9	6 23.1	0 0.0	0 0.0	0 0.0	26 100.0
還流労働者 ホワイトカラー	17 100.0	0 0.0	0 0.0	0 0.0	0 0.0	17 100.0	9 75.0	1 8.3	1 8.3	1 8.3	0 0.0	12 100.0
還流労働者 ブルーカラー	10 40.0	6 24.0	7 28.0	2 8.0	0 0.0	25 100.0	10 27.8	15 41.7	1 2.8	7 19.4	3 8.3	36 100.0
還流労働者以外の 中途採用者	18 52.9	4 11.8	11 32.4	0 0.0	1 2.9	34 100.0	29 25.4	28 24.6	12 10.5	32 28.1	13 11.4	114 100.0
計	67	15	18	2	1	103	68	50	14	40	16	188

注：各欄の上段が実数（人），下段が構成比（％）である。
資料：表Ⅲ-6に同じ。

表Ⅲ-8 年間賞与支給額別にみた始良地域調査労働者の数

	男性						女性					
	5か月以上	4-5か月	3-4か月	2-3か月	2か月未満	支給なし	計	5か月以上	4-5か月	3-4か月	2-3か月	2か月未満	支給なし	計
新規学卒就業者	11 39.3	8 28.6	2 7.1	3 10.7	3 10.7	1 3.6	28 100.0	7 30.4	7 30.4	1 4.3	4 17.4	4 17.4	0 0.0	23 100.0
還流労働者 ホワイトカラー	3 21.4	3 21.4	4 28.6	1 7.1	2 14.3	1 7.1	14 100.0	5 50.0	1 10.0	2 20.0	0 0.0	2 20.0	0 0.0	10 100.0
還流労働者 ブルーカラー	0 0.0	4 28.6	2 14.3	1 7.1	7 50.0	0 0.0	14 100.0	0 0.0	0 0.0	0 0.0	0 0.0	17 81.0	4 19.0	21 100.0
還流労働者以外の 中途採用者	1 4.3	2 8.7	3 13.0	5 21.7	7 30.4	5 21.7	23 100.0	3 2.8	2 1.9	7 6.6	4 3.8	77 72.6	13 12.3	106 100.0
計	15	17	11	10	19	7	79	15	10	10	8	100	17	160

注：各欄の上段が実数（人），下段が構成比（％）である。
資料：表Ⅲ-6に同じ。

は休日を取得し難い不利な労働条件であるといえる．賞与支給額も同様の傾向を示し，ブルーカラーの賞与支給はホワイトカラーに比べて明らかに劣っている（表Ⅲ-8）．このため本給と賞与を合わせた年収において，この2つの職種間で大きな差が生じている．

一方，労働組合への加入程度および社会保険の適用に関しては，職種による差異は認められなかった[28]．こうした福利厚生面については，概して規模の大きい事業所ほど充実しており[29]，職種よりも企業規模や雇用形態による違いが大きいと考えられる．女性労働者からは，賃金よりもむしろ福利厚生面の充実や企業の安定性などを理由に，規模の大きい事業所を就業先として選択するという意見が多く聞かれた．

以上，還流労働者のホワイトカラーとブルーカラーで比較すると労働条件の差が明瞭である．このため地域労働市場には階層構造を想定することができ，前者が上位階層を，後者が下位階層を構成しているとみることができる．ただし，ホワイトカラーといえども女性の場合は賃金が低く，むしろ下位階層を構成しているといえよう．

第6節　還流労働者の就業特性

1）男性ホワイトカラー

図Ⅲ-6の学歴をみると，ホワイトカラーはブルーカラーに比べて若干高学歴であることがわかる．また職業経歴がわかっている11人のうち9人が，還流後に事務・技術・管理関係職に就業している．具体的には，会計事務所や測量事務所の専門・技術職，運送会社所長などである．還流時の年齢は40歳代が2人で，これ以外はほぼ30歳前後である．以上から，彼らの代表的な職業経歴をまとめると，専門教育を受け，県外でホワイトカラーの職業に就業した後，30歳前後に姶良地域に帰還して現職に就職した者である．

地域労働市場の変化との関連で注目される点は，彼らの還流移動の時期が主

として 1980 年代以降であり，ホワイトカラーに対する労働力需要の増加が帰還の一因と推測される．図Ⅲ-6 の No.1 は，地域内に土木設計職の需要が乏しいことから東京都で就職したが，現事業所の従業者を通じて現職を紹介され，1991 年に 40 歳で帰還した．このような専門的な技能を身につけた労働者の帰還は，近年操業開始したゴルフ場やホテルでも確認できる．出身市町ではなく職種が比較的豊富な国分市へ J ターン還流し，比較的高い賃金を実現しているケースもある（例えば，No.7，8，9，10）．

還流理由で最も多い回答は地元の家族の世話であり，13 人のうち 6 人がこれを選択した．この中には，妻の家族と同居するために J ターンした労働者（No. 8）も含まれる．もう 1 点，還流移動と出身地の生活との関係で注目されるのは，農繁期のみではあるが農作業に従事する者が 8 人と多いことである．上述した No.8 では，隣接する町に居住する両親がふだんの農地管理を行い，機械操作が必要なときに本人が従事している．こうした実家の生活や農地の維持，家族の介護を目的とした還流労働者の行動をもとに考えると，還流移動には出身地の家の再生産を図るための行動という性格が認められる．

2）男性ブルーカラー

帰還前の職業は，造船業工員，鉄工業工員，印刷業営業など多様であり，ホワイトカラーとブルーカラーがほぼ半数ずつを占める．ホワイトカラーからの転職者のなかには，30 歳代以降に帰還した者が 7 人と比較的多く含まれ，うち 4 人は現職を選んだ理由として「希望する職業が見つからずやむをえず」をあげており，職種が少ない等の労働市場特性のために不本意ながら現職を選択している．No.29 のように，大卒であっても希望を満たす職業が見つからず，土木作業の契約社員として従事している．この大卒者を除くと，概してホワイトカラーより学歴が低い．ブルーカラーの賃金は全般に低く，40 歳代の労働者（No.32，33，34）でも 20 万円を下回る．学歴の低さ，帰還時期の遅さ，技能の乏しさ等の要因も重なり，地域労働市場の上位階層への参入が難しいと考えられる．

88 第Ⅲ章 国内周辺地域における労働者の還流移動

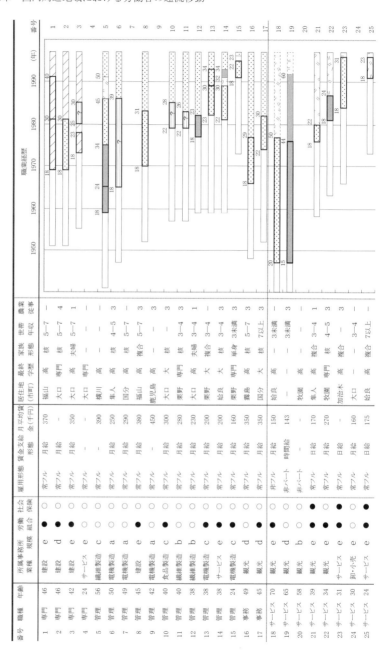

第6節　還流労働者の就業特性　89

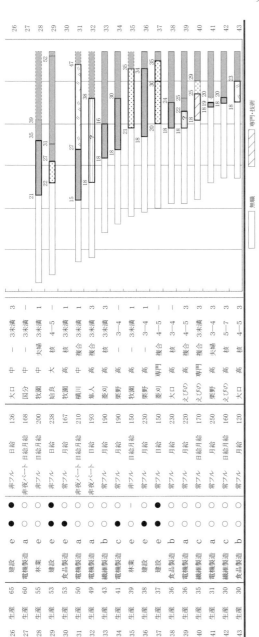

図Ⅲ-6　還流労働者の就業特性と職業経歴（男性）

注）－は不明であることを示す．
所属事業所規模において，aは従業者500人以上，bは200～499人，cは100～199人，dは50～99人，eは50人未満の事業所を示す．
労働組合は，所属する事業所に労働組合がある場合を○，ない場合を●で示す．
社会保険は，雇用保険，労災保険，健康保険，公的年金の全てに加入している場合を○，それ以外を●で示す．
家族形態において，夫婦は夫婦のみの2人世帯を示す．
世帯年収において，3未満は300万円未満を示す．
農業従事において，1は非農家，2は繁忙期以外も従事，3は繁忙期のみ従事，4は農家であるが従事しないをそれぞれ示す．
職業経歴において，数字は年齢を，枠を太線で描いたパターンは県外就業を，枠を点線で描いたパターンは非正規就業をそれぞれ示す．
資料：アンケート（1997～98年）おょび聞き取り調査（1997～98年）．

図Ⅲ-6では，パートタイマーが5人，建設業や林業などの臨時雇用が5人と不安定な就業状態にある者の存在を確認できる．この就業選択の背景には，賃金への不満等による帰還後の離転職，地元就職に関する情報の不足，家族の世話をする時間との関係などが関わっている．No.31は大阪府の製造業で営業職に従事していたが，親の入院を契機に2年前に帰還した．妻が他地域で自身の親を介護しているため，単身での帰還である．主に20時から4時までの夜勤パートタイムに従事しているが，これは通院等の親の介護を昼間に行うためである．労働条件の悪い職業を選択する背景には，労働者個人をとりまく家族の問題があることも看過できない．

3）女性ホワイトカラー

図Ⅲ-7におけるNo.1～13の職業は，主に繊維製造業や建設業の事務職，保育園の保育職などである．また公務はNo.2だけである．No.16のように，事務職とはいえ高度な技能を必要としないケースもあり，低賃金で年功賃金が適用されない事例も含まれる．労働条件は男性ホワイトカラーと比較すると劣っている．

女性ホワイトカラーの大部分は高卒であるため，学歴については女性ブルーカラーより高いが，男性ホワイトカラーより低いといえる．還流前の流出先でのホワイトカラー経験者が多く，職種の継続性はある程度認められるものの，雇用形態は必ずしも常勤フルタイムばかりではない．No.6のように，核家族でかつ幼児がいるためにパートタイムで就業しているケースがその例である．パートタイムでは，月平均賃金が低いという点で常勤フルタイムとは労働条件に差が生じている．

また，特筆されるのは再就職を契機にブルーカラーへ移動する労働者の存在である．現在ブルーカラーの職に従事するNo.51は，県外で就職し資格を獲得した後，姶良地域の製造業で保育士として就職した．しかし，育児のために退職して再就職した際には，その技能を生かすことが困難な電機製品の組立を主とする職に従事している．専門的な技術や資格を活用できる雇用機会は限定的

で，有利な労働条件で職を継続できる女性の有資格者は少数である．

4） 女性ブルーカラー

　代表的な経歴は，中学あるいは高校を卒業し，大都市圏の製造業で数年間勤務した後に，出身地に帰還するというパターンである．36人のうち26人が20歳代前半までに出身地に帰っている．このなかには，流出後3～5年で帰還するタイプの労働者が多く含まれる．大阪府内の繊維製造業に新卒就職したNo.47に注目すると，県外流出の背景には地域的な慣習があるといえる．これは「近所や親戚の女の子は皆，卒業した後，大阪の工場に就職していたので，自分も当然そうするものと考えていた」という回答に表れているとおりである．この女性は，約5年間大阪で働いたのち，従前の会社で斡旋された当地域の繊維製造業に再就職している．このように帰還後再就職した事例が14件と最も多いが，帰還後すぐ結婚した事例が5件，流出先で結婚し家族とともに出身地へ帰還した事例も7件存在し，結婚あるいは本人の親との同居を目的とした事例も含まれる．

　女性の就業をめぐる問題の1つとしてパートタイム就業があり，地理学においても大都市圏を中心に，不安定な労働条件下にある労働者の増加，労働条件が改善されないままでの基幹労働力への移行など，パートタイム就業の特徴が報告されている（例えば，田子，1994；谷，1998）．こうした大都市圏における就業特性に対して，当地域において注目されるのは，①パートタイムよりフルタイムを重視した就業形態の選択，②育児期終了に伴うパートタイムからフルタイムへの移動である．育児期終了後にパートタイムからフルタイムに移動した女性は8事例あるのに対し，パートタイムを継続している者は4事例にすぎない．当地域の事業所がフルタイムで雇用する理由は，労働者の就業可能な時間を最大に活用して大量生産を図ることに求められるが，労働者にとってフルタイム就業は，家計維持のための重要な選択の1つであることを意味する．No.47によると「3歳の子供の保育園への送迎を考慮して，パートタイムで働いているが，将来は収入を増やすためフルタイムにかわるつもりである．また

92　第Ⅲ章　国内周辺地域における労働者の還流移動

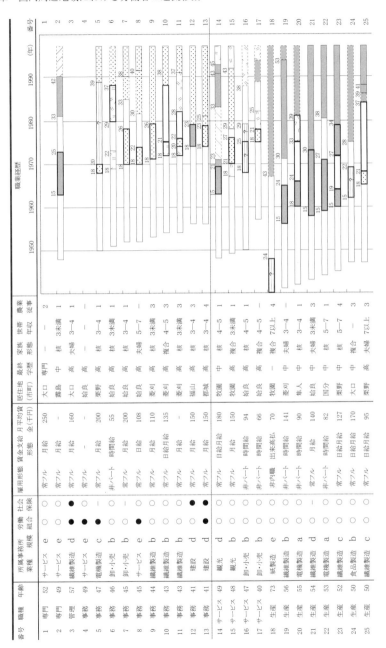

第6節　還流労働者の就業特性　93

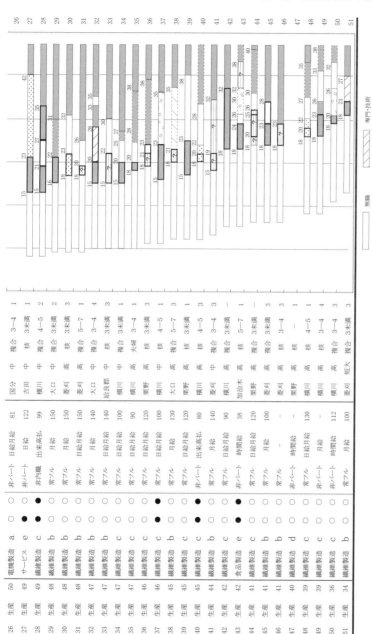

図Ⅲ-7　還流労働者の就業特性と職業経歴（女性）

注）図Ⅲ-6に同じ。
資料：図Ⅲ-6に同じ。

自家用車で10分程の距離の場所に両親が暮らしていて，1週間に1回程度訪問して家事の手伝いをする．この辺りの女性は，仕事も家事も育児も全て成し遂げるのを当然のことと考えている」．フルタイム回答者の自家用車通勤率は80％を超えている．自家用車通勤あるいは母親や嫁等の世帯員との家事分担は，フルタイムを選択することで生じる家事への影響をできる限り小さくする意味で重要である．とはいえ家事，育児，介護，農業従事など，当地域へ帰還した女性の労働面での負担は大きい．男性の賃金の低さや農業所得の減少を背景に世帯所得の安定をめざしてフルタイムを選択する女性が存在するものの，フルタイム就業が必ずしも高所得を実現するものとなっていない．こうしたことは国内周辺地域における女性の就業問題の一面を示している．

第7節　結　び

　本章では，国内周辺地域における還流移動をとりあげ，その発生要因を捉えたうえで，地域労働市場の特性と還流労働者の関係を考察した．
　この地域では，募集人制度や同郷集団等による職業斡旋機能を通じて還流移動が歴史的に作られてきた．新規学卒者の側から見れば，県外での経験また就職進学を通じた技能の習得は，帰還後の就職を有利に進めるための選択と捉えることができる．これに対して，企業はそれぞれの生産工程に適した労働力を配置するため，また賃金の地域間格差を利用するため，還流移動を雇用戦略に取り入れる一面もある．
　この地域の地域労働市場では，生産部門の職が大部分を占めるものの，事務・技術・管理部門においても労働力需要が増大し，専門的な技能を獲得した労働者の還流移動も促進した．しかしながら，男性ホワイトカラーといえども，還流労働者の労働条件は全国平均と比較すると必ずしも優れているとはいえず，男性ブルーカラーと女性についてはなおさら低位な労働条件で地域労働市場に包摂される．以上は，県外において技能を獲得した労働者であっても，帰還後に必ずしも高賃金・安定就業が実現されないことを示している．さらに，帰還

後に技能を生かせる職業に就職したとしても，農業等の家業，家事，育児，介護等を理由に，不利な労働条件での就業を余儀なくされることもある．地元の家族の維持を背景とした還流移動によって，低賃金・不安定労働力が再生産されていることも本研究の結果から読み取ることができる．

注

1) 還流移動の定義に関しては，二神（1971, p.97），清水（1984, p.20）を参考にした．
2) 面接場所の有無などその事業所の特性に合わせて，聞き取り，アンケートのいずれかを選択して労働者調査を実施した．聞き取り調査とアンケート調査の内容は同じものである．聞き取り調査は，訪問した事業所の休憩時間あるいは勤務終了後に，個別労働者に筆者が質問する形で実施した．アンケートの回収は，郵送あるいは事業所内に設置した回収箱により行った．なお，調査時期は1997年9月，12月，1998年3月である．
3) 抽出した事業所数は116ヶ所で，姶良地域事業所総数10,325（1991年事業所統計）の1.1%である．一方，抽出した労働者数は534人で，姶良地域従業者総数88,458（1991年事業所統計）の0.6%である．抽出した事業所数と労働者数の割合を業種別にそれぞれ示すと，農林漁業で2.8%と0.4%，建設業で1.5%と0.5%，製造業で8.3%と1.3%，運輸・通信業で0.6%と0.0%，卸売・小売業で0.2%と0.3%，サービス業で0.8%と0.6%である．なお，回答が得られた事業所は66ヶ所（56.9%），労働者は304人（56.9%）であった．
4) 1995年における第1次産業就業者の割合は，南部の姶良町で最小の6.1%，北部の吉松町で最大の27.6%である．
5) 1995年において雇用兼業農家に占める恒常的勤務農家の割合は83.0%である．1995年の第2種兼業農家率は53.6%である．
6) 調査した観光業の3事業所では，従業者総数258人のうち12%が県外からの通勤であった．
7) 繊維，電機，紙加工などの製造業は分工場の立地のみならず，内職的作業所の立地をも通じて既婚女性労働力の確保を図った．これは勤務時間中に職場を離れる必要のある女性に配慮して設置したもので，地域内に6カ所，約50人の作業員を擁する繊維製造業もある．
8) この資料は，職安を経由して流入した労働者のみを扱っており，還流労働者全体を示すものではない．

9) 当地域に工場を有する企業のなかには，1990年代以降，中国に拠点工場を2ヶ所新設したものもある．
10) この地域の14市町のうち10市町が1984年にテクノポリスの承認を受けた．ただし，テクノポリスの承認を受けていない市町においても，従業者数500人以上クラスの大規模な事業所の立地が認められる．
11) この事業所は，情報収集の利便性を主たる理由として，1995年に研究部門を関東および近畿地方に新設している．
12) 中嶋・豊田編（1991, p.138），伊東（1998, pp.211-216）等の先行研究においても同様の指摘がなされている．なお，鹿児島県工業振興課資料によると，国分隼人テクノポリス地区で操業するソフトウエア事業所の数は1994年の30から1996年の18へと急速に減少している．
13) パートタイムを「1日の所定労働時間が一般労働者に比べて少ない者」と定義して調査を実施した．この定義は，東京労働基準局編（1984, pp.3-4）を参考にしている．
14) ある電機製造事業所では，男性夜勤パートタイマーを1時間当たり700〜1,500円で雇用している．主たる勤務時間は22時から翌日の4時までである．
15) あるゴルフ場では，40歳代のキャディに対して，800円の時間給＋ラウンド給（1ラウンド当たり1,440円）に基づいて賃金が支給されている．また雨天等により屋外勤務がない日については，賃金に代わって待機料が支給される．いわゆるチップを加えると，キャディの1ヶ月当たり賃金は16〜18万円程度になる．
16) 鹿児島県雇用開発協議会（1995, p.58）による．これは，鹿児島県内の専門高校を1995年3月に卒業予定の就職希望者3,510人を対象に実施した調査である．
17) 大口職安および国分職安の提供資料「職業別管内求人受理状況1996年度受理分」による．
18) 大口職安提供資料「他県から連絡を受けた求人一覧」による．
19) 鹿児島県職業安定課（1989, pp.42-43）による．この調査は，1987年度の雇用保険受給資格決定者（全県）46,246人のうち県外事業所からの離職者6,039人から無作為抽出で選んだ1,000人を対象としている．このほかの回答として主なものは「県内に適当な職場がなかった」の33.6%，「賃金や労働条件がよいから」の16.6%などがある．
20) 高校の進路指導担当者によると，経験を積ませることを目的として，県外での就職をすすめるケースもある．
21) 鹿児島県職業安定課（1989, pp.52-53）によると，「県外事業所の離職理由」として「家

族の死亡，病気のため」をあげた者は 74 人（15.5%）と比較的多数を占めていた．
22) 高度経済成長期においては，中卒者の主要な受入先である関西圏では，県人会などの同郷集団による受け入れや定着への指導が活発であり，就職斡旋の機能をもっていた．しかし，進学率が上昇するにつれてこうしたインフォーマルな制度を利用した就職や都市生活の組織化は徐々にみられなくなった（上原, 1998, p.318）．
23) 聞き取り調査を実施した高校 5 校では，1996 年度に就職進学した新規学卒者の割合は 8% であった．その主な職種は，紡績業生産職，看護助手，美容師見習である．進路指導担当者によると，短大や専門学校を卒業して帰還するまでに 100 ～ 200 万円を貯蓄し，通勤のために必要な自家用車を購入するケースが増えている．
24) 労働力供給不足の解決方法の 1 つとして，1960 年代以降，働きながら学ぶための高校の設立が繊維企業の共同によってなされ，就職進学者の受け入れが進められてきた（豊島紡績 30 年の歩み編纂委員会，1986, pp.166-168）．紡績事業所での聞き取りによると，学校を維持するための費用は削減される傾向にある．
25) ある高校の進路指導担当者によると，進学先で獲得した資格を生かせる職業に帰還後就職できる者の割合は 8 割程度である．
26) 例えば，35 ～ 39 歳男性の全国平均 38.3 万円（賃金構造基本統計調査の 1996 年 6 月分きまって支給する現金給与額）を超える者は，35 ～ 39 歳男性調査回答者 20 人のうち 1 人であった．
27) 鹿児島市への通勤者率がそれぞれ 25%，10% の姶良町と加治木町には，調査女性 36 人のうちパートタイムが 28 人いたが，このうち世帯所得 400 万円未満は 18.5% と少数であった．これに対し，鹿児島市への通勤者率が 2% 以下の大口地区の各市町では 119 人のうちフルタイム女性が 86 人いて，世帯所得 400 万円未満は 62.3% であった．働く理由をみても，姶良町と加治木町の場合，「家計の主要な担い手であるから」を選ぶ者が皆無であったのに対して，大口地区の女性の場合，21.6% と大きい．
28) 労働組合加入者の割合は，還流労働者のホワイトカラー，ブルーカラーともに 50% 程度であった．
29) 電機事業所の労働組合での聞き取りによると，都市地域に立地する事業所との賃金格差を縮小させることは難しいため，労働環境，福利厚生面など賃金以外の労働条件の改善により力を注いでいる．

第Ⅳ章

業務請負業の労働力調達行動
－東広島市に立地する業務請負企業を事例に－

第1節　はじめに

　1970年代以降，フォード主義に代わる新たな生産システムに対する学問的関心が高まりをみせ，労働市場を研究対象にする分野においても，このシステムのもとで創出される労働市場の追究が主要な研究課題になっている．その研究成果の1つがAtkinson（1985）のフレキシブルな企業モデルであり，労働市場を中心的な業務を担う労働市場と周辺的な業務を担う労働市場に分ける考え方である．この研究では，現代社会における市場の不確実性への対処として，中心的労働市場における多能工化，周辺的労働市場における労働力の量的調整が進むとされる．後者の労働力の量的調整を図る方法として，今日では外部委託の有効性が注目され，様々な産業分野で人材サービス業の利用が広がっている．友澤・石丸（2004）によると，人材サービス業には，労働者派遣業，業務請負業，有料職業紹介業，紹介予定派遣など多数の種類がある．

　経済学，社会学等の学問分野では，人材サービスの労働市場を主題とする研究が蓄積されている．これらの研究により，職務内容や労働条件，労働市場における派遣社員の位置づけ等の諸課題が解明されつつあるが，地理学分野からのアプローチによって解決されるべき課題も残されている[1]．その1つは労働力の需給圏に関する問題である．人材サービス業が企業から求められることは，激しい市場変動への対処に適した数量や質の労働力の提供であり，この点から生じる研究課題の1つは，この需要を充足するために人材サービス業がいかなる労働力をどの地域から調達するのかという点である．人材サービス業の経営

的特徴は，勤務変更への抵抗が小さく，また経費抑制に有効な労働者を，効率的に採用して顧客企業に送り出すことである．この経営に適した労働力需要をこの産業は創出するため，企業が直接雇用した場合と比較すると，求める労働力の性質あるいはそれを調達する地域に違いが生じると予想される．もとより，地理学の立場から労働力需給圏を検討した研究は多数存在する．川崎（1963），菊地（1963）等は，高度経済成長期の3大都市圏における製造業を取り上げ，労働力調達の対象として新規学卒者や出稼ぎ労働者を，さらにその調達地域として雇用機会の乏しい地域を提示した．しかし，先行研究の議論は，Atkinson（1985）に代表されるポストフォード主義的な問題意識に基づくものではなく，また，人材サービス業を利用した間接雇用のもとでの労働力調達に関するものでもない．労働力編成における柔軟性が重視され，かつフリーター志向が増加する現代においては，この状況を利用して事業を展開する人材サービス業に着目することが，労働市場に関する今日的課題の把握につながる．このため本章では，人材サービス業の経営特性を踏まえ，この産業が求める労働力の特徴および調達地域を検討するとともに，実態調査の結果をもとにこれを検証することを目的とする．

　ここでは，人材サービスの利用が進展している機械機器製造業に着目し，この産業で多く利用される業務請負業を分析の対象とした．中馬（2003）を参考に人材サービスの利用が進む産業分野の条件をあげると，1）主要商品の需要変動が大きい分野，2）技術の成熟化が進んでいる分野，3）地域労働市場からの労働力の調達が難しい分野，4）正規従業者が担う業務の難易度が低い分野，等である．現在の日本ではあらゆる産業で人材サービスの利用が拡大しているが，送り出される労働者の数量でみれば，製造業とくに機械器具製造業の量産工場が人材サービス業の主要な顧客である．この製造業で主に利用される人材サービスが業務請負業である．このため本章では分析の対象として業務請負業を取り上げた．業務請負業は，顧客企業から外注された業務を請け負い，自社の労働者を請負先の構内へ送り出してその業務を遂行する人材サービス業である．なお，製造業で労働者派遣より請負契約が多い理由として，製造業務における労働者派遣事業の解禁が2004年3月で，そこから期間があまり

経過していないことがあげられるが，これ以外にも請負契約の利点として，請負先である顧客企業にとっては，労務管理にかかる責任あるいは派遣期間等の法令による制約を回避できること，業務請負業にとっては，自社で人選ができるために高年齢者や外国人を含めたスタッフを無駄なく活用できること等があげられる．

本研究では分析データを得るため業務請負事業所を対象に聞き取り調査を実施した．調査を実施した地域は，機械機器製造業とこれを顧客とする業務請負業が立地する広島県東広島市である（図Ⅳ-1）．2000年国勢調査によると，

図Ⅳ-1　広島西条地区および東広島市の概観
注）広島西条地区は広島西条公共職業安定所の管轄区域を指す．

2005年に合併する前の東広島市における就業者数（従業地ベース）は全産業で 61,473 人，電気機械器具製造業で 4,306 人（全産業の 7.0％），輸送用機械製造業で 4,287 人（同 7.0％）である．全国と比較した東広島市の業種別特化係数（就業者）は，電気機械器具製造業で 2.1，輸送用機械製造業で 4.2 である．特に八本松地区には電子部品や自動車部品の生産工場が多数立地し，製品の組立に必要な労働者を雇用している．これらの工場に労働者を送り出す業務請負事業所は，顧客企業との近接性および人口の集積を重視して，八本松および西条の 2 地区を中心に立地する．本研究では NTT 電話帳に掲載されたもしくは広島西条公共職業安定所に登録した労働者派遣事業所 20 事業所に聞き取り調査を依頼し，14 事業所から回答を得た．このなかには業務請負業と労働者派遣業の両方を経営する事業所もあるが，売上額において業務請負より労働者派遣が大きい事業所はなかった．両方を経営する事業所については業務請負業の部分のみを分析の対象とした．なお，東広島市において請負業務を行う企業の中には，東広島市内に事業所を設置していない企業があり，調査対象から外した [2]．

第 2 節　業務請負業の業種特性

1）業務請負業の特徴

　業務請負業と労働者派遣業は，顧客に自社の労働者を送り出すという点において業務の形態上類似するが，法律上は異なるものとして扱われる．民法では，請負は仕事の完成を約束とし，その仕事の結果に対して報酬が支払われる契約であると定義される．このため，業務請負業と製造業の間で交わされる請負契約は，製造ラインを単位として仕事を請け負い，そこで生産される製品 1 個当たりに加工賃が支払われる契約になっている [3]．また，指揮命令関係も両者の相違点の 1 つである．労働者派遣では，派遣先企業と派遣労働者間に指揮命令関係が生じるのに対して請負では発生しない．請負契約では労働者の職務と安

全に責任を負うのは業務請負企業であるため，その責任者が現場に常駐することになる．

　業務請負業には，従業者総数10,000人以上の大規模企業から10人未満の小規模企業まで多様な規模の企業が存在する．東広島市においても，大規模企業が設置した請負労働者1,000人以上の事業所がある一方で，20人未満の小規模企業も立地する[4]．小規模企業が存立する一因はこの事業への参入のしやすさにある．業務請負業は事業開始時に，工場，機械設備等の固定資本を必要としない．このため請負先を見つけ，そこに送り出す労働者を確保することができれば，この事業への参入は可能である．調査した事業所の経営者の経歴をみると，業務請負業あるいは製造業の下請の従業者が多く，その際に獲得した人脈や技術を頼りに事業を開始している．なお，業務請負企業のなかには，自社工場を建設して業務請負業からさらに下請へと事業を展開するものもある．

2）業務請負業の成長要因

　業務請負業に従事する従業者の数を正確に把握することは困難である．この原因は，1）業務請負業を特定する産業分類がないために統計上把握しにくいこと，2）従業者の勤続期間が短いこと，3）従業者のなかに未登録の外国人労働者が多く含まれること，等である．しかしながら，事業所・企業統計調査をもとに従業者数を推計した研究（中馬，2003）があり，これによると業務請負業の従業者は1990年代を通じて一貫して増加し，1999年時点で55万人以上になり，業界団体である日本生産技能労務協会によると2005年で110万人以上存在する．東広島市においても従業者数を正確に把握することは難しい．しかし，業務請負事業所4社での聞き取りによると，東広島市で業務請負業に従事する者は3,000〜5,000人と推測される．

　業務請負業の利用は，バブル経済の時期までは生産部門の労働力不足をきっかけに進展したが，その後は製品需要の激しい変動等の今日的な経営環境への有効な適応手段として拡大してきた．中馬（2003, p.71）によると，業務請負

業が成長した要因は，需要面では人件費の抑制，雇用の柔軟性の確保，ビジネスリスクの分散等であり，供給面ではフリーター等の労働力供給源の存在である．成長要因は業務請負業以外の人材サービス業と類似するが[5]，業務請負業の場合は製造業を取りまく環境の変化という点にも成長要因の特徴がある．具体的には，製品サイクルの短期化であり，これに適した労働力編成，研究開発部門への重点投資と生産部門の経費削減が製造業の課題として重要性を増している．

当然，企業は綿密な生産計画を立てるが，現実の生産が当初の計画と異なることは多い．この予測困難な変動の大きい部分を引き受けるのが下請あるいは業務請負業である．かつて在庫が担っていた機能を，下請の生産量の変化や業務請負を通じた労働量の変化によって代替し，そこから製造業は経営の安定を確保する．請負契約においては通常1年，6ヶ月，3ヶ月の生産計画が請負先から業務請負企業に提示され，この計画にしたがった行動が業務請負業には要求される．そのうえ，生産活動の中での製品需要の変動が発生し，最終的な生産量が生産日の3日から数日前に決定されることもある．その際，緊急に大量の労働力が必要になることがあり，業務請負業にはこの事態への迅速な対応が求められる．

さらに，業務請負業の利用は顧客企業に経費削減の効果をもたらす．正規従業者雇用に代えて業務請負業を利用すると，賞与，法定福利費，法定外福利費，労務管理費，退職金等を節約することができ，30〜40%の人件費削減になる（丹野，1999）．

3）業務請負業の取引関係

顧客企業が業務を外注する場合，契約を結ぶ業務請負企業の数は複数であることが多い．すなわち請負先の構内では複数の業務請負企業が同一の工程を分担する．この理由は，第1に，業務請負企業間の競争である．製品の品質維持と経費削減にこの方法が有効だからである．第2の理由は，変動する製品需要の中での労働力の確保である．業務請負企業が単独で数百人レベルの労働者を

送り出すことは容易ではない[6]．契約企業を複数にすれば，1社当たりの増員数を小さくすることができ，速やかに必要数を確保することができる．反対に，1つの請負先で数百人レベルの労働者が不要になる場合には，1社当たりの負担を小さくすることができる．

他方，業務請負業における取引関係をみると，ここでも受注したラインにおいて業務請負企業間でのアウトソーシングが利用される（丹野，1999, p.30）．業務請負企業は仕事の質や量，進捗状況に応じて一部のラインを他の企業に請け負わせる[7]．このため，1つの製造現場には一次請負のみならず二次請負が従事することもある．もっとも業務請負企業間のアウトソーシングが，必ずしも規模の大きい企業から小さい企業へと向けてなされるとは限らない．なぜなら，請負取引には注文への迅速な対応が重要であり，こうした対応には全国の事業所から労働者の送り出しが可能な大規模企業のほうが有利だからである．

業務請負業の雇用特性を把握するうえで注意が必要なのは，業務請負企業が複数の顧客企業と取り引きしている点である．業務請負企業は収入源の確保やリスクの回避を図るため，通常，請負先を複数にする．これには雇用の維持，募集費の軽減という効果もある．1つの請負先で要員を減らすことになっても，他の請負先において労働者を受け入れる余地があれば，そこへ送り出すことができるからである．一方，請負労働者にとってこの取引は，職務内容あるいは勤務地の変更を求められる可能性があり，こうした変更に従うことのできる労働者が優先的に採用されるし，また変更に対応できない請負労働者が離職するケースも生じる．調査事業所の請負先をみると，1社を除く13社が請負先を複数にしている（表Ⅳ-1）．請負労働者200人以上の比較的大きい事業所では6社すべてが20以上の請負先を有し，20人未満の小規模事業所でも複数の請負先を有している[8]．なお，表Ⅳ-1において請負先が1企業のみの事業所があるが，これは運輸業を経営する企業の関連会社であり，請負需要が縮小したとしても関連企業への労働者の異動により対処が可能である．

表Ⅳ-1 東広島市における請負先企業数別にみた調査業務請負事業所の数

請負労働者規模	請負先企業数				計
	1社	2〜9社	10〜19社	20社以上	
200人以上	0	0	0	6	6
100〜200人	1	0	1	0	2
50〜100人	0	1	0	1	2
20〜50人	0	1	2	0	3
20人未満	0	1	0	0	1
計	1	3	3	7	14

注) 請負先企業数は調査時点において業務請負事業所が請負労働者を送り出していた請負先企業の数.
　　請負労働者規模は調査時点において業務請負事業所が雇用していた請負労働者の数.
資料：2005年8月〜9月, 2006年1月における聞き取り調査.

第3節　業務請負業における労働力の特徴

1) 請負先が業務請負企業に求める労働力

　顧客企業が業務請負業に委託する業務は主として季節変動の大きい業務である．このため，請負労働者の就業は短期間を基本とする不安定就業になる．ただし，労務管理の軽減あるいは人件費削減における請負のメリットは大きいので，比較的安定した通年業務に関しても請負需要は存在する．この場合，急激な増員や減員が少なく，一度取引関係が形成されるとそれが切れる心配が少ない[9]．業務請負企業にとってこの需要は，自社の労働者の雇用を維持でき，顧客獲得や募集活動のための経費を節約できるという利点を有する．とはいえ，この通年業務は調査事業所ではいずれも売上の20％未満にすぎない．この状況は業務請負企業と労働者の間の雇用契約にも反映していて，日本の主要業務請負企業6社における雇用状況を検討した中馬(2003)によると，正社員として常用で雇用される労働者は4〜8％

である.契約期間に関しては,長くても1年までの短期雇用であり,社会保険の対象外である2ヶ月以下の契約が結ばれるケースもある.契約更新によって勤続年数が伸びる場合もあるが,長期間従事する労働者は少数である[10].

一方,労働者の人選に関しては,業務請負契約上の理由から業務請負企業に任される.請負先が労働者選択に直接関わることがないとはいえ,その業務には適性が求められ,また企業の信用に関わるため,業務請負企業は適性に配慮した人選を行うことになる.請負先が委託する業務には,数時間から2日程度の指導を受ければ誰でも問題なく遂行できる業務と,経験あるいは資格が必要な業務がある.後者には,溶接,精密機械の研磨,ソフトウエア開発等の職種があり,業務請負企業は技術者を採用してあるいは教育して請負先に送り出す[11].しかし,請け負う業務の数量において大きな割合を占めるのは前者である.このため,業務の大部分は未熟練で対応可能であり,健康で欠勤の少ない勤勉な労働者を業務請負業は求める.

製造業の場合,求められる労働力の質が業種によってやや異なる.具体的には,自動車関連では体力が重視され,電機では記憶力,論理的思考,処理速度が重視される(中馬,2003).調査事業所の男性労働者の割合を示した表Ⅳ-2によると,男性が50%を超えている事業所は14社のうち11社である.労働力構成が男性中心になる一因は,請負業務が自動車製造に偏る点にある.ただし,自動車製造業でもヘッドライトやシートの製品検査等の体力が要求されない業務,電機あるいは食料品製造等の業務を請け負う事業所(事業所番号1,5,7,8)では女性の割合が比較的大きい.

また,賃金水準も業種により異なる.業務請負事業所での聞き取りによると,1時間当たりのおよその請負単価は,自動車製造業で1,500〜2,000円,電機製造業で1,300〜1,700円,食料品製造業で900〜1,400円である.この請負単価のうち約8割が労働者の賃金に充てられる.賃金の差は労働強度によっても生じていて,自動車製造業では加工・組立でやや高く,梱包作業で低い.

表Ⅳ-2 調査業務請負事業所の男性割合と請負先

事業所番号	男性の割合(%)	請負先の主要業種
1	50	自動車，電機，化学
2	60	電機100
3	70	自動車，運輸
4	70	自動車70，運輸
5	55	自動車50，食料品50
6	90	自動車，運輸，食料品
7	50	自動車，食料品，その他
8	40	自動車，電機，化学
9	65	自動車70，その他
10	80	自動車，その他
11	90%以上	自動車，電機
12	80	自動車70，電機，食料品
13	70	電機，その他
14	70	自動車，食料品，金属

注）「男性の割合」は各事業所の請負労働者総数に占める男性の割合を示す．
　　「請負先の主要業種」の数字は売上額に占める割合を示す．
　資料：2005年8月～9月，2006年1月における聞き取り調査．

2）業務請負業が求める労働力

　業務請負企業が利益を得るには，顧客企業の請負需要に応えると同時に，自社の経費を抑制することが条件になる．それゆえ，こうした条件に適した労働者の確保が業務請負業には求められる．業務請負業が求めるのは以下のような労働者である．

　第1に，仕事内容や勤務形態の変更に順応できる労働者である．請負業務が縮小した際の勤務時間の縮小や契約打ち切り，昼間勤務から夜間勤務へあるいは昼夜2交替勤務への変更等の状況に応じられる労働者である．この点において適しているのは単身者であり，また外国人労働者である．既婚者，とりわけ

家計の主たる担い手には向いていない．

　第2に，勤務地の変更に対応できる労働者である．請負先が当該地域以外にもある業務請負企業では，勤務地の変更がしばしば生じる．従業者260人の業務請負事業所での聞き取りによると，2005年4月〜8月の期間に広島市の請負先から東広島市の請負先へ勤務地を変更した者は約50人である．現住地から距離的に離れた地域での勤務を要求することがあるため，業務請負業は勤務地変更に対して抵抗が少ない労働者を優先的に採用する．この条件に適するのは，家や土地に拘束されにくい単身者である．ただし，全国各地に事業所を持つ大規模企業と比較すると，事業所が1ヶ所のみの小規模企業ではこの問題は小さい．なお，勤務地変更の発生は，請負先の生産計画の変更によるものばかりでなく，請負労働者の突然の離職に起因するものも少なくない．

　第3に，賃金や福利厚生費，募集費等の経費の抑制に有効な労働者である．佐野（2004）によると，一般的なケースで請負料金から賃金を引いた粗利益の比率は20〜30%であり，この限られた粗利益のなかから管理的経費のほか請負労働者の社会保険や住居手当等を支出する．経費抑制に有効な雇用の1つは自宅通勤が可能な労働者の雇用である．業務請負事業所での聞き取りによると，請負労働者1人の雇用に費やす募集費および福利厚生費は，通勤圏外の労働者では20〜30万円であるのに対して，通勤圏内の労働者では7〜10万円である．

　以上の条件から判断すると，雇用対象として最も重視されるのは通勤圏内に居住する若年単身者である．勤務変更に際して住居や家族の制約を受けやすい既婚者よりも，勤務変更への抵抗が少ない単身者や外国人のほうが適している．業務請負業の立場からすると，この種の労働者を確保するためには潤沢な供給源が不可欠である．この点において格好の募集対象になっているのは，1990年代以降に急増したいわゆるフリーター，すなわち15歳以上35歳未満の学校卒業者で主婦でない者のうち，パート・アルバイトで働いている者および，パート・アルバイトで働く意志のある無職の者である．また，なかには積極的に高等学校を訪問して，新規学卒者を対象にした求人活動を展開する業務請負企業も存在する．調査事業所においても，40歳未満が50%以上を占めるのは14社

のうち12社であり，主な担い手は若年者といえる．40歳以上の割合が大きい事業所もあるが，若年者を避けているというより思うように採用できないことがこの要因である．

もちろん，調査した業務請負事業所は労働者を確保するために様々な工夫をしている．若年者を募集対象にするため，中高年の応募が多い公共職業安定所経由ではなく，折り込み広告，求人誌等の募集方法を選択する企業が多い．独自の求人誌を発行する企業[12]，希望者に対し自動車を貸与する企業もある．この貸与自動車に関しては，通勤だけでなく日常生活でも自由に使用できるようにしていると業務請負企業は回答する．

先行研究において取り上げられた女性パートタイマーや農家の臨時雇用も，製造業にとって労働力供給源の1つである（例えば，友澤，1989b）．しかしながら，直接雇用として採用されていたこれらの労働者は，業務請負等の間接雇用の労働者に置き換えられつつある．既婚女性や農業兼業従業者は勤務変更に対する柔軟な対応が難しく，また，直接雇用と間接雇用を比較すると，間接雇用のほうが経費の抑制に効果的で，かつ負荷変動に応じた調整がより容易だからである（中馬，2003，p.63）．東広島市の電機製造業での聞き取りによると[13]，1990年代までは，地域内に居住する女性パートタイマーが生産部門の主力であったが，これを置き換えるような形で業務請負の利用が拡大している[14]．2005年8月では，パートタイマーの150人に対し，請負労働者は1,000～1,500人に達していた．しかも，パートタイマーには退職希望者が少ないため，高齢化し，視力・体力面で劣る者の割合が増加している[15]．

日系外国人や外国人研修生も貴重な供給源であるが，全ての業務請負企業が外国人を雇用するわけではない．調査した14社のうち外国人を雇用しているのは7社で，その労働者は中国あるいは東南アジアからの研修生や留学生またその家族である．外国人を雇用しないのは，業務請負企業および請負先に外国人を避ける理由があるからである．その1つは日本語能力の問題である．担当する業務は単純な組立作業であるが，それでも作業マニュアルを理解する能力が要求される．また，日本の習慣への適応も問題である．調査した業務請負企業が指摘するのは，予告なしの突然の帰国，男女平等への意識の強さ，トイレ

や食事の習慣の違い等である[16]．

第4節　業務請負業による労働力の調達

1）経営方針と労働力の調達地域

　上述した労働力の確保をめざして業務請負業は求人活動を行うが，労働力の調達方法あるいは調達地域は，それぞれの業務請負企業の経営方針に基づいて決定される．経営方針は主として以下のとおりである．

　業務請負業の経営では，請負料金から賃金と経費を差し引いた金額が利益になる．このため，(1) 利益を拡大する有効な方法として請負件数の増加をめざす経営方針が採られる．この方針では，特定の地域だけでは請負件数に限界が生じるので，顧客をより広い地域に求めて複数の事業所を設置する．この場合，企業全体としての経費の抑制が可能で，スケールメリットを受けることができる．他方，(2) 全国的な事業展開をせず，事業所の設置や維持にかかる経費を抑えて利益を確保する経営方針も存在する．特に後発企業では，取引相手の急速な拡大が難しいためこの方針が中心になる．これら以外にも，請負単価の高い仕事を受注し技術水準の高い労働者を送り出す経営がある．ただし，この種の需要は数量的には少なく，調査した企業のなかにこれを経営の柱にしているものはなかったため，考察の対象から外した[17]．

　以上の経営方針のもとでの労働力の調達方法を検討すると次のようになる．まず，いずれのタイプにおいても，労働力の調達地域は基本的には請負先の通勤圏である．なぜなら福利厚生費や募集費を低く抑えることができるからである．また，これには同居者の存在により請負労働者の欠勤や突然の離職が比較的少ないというメリットもある．なお，業務請負事業所と請負先は近接するので，この通勤圏は業務請負企業の各事業所の管轄エリアに一致することが多い[18]．しかしながら，業務請負企業が進出する地域は，一般に労働力調達をめぐる競争が激しい地域であり，通勤圏だけで労働力を充足するこ

とは難しい[19]．もちろん，受注する仕事量の抑制あるいは残業等により通勤圏内の限られた労働者のみで経営する企業も存在する．しかし，請負需要に応じた供給を実現しようとすると，通勤圏外から労働力を調達する方法を採用せざるをえない．そこで，前述（1）の当該事業所以外にも事業所を設置している業務請負企業の場合は，そこで採用した労働者を当該事業所へ送り出す方法を採用するし，（2）の当該事業所以外に事業所を設置してしない業務請負企業の場合は，求人に適した地域へ採用担当者を派遣して労働力を調達する方法を採用する．（1）において，他の事業所からの送り出しでも労働力を充足できない場合には，担当者を派遣して，あるいは求人専用の事業所を設置して労働力を調達する方法を採用する．

2）業務請負企業による労働力調達の相違

　以上のように，経営戦略および求人活動の方針の違いにより，労働力の調達地域には業務請負企業間で差が生じ，次の4つのタイプに分けることができる（表Ⅳ-3）．すなわち，①複数の事業所を持たず通勤圏内から労働力を調達する企業，②複数の事業所を持たないが通勤圏外からも労働力を調達する企業，③当該事業所以外に事業所を持ちそこからも労働力を調達する企業，④当該事業所以外に事業所を持ちそこから労働力を調達するだけでなく，担当者の派遣あるいは求人専用の事業所の設置により労働力を調達する企業，である．この4タイプでは，それぞれ募集費や福利厚生費等の経費，労働力の調達方法や調達地域に違いが生じる．以下では，調査を実施した事業所の実態をもとにそれぞれの労働力調達の特徴を明らかにする．

　①の場合，創業間もない業務請負企業のような取引量が少なく多大な経費支出を控える企業に多い．他地域への採用担当者の派遣や自社寮の設置をせず，求人活動を広告掲載程度に絞るため経費を抑制することができる．労働力の調達地域が通勤圏に限定されるため，請負需要を若年単身者で充足することが難しく，40歳代や50歳代を採用することも多い．表Ⅳ-3によると①タイプは5社であるが，このうち2社では40歳未満の割合が50％以下を示し，中高年中

表Ⅳ-3 東広島市における調査業務請負事業所の労働者の属性

分類		事業所番号	業務請負労働者を採用した地域(%)				自社寮,借り上げアパート等居住者の割合(%)	40歳未満の割合(%)
所有する事業所の数	労働力調達地域		四国,九州,沖縄地方	中国地方	うち東広島市	関東,近畿地方		
① 単一	通勤圏内	1	0	100	90%以上	0	0	70
		2	0	100	90	0	0	80
		3	0	100	84	0	0	40
		4	0	100	80	0	0	90
		5	0	100	90	0	0	50
② 単一	通勤圏内および通勤圏外	6	10	70	50	10	24	88
		7	30	55	35	10%未満	56	70
③ 複数	通勤圏内	8	0	100	95	0	0	40
		9	0	100	100	0	0	90
		10	0	100	100	0	0	60
④ 複数	通勤圏内および通勤圏外	11	不明	不明	20%弱	不明	70	90
		12	37	44	10	15	30	67
		13	20	33	20	33	70	74
		14	20	80	70	0	30	60

注)いずれの項目も各業者の業務請負労働者総数に占める割合を示す.
資料:2005年8月～9月,2006年1月における聞き取り調査.

心の労働力構成をなす.調査を実施した2005年8～9月において,東広島市では潜在的な請負需要があるにもかかわらず,この5社はすべて労働力不足のためその受注を控えていた.生産計画の変更に対して請負先の要望どおりに対応できない場合もあり,業務量が増えた際の対処は,縁故関係に頼った労働力の追加調達や残業が中心になる.

　②の場合も①と同様に,当該事業所以外に事業所を持たない小規模な業務請負企業である.ただし①と異なるのは,募集費や福利厚生費を支出して通勤圏外の労働力を調達している点である.請負労働者260人の企業は,若年単身者

表Ⅳ-4 業務請負企業A社が求人活動のために訪問した高等学校の数

地域	北海道	近畿地方	中国地方	うち広島県	四国地方	九州地方	沖縄県	合計
高等学校数	5	3	30	18	8	14	10	70

注) 2004年度に訪問した数を示す.
資料：2005年9月における聞き取り調査.

を採用するために，高校，専門学校，大学を対象にした学校訪問，適当な地域での採用面接を実施している．この企業（A社）が訪問した高校の立地する地域を示すのが表Ⅳ-4である．この主たる地域は中国，四国，九州，沖縄の各地方である．求人活動の地域が西日本中心なのは，経費の節約，東広島市での勤務を遠距離ゆえに拒む労働者の相対的な少なさ，東日本や大都市圏でのこの企業の競争力の弱さ等による．聞き取りによると，大手業務請負企業は多大な広告費を支出して高い知名度を得ているため[20]，求人活動の実績のない地域で大手企業以上に労働者を採用することは難しい．この企業は沖縄県を求人活動の重点地域としており，2005年4月に沖縄から新規高卒者を30人採用した[21]．沖縄県では沖縄振興特別措置法により比較的短い期間で雇用保険の受給が認められるため，契約終了後に雇用保険を受給し，次の職を求めて求職活動を行うリピーター的な請負労働者が多い（尾崎，2003）．請負労働者の確保に適した条件が，この企業の沖縄での求人活動の理由である．

③の場合，当地域以外に事業所を持つ業務請負企業であり[22]，このなかには全国レベルで事業を展開している企業もある．労働力が不足すれば，余剰労働力が生じている事業所から労働者を送り出し，事業所間での労働力の需給バランスを維持する．労働力に余剰があれば，注文の翌日までには必要数を請負先に送り出すことができるという．ただし，こうした状況は新規契約発生時や事業所開設時に生じやすい非日常的な事態で，平常時は通勤圏内の労働者を利用する．それぞれの事業所における調達地域は基本的に通勤圏であるが，事業所は主に工業地域に立地しそこで採用した労働者を融通し合うため，企業全体でみると調達地域は全国の主要な工業地域である．労働者を送り出すための旅

費は必要であるが，担当者を派遣して求人活動をする必要がないため募集費を節約することができる．

④の業務請負企業は，③と同様に請負件数の拡大をめざすタイプであるが，③よりも積極的に労働力の確保を図る企業である．ここで採られるのは，③の方法に加えて，求人に適した地域への担当者の派遣あるいは求人専用の事業所の設置である．これにより必要な労働力を全国で最も得やすい地域から調達することができる．4つのタイプのなかで請負需要に対して最も忠実に対応できるタイプの業務請負企業である．

この業務請負企業のなかには，就業先を求めて全国を移動する外国人を採用する企業もある．日本人にこだわらない業務請負企業は，外国人を雇い入れることで請負需要の変化に対処する．これに対して，日本人しか採用しない企業は，国内で広範囲に求人活動を展開することでこれに対処する．

図Ⅳ-2は，④タイプのうち情報の得られたB社とC社の事業所の分布を示す．C社が東北地方の太平洋側および太平洋ベルト地帯を中心に事業所を配置しているのに対し，B社は県庁所在都市，工業都市を中心に全ての都道府県に事業所を配置している．B社ではより広い地域から顧客を獲得できるように，地域的に偏ることなく事業所が配置されている．B社のこの事業所配置の理由は，取引拡大をめざした積極的な経営方針，多様な産業への労働者派遣の増大等である．

このような違いも認められるが，両者に共通する特徴もある．それは，求人専用の事業所が立地する地域であり，労働力の調達という点において重要である．図Ⅳ-2に示すように，2社ともに労働力の十分な確保をめざして求人専用の事業所を設置している．この地域は，第1に沖縄県，北海道，東北地方などの国内周辺地域であり，第2に東京，大阪，名古屋等の大都市圏である．前者は雇用創出力が相対的に弱く失業率が高い地域であり[23]，後者は短期間あるいは非正規での就業が可能な者の絶対数が多い地域であり，いずれも若年単身者の採用に適した地域である．

④タイプの業務請負企業は必要に応じてさらに遠隔な地域へと調達地域を拡大させている．④タイプのうちの2社は，札幌の求人専用事業所から北海道の各地域に担当者を派遣して不定期に求人活動を実施している．沖縄県でも，沖

116　第Ⅳ章　業務請負業の労働力調達行動

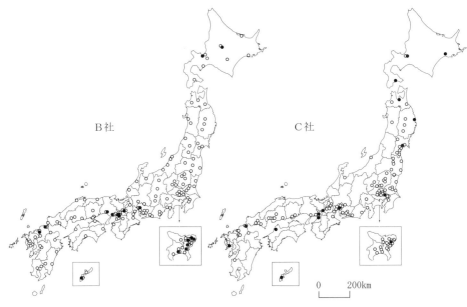

図Ⅳ-2　調査業務請負企業の全国における事業所の分布
注）●印は求人活動のみを行う事業所である．
　　2005年9月の状況を示す．
資料：業務請負企業の提供資料およびウェブサイト．

縄本島以外の地域においても公民館等を面接会場として借り上げ，同様の求人活動を実施している[24]．

　一方，大都市圏では，業務請負企業が求人専用事業所を設置するのは主として都市中心部である．東京では渋谷，新宿，大阪では梅田，天王寺等がこれに該当する．人材派遣企業の立地特性を検討した友澤・石丸（2004）が示すように，人材派遣ビジネスでは床面積の広いオフィスを必要としないため，地価の高い地域でも事業所の立地が可能である．業務請負企業が重視するのは，必要な労働力を大量に確保できる地域で求人活動を行うことである．送り出し先の決定には労働者の希望が考慮されるが，請負先間の需給バランスにより希望どおりにならない場合も多く，東京希望の労働者が東広島市で就業する事例もある．例えば，事業所番号12と13では，関東および近畿地方

で採用した者の割合がそれぞれ15%と33%で，東広島市で採用した者の割合より大きい（表Ⅳ-3）．

3）労働力調達行動の特徴と地域性

　以上で示した業務請負業の労働力調達と，先行研究が明らかにした製造業の直接雇用による労働力調達を比較すると，両者の間には相違がみられる．高度経済成長期以降に農村に展開した製造業では，雇用の主要な対象は，農家の世帯主や既婚女性であった（例えば，赤羽，1980a, b）．また新規中卒女子の供給不足により，中京地域の繊維産業が新たに対象にしたのは，地元の既婚女性や男性であり，パートタイム形態での雇用である（吉田，1994）．しかし，業務請負業はこれらの労働者よりも，勤務地の変更等への抵抗が少ない労働者を優先的に雇用する．農家の世帯主や既婚女性はその雇用が難しいときの対象である．もちろん，これらの労働者が請負労働に全く不適というわけではなく，その勤勉さに利点を見いだす業務請負企業は多い．市場の不確実性への対応，人件費の削減や労務管理の軽減を重視した経営へ向かうほど，需要変動への対応が容易で，より安い経費で利用できる労働者が求められる．この種の労働者を確保できる地域が，業務請負業にとっての主要な労働力調達地域である．
　もちろん，労働力調達地域にはそれぞれ事業所が立地する地域の地域性が反映される．本研究が事例地域として選んだのは東広島市であるため，業務請負業の主たる労働力調達地域は，東広島市に比較的近い中国，四国，九州等の西日本である．この業務請負事業所と調達地域の近接性は先行研究においても看取され，諏訪地域における製造業従業者の出身地域を調査した上江洲（2005）では，派遣社員の出身地域は主として，地元の諏訪地域，北海道，東北地方である．特に事業所が1ヶ所だけの業務請負企業では，近距離にある地域から労働力を調達する傾向が強い．これに対して，全国各地に事業所を設置する業務請負企業では，各地の事業所からの送り出しが可能であるため全国スケールでの調達となる．それでも遠隔地での勤務を希望する労働者は現実には少なく，後者においても近接する地域を中心にした労働力調達地域が形成されている．

また，東広島市は大都市ほどのフリーター的労働者の採用が期待できない地域である．東広島市では旺盛な請負需要が生じているにもかかわらず，若年労働者を十分に確保できずに40歳以上の労働者を雇用する業務請負事業所もみられる．この40歳以上の労働者の中には農業兼業就業者も含まれる．東北地方や九州地方と比較すると，東広島市では農業余剰労働力の獲得を目的とした製造業の立地は少ない．ただ，請負契約のもとでの顧客企業の労務管理について言えることは，いずれの地域おいても先行研究が指摘したような農業就業者特有の欠勤というリスクを顧客企業が回避することは可能であり，地域労働市場の影響を受けにくい労働力編成にすることも可能になるという点である．

第5節　結　び

業務請負業の経営の特徴は，経費を節約して顧客企業が要求する労働力を調達する点にある．それゆえ業務請負業が求める労働者は，勤務形態や勤務地の変更への抵抗が少なく，募集費や福利厚生費等の経費の抑制に有効な労働者である．具体的には，若年単身者や外国人がこれに該当する．既婚者や女性パートタイマーは必ずしも適しているとはいえず，製造現場におけるパートタイマーから請負労働者への転換も進んでいる．業務請負業は上記の労働者の確保をめざし，その採用に適した地域において求人活動を行う．

労働力の調達地域は，基本的にはそれぞれの請負先の通勤圏である．なぜなら福利厚生費や募集費の抑制において有利だからである．しかしながら，通勤圏だけで労働力を充足することは難しく，請負需要に応じた供給を実現しようとすると，通勤圏外から労働力を調達せざるを得なくなる．そこで，業務請負企業は採用担当者を派遣して，あるいは求人専用の事業所を設置して労働力を調達する．その主な地域は，1つは，沖縄県，北海道，九州地方などの国土の周辺部に位置する地域であり，もう1つは，東京，大阪等の大都市圏である．国内周辺地域は雇用創出力に乏しく失業率が相対的に高い地域であり，他方，

第5節 結 び

　大都市圏はフリーター的な労働者の絶対数が多い地域であり，いずれも若年単身者の採用に適した地域である．注目されるのは東京，大阪等の大都市圏が求人活動の重要地域として位置づけられる点である．工業地域への労働力供給地域として大都市圏は，先行研究においてあまり注目されなかった地域であるが，請負需要の増加に伴う業務請負企業による積極的な求人活動の結果，業務請負労働市場への都市労働者の吸引が進んでいると考えられる．

　ところで，本研究が研究対象にしたのは業務請負業であるため，その顧客の多くは製造業である．しかしながら，現在の日本では競争力を維持するためにあらゆる産業において人材サービス業の利用が拡大している．ただ，いずれの産業においても人材サービス業を通じて利用される労働力は，主として業務の変化に合わせた編成ができ，経費抑制に有効な労働力である．それゆえ，製造業以外の産業においても，対象となる労働力やその調達方法は本研究の結果と共通する点が多いと推測できる．ただし，製造業とこれ以外の産業では労働力調達地域にやや違いがある．製造業以外の産業では，顧客は大都市に立地する事業所が中心である．したがって，その労働力の調達地域は主として大都市の通勤可能な地域であり，製造業以上に大都市に居住する労働者が労働力供給源であると予想される．

　本章では業務請負業の一般的な労働力調達行動を検討したが，残された研究課題もある．その1つは実証研究の積み重ねによる研究成果の検証である．本研究では事例地域として東広島市を選定した．このため東広島市に立地する，また主に機械製造業に労働者を送り出す業務請負業が分析の対象になった．人材サービス業の立地地域あるいは顧客の業種による労働力調達の多様性を念頭に置きつつ，より豊富なデータに基づく分析を進める必要があろう．もう1つは労働力供給に関する研究の不足である．不安定な就業形態の求人が大部分を占めるにもかかわらず，人材サービス業を通じて就業する者が現実に存在する．こうした就業が生じる要因を探ることが課題である．もちろんこの要因は労働力需要の側面からある程度説明することができる．特に，国内周辺地域においては雇用創出力の低さがこの就業に関わると考えられる．しかし，大都市圏におけるフリーター的な労働者の急増，出稼ぎや集団就職等の国内周辺地

域における労働力供給の歴史的背景を考慮すると[25]，地域性に着目しつつ労働力供給要因を探る研究の蓄積が必要である．

注
1) 日本の地理学における人材ビジネス研究としては，人材派遣業の立地をテーマにした友澤・石丸（2004），石丸・友澤（2006）がある．
2) 東広島市に事業所を設置していない企業の請負労働者数を把握するのは困難であるが，公共職業安定所に提出されている求人票の記載事項等から判断すると，調査回答事業所以上の請負労働者を雇用しているとは考えがたい．なお，調査回答事業所における東広島市勤務の請負労働者の合計は約2,600人であり，後述する東広島市勤務の請負労働者数の推計値と照らし合わせるとその5～9割を占めると推測できる．
3) 業務請負業の請負先には製造業以外にも農林水産業や運輸業等がある．
4) 調査した14事業所のうち本社は7事業所であり，支社・営業所等の本社以外の事業所は7事業所である．
5) 厚生労働省「2002年労働力需給制度についてのアンケート調査」によると，常用労働者ではなく派遣労働者を受け入れる理由の第1位から第3位は次のとおりである．第1位，欠員補充等必要な人員を迅速に確保できる45％，第2位，コストが割安37％，第3位，常用労働者数の抑制26％である．これに対して業務請負業を受け入れる理由は次のとおりである．第1位，一時的・季節的な業務量の増大に対処するため60％，第2位，雇用調整が容易39％，第3位，欠員補充等必要な人員を迅速に確保できる38％である．
6) 2004年には東広島市に立地する電機製造業において，一度に1,000人以上を必要とする請負需要が発生した．
7) 広島西条公共職業安定所での聞き取りによると，正式な手続きを行わずに他の業務請負企業に作業を請け負わせる企業があり，この取り締まりが課題になっている．
8) 業務請負企業のなかには製造企業が自社の業務を請け負わせる目的で設立したものがあり，調査回答外の事業所であるが東広島市にもこの種の業務請負事業所が立地する．この事業所の場合，請負先はこの製造企業1ヶ所だけである．
9) 通年業務の需要は業種によって差がある．通年業務の比率は，金属加工，自動車製造等で高くなり，電機製造業のハイテク部門，飲料水製造等の季節性の大きい

部門において低くなる．
10) 中馬（2003）によると，勤続年数が1年未満の従業者は64％を占める．
11) 調査した業務請負企業のなかには東広島市内に教育訓練専用の事業所を有する企業もある．
12) 求人誌には，テレビ番組やスポーツイベントの情報，携帯型ゲーム機のプレゼント企画の掲載等，若年者が手に取るような工夫がなされている．
13) この事業所での聞き取り調査は，2005年9月に広島大学大学院教育学研究科由井義通教授と著者の2名で行った．
14) パートタイマーの請負労働者への転換が進んでいる点に関しては先行研究においても指摘されている（例えば，中馬2003）．また，厚生労働省「2002年労働力需給制度についてのアンケート調査」によると，パート，アルバイト，臨時ではなく業務請負を受け入れる理由は次のとおりである．第1位，雇用調整が容易63％，第2位，雇用管理の負担が軽減される49％，第3位，経費が割安32％，である．
15) パートタイマーに退職希望者が少ない原因の1つは，時給が1,000円と比較的高いことである．
16) 丹野（1999）は外国人労働者に対するイデオロギーの問題を指摘する．すなわち日本では容貌，皮膚の色，言語の異なる労働者を避ける傾向にある．
17) 注13）の電機製造業での聞き取りによると，構内で業務に従事する請負労働者は生産部門で1,000～1,500人であるが，ソフト開発部門ではその1割程度である．
18) 調査事業所のうち，営業管轄エリアが東広島市のみは7事業所，東広島市とその隣接市町村は5事業所，広島県全域は1事業所，不明は1事業所である．
19) 調査した14事業所すべてが調査時点では労働力不足であると回答した．業務請負事業所での聞き取りによると，東広島市の業務請負需要を充足するには現在の1.5～2倍の請負労働者が必要である．
20) 石丸・友澤（2006）によると，人材派遣会社は大手を中心として，スタッフの登録数を増やすために多大の広告費を支出している．
21) 沖縄で採用したこの30人は2005年8月までにすべて離職した．
22) 表IV-3の事業所番号8，9，10が国内に設置する事業所（本社を含む）の数は，それぞれ9，12，2である．
23) 2004年において失業率が最も高い県は沖縄県で7.6％，ついで青森県の6.6％，大阪府の6.4％である．地方別では北海道，東北，近畿，九州の各地方で失業率が高い．

24) 沖縄県における業務請負企業の求人活動に関しては尾崎（2003）が詳しい．
25) 鹿児島県採用の労働者を約30人雇用している業務請負事業所での聞き取りによると，鹿児島県では高度経済成長期以降に出稼ぎ労働者を雇用したが，その当時に形成した求人方法や地縁を通じて現在でも請負労働者の求人活動を実施している．

第V章

国内周辺地域における製造派遣への労働力供給
－鹿児島地区における求職者を対象として－

第1節　はじめに

　本章では，人材サービス業の主要な労働力調達地域である国内周辺地域を対象に，労働者がこの求人を選択する理由を分析し，労働力供給の要因を考察する．

　国内周辺地域は有効求人倍率が低い，失業率が高い，賃金水準が低いなど，労働市場特性が劣位な地域である（本書第Ⅱ章）．したがって，人材サービス業がこの地域を労働力の調達に適した地域と定めて積極的に求人活動を行うのはもちろんである．その一方で，この地域は高度経済成長期以降にいわゆる集団就職によって新規学卒者を，また出稼ぎの期間従業者を送り出してきた地域である．山口（2005）によると，鹿児島県は戦前から労働力供給県として知られ，明治中期には日本紡績が鹿児島県内で職工募集を行っていた．戦後においても労働省による広域職業紹介制度を実現するための求人開拓や労務連絡事務所の設置，就職者を送り出すための計画輸送制度の整備，集団就職に関する諸制度が1950年ごろから整備され始めていた．したがって，県外での就業を希望する元期間従業者や新規学卒者の一部が，人材サービス業を従来の直接雇用の方法に代わる県外就職の仲介役として利用していることが予想される．その反面，求人活動の効率性を重視する人材サービス業の広がりの中で，親の介護や兼業農業などの本書第Ⅲ章で示した地元での生活の維持とは異なる背景のもとで，労働力が供給されていることも考えられる．本章では，県外就職の歴史的側面に配慮しながら，この地域においてどのような労働者がなぜ製造派遣を

選択するのかを検討する．

　本研究では，鹿児島市と鹿児島郡に相当する鹿児島公共職業安定所管轄区域（以下，鹿児島地区とする）を事例地域として選択した．人口約61万人が集積し，交通の利便性が比較的良い鹿児島市は，人材サービス業にとって労働者採用に適した地域の1つである．このため，国内周辺地域の中では人材サービス業の求人事業所の立地が卓越する．人材サービス業およびその労働者の分析資料，またこの地域から送り出されてきた期間従業者の分析資料を収集するうえで鹿児島地区は適している．

　なお，人材サービス業は，使用者と労働者の間に第三者が介在する間接雇用の雇用形態において，第三者に相当する事業者のことであり，今日では業務請負業と労働者派遣業が代表的である．そこで本章では業務請負業と労働者派遣業を分析の対象とする．2004年に製造業務への労働者派遣が解禁されたことで，労働者派遣企業の設立が増加するとともに，労働者派遣を事業に取り入れる業務請負企業が増加している．

　本研究では，人材サービス業の求人活動に関するデータを得るため，鹿児島地区の求人事業所で聞き取り調査を実施した．鹿児島公共職業安定所で得た資料，人材サービス企業のウェブサイトをもとに41事業所に調査を依頼し，17事業所からデータを得た．調査を実施したのは2006年9月および2008年9月である．求人事業所が国内周辺地域に設置されるのは，主として求人活動における面接の必要性からである．面接における応募者の負担を軽減するため，鹿児島地区から離れた地域に本社を有する人材サービス企業は，当地域に求人事業所を設置することがある．この求人事業所では以下のような流れで業務が遂行される．まず，求人情報を提示するために折込広告や求人誌に求人を掲載あるいは就職説明会を開催する．応募があった場合には，求人事業所，就職説明会会場あるいは喫茶店等の任意の場所で応募者の面接を行う．その後，応募者の情報をファックス等で本社に送付する．最後に，本社の決定に基づき採用者を勤務地へ送る手配を行う．

　図V-1は調査を実施した求人事業所の所在地を示す．求職者の交通利便性を重視して，人材派遣会社の事業所は駅周辺や繁華街に立地することが多い（友

第1節　はじめに　125

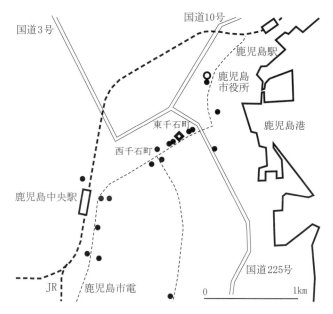

●　聞き取り調査を実施した求人専用事業所
◆　労働者に対する聞き取り調査を実施した場所

図Ⅴ-1　聞き取り調査の実施場所

澤・石丸，2004）．本研究においても同様の立地特性が現れていて，事業所は鹿児島中央駅周辺，金融機関や百貨店等が立地する東千石町および西千石町に多く立地している．

　一方，労働者のデータは，人材サービス企業の鹿児島市内での就職説明会会場の入口周辺で，その参加者に対する聞き取り調査により収集した．調査は2006年9月に鹿児島商工会議所ビルの周辺で実施した．公共職業安定所のなかには，就職説明会用に所内の部屋を提供しているものもあるが，鹿児島公共職業安定所は部屋を提供していない．このため事業所外で説明会を開催する人材サービス企業は，繁華街等の貸会議場を利用する．鹿児島商工会議所ビルは人材サービス企業の説明会会場としてしばしば利用される場所である．調査期間内にこの会場で説明会を実施した企業は5社で，特定の企業に偏ることなく

説明会参加者のデータを収集した．データを得た68人の内訳は男性57人，女性11人である．また回答者の居住地については鹿児島市が65人と9割以上であるが，鹿屋市が2人，奄美市が1人いる．この3人は多様な就業機会を求めて鹿児島市を訪れていた求職者である．

第2節　事例地域の労働市場特性

　国内周辺地域への人材サービス業の進出要因の1つは，雇用状況の相対的な悪さである．2008年度の鹿児島地区の有効求人倍率は0.48であり，全国平均の0.77を大きく下回る．また賃金水準も他地域との地域差が大きい．鹿児島公共職業安定所提供資料によると，鹿児島地区勤務の生産工程・労務職の平均時給は682〜729円である．これに対して，愛知県勤務の業務請負求人の平均時給は1,042円である（いずれも2006年7月）．ただし県内他地域と比較すると，鹿児島地区は地域内からの新規学卒求人には恵まれている．2005年度鹿児島県労働市場年報によると，新規高卒求職者に対する管内からの求人は鹿児島県の公共職業安定所平均では0.60に過ぎないが，鹿児島地区では1.11である．それでも需給ミスマッチ等も起因して新規高卒者の県外就職率は鹿児島地区でも40.1%と高く，この地区を含めて鹿児島県では就職のために県外に流出する者が多い．

　2005年度鹿児島県労働市場年報をもとに新規求人数の産業別構成を分析すると，鹿児島地区では鹿児島県に比べてサービス業の割合がやや大きい点に特徴がある．全産業に占めるサービス業の割合は鹿児島県で37.8%であるのに対して鹿児島地区で44.9%である．反対に，製造業の割合は鹿児島県で13.2%であるのに対して鹿児島地区で8.8%と小さい．鹿児島地区の製造業では食料品と電子部品の割合が大きく，この2業種で製造業求人全体の6割を占める．

　この地域に提出される製造業務の求人の大半は人材サービス業からの求人である．2006年9月15日のみの鹿児島公共職業安定所の求人票によるため注意が必要であるが，求人1,752件のうち業務請負形態が66%，労働者派遣形態が

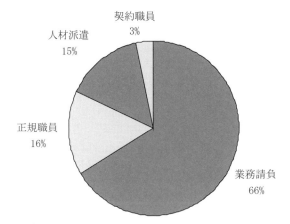

図V-2　鹿児島公共職業安定所における雇用形態別製造業求人
資料：鹿児島公共職業安定所提供資料.

15％を占める（図V-2）．求人の業種で多いのは自動車や電機を中心とした機械機器製造業である．また人材サービス業から出された求人の勤務先地域は，主として愛知県，大分県，滋賀県であり，特に愛知県は全体の22％と最大である．隣接する国分地区の電機製造業からも求人が出されるが就職希望者が多いため，製造業務を希望する求職者は県外での就職を検討せざるを得ない．近年，大分県の自動車製造業から多くの求人が鹿児島公共職業安定所に提出されている．鹿児島地区から約200 km離れているが，九州内での勤務を希望する求職者は比較的多く，彼らにとってこの求人は魅力的である．

第3節　直接雇用と間接雇用の製造業務求人

　戦後の日本では，労働者を指揮命令するためには，その条件として労働契約が締結されなければならないという直接雇用の原則が貫かれていた．これは中間搾取や強制労働をともなう恐れがあるという理由からである（伍賀，2003）．高度経済成長期に非大都市圏から大都市圏に向けて新規学卒者が労働力として大量に送り出されたいわゆる集団就職も，使用者が直接雇用する雇用形態であ

る．その後も，直接雇用の期間従業者として，この地域の労働者が自動車，電機等の県外の製造業に従事し続けてきた．直接雇用の期間従業者とは，雇用期間が通常3ヶ月から6ヶ月の非正規従業者であり，条件を満たせば，最長3年未満までの期間延長が可能である．直接雇用について注意が必要なのは，契約期間の途中での解雇が困難という点である．

1986年の労働者派遣法の施行によって直接雇用の原則が弾力化され，雇用主責任を供給元に課すことで労働者供給事業の一部が労働者派遣業として合法化された．1999年には労働者派遣の対象業務が原則自由化され，2004年には製造業務への労働者派遣が解禁された．この法律の制定以降，派遣労働は企業の雇用戦略の1つとして位置づけられ，着実に増加している．鹿児島県労働市場年報によると，鹿児島県において労働者派遣事業の新規届出・許可件数（一般派遣と特定派遣の合計）は，1994〜2003年度平均で年度当たり8.6件であったのが，2004年度に51件，2005年度に55件まで急増している．

一方，業務請負業は戦後の時期から構内請負業として造船，鉄鋼業を中心に利用され，現在では電機，自動車などの製造ラインや配送部門をはじめ，オフィス業務，コールセンターにまで広がっている．伍賀（2005）によると，業務の専門性よりも，必要な人数の労働者を迅速に調達することを競争手段とする業務請負企業も少なくない．公式統計がないため業務請負業に関する情報を正確に把握することは難しいが[1]，調査事業所での聞き取りによると，1970年代には鹿児島地区に業務請負企業が立地していた．

間接雇用が拡大した今日でも，製造業務の従業者を直接雇用で採用する製造業もある．企業が直接雇用を選択する理由は，企業情報の流出防止に有効である点，従業者の選考に自社の人員をあてることによって従業者の質を一定に保つことができる点などである．期間従業者の選考について論じた伊原（2003）によると，自動車メーカーの選考会では協調性ときつい労働に耐える体力が重視され，面接と健康診断で合格しなければ期間従業者として採用されない．中高年の応募に際して，製造ラインを経験した者のみを選考の対象とする企業もあるし，またその企業の就労経験者が応募した際には，就労時の人事考課を選考で利用する企業もある．鹿児島公共職業安定所には，2006年9月11日にお

いて自動車製造業2社,電機製造業1社の期間従業者の求人が提示されていた.

第4節　人材サービス業の展開と求人の特徴

1）事業所の特徴

　調査を実施した17事業所の操業開始時期は，1980年代が2社，1990年代が6社，2000〜2003年が4社，2004年以降が5社である（表V-1）．製造業務の労働者派遣が解禁された2004年以前から，業務請負業としてこの地域で求人活動を展開している企業が多い．1960〜70年代から活動している事業所はないが，当時この地域で製造業が求人活動で成果を残していたため，その方法を参考にして鹿児島市に進出したと回答する事業所があった（事業所6）．加えて，大都市圏から離れたこの地域での求人活動を円滑に進めるために，製造業の元鹿児島地区採用担当者を雇用した実績のある事業所もみられる（事業所1，4）．このうち事業所1は，かつて大隅半島で衣服製造業の現地駐在員（募集人）をしていた者を採用担当として雇用していた．さらに注目されるのは，失業率の高さ等の客観的データのみで求人活動地域を決めていない点である．山口（2005）は集団就職と県民性の関係を研究し，鹿児島県民が就職先から「協調性があってそぼくで勤勉でねばり強い」という評価を受けていたことを示している．こうした県民性等の情報を考慮して，求人活動地域を決める人材サービス企業も存在する．聞き取りをした求人事業所は，沖縄出身者について「性格が明るくて職場に馴染むのが早い」，「数名の仲間で就職して，その中の一人が辞めたいというと全員が一斉に離職して沖縄に帰る」と話し，また鹿児島出身者について「がまん強い人や工場での仕事に抵抗の少ない人が昔から多い」と話していた．以上は，募集人制度や期間従業員の求人活動等によって蓄積されてきたこの地域の就職に関する情報や方法であるが，活動実績の少ない地域で求人活動を円滑に進めるために，人材サービス業によって活用されていることを示している.

表V-1 調査を実施した求人専用事業所の概要

事業所番号	事業所の開設時期	本社所在地	採用した労働者の居住地（％）			1ヶ月平均採用数（人）
			鹿児島地区	鹿児島地区と島嶼部を除く地域	島嶼部	
1	1980年代	福岡県	80	10～20	10％未満	15
2		東京都	50	40	10	12～13
3	1990年代	大阪府	20	60	20	12～15
4		愛知県	90	10	0	15
5		愛知県	90	10	0	3～5
6		長野県	80	10～20	10％未満	5～10
7		愛知県	80	20	0	20
8		福岡県	60	40	0	15
9	2000年～2003年	神奈川県	50	50	0	20
10		愛知県	50	40	10	8～11
11		鹿児島県	50	50	0	5
12		愛知県	20	80	0	4～5
13	2004年～	宮崎県	95％以上	5％未満	0	15
14		福岡県	90	10	0	7～8
15		大阪府	50	40	10	3～5
16		岐阜県	60	30	10	5～6
17		広島県	90	10	0	10人弱

注）鹿児島地区は鹿児島市および鹿児島郡をさす．
　　採用した労働者の居住地の数字は，各事業所の採用した労働者全体に占める割合を示す．
資料：事業所での聞き取り調査（2006年9月の状況を示す）．

2）求人活動の特徴

　人材サービス業にとっての主要な業務は労働力の確保であるため，各企業は求人活動を工夫する．それゆえ人材サービス業の特徴が表れるのはこの求人活動であり，製造業による直接雇用との相違点の1つである．
　特徴の第1は求人広告である．人材サービス業が通常行う求人方法は，求人誌やウェブ上への求人掲載，公共職業安定所への求人票提出等である．その際に，求人対象に合わせてより効果的な広告手段を採用する．例えば，携帯型ゲーム機支給の記事の求人誌への掲載は若年者の募集に有効であり，就労前一時金

支給の記事の掲載は緊急の求人に，また折込広告の利用は求人誌への馴染みが薄い農村での募集に有効である．事業所6のような一部の企業では，世帯用の寮を所有し，これを宣伝していることもあって男女ペアでの応募が比較的多い．この人材サービス企業は，長野県の電機や繊維製造業を主な顧客としていて，女性従業者の構成比が高いため，このような求人戦略を取っている．応募者には子供のいない若年夫婦が多いが，未婚カップルが相手男性と同時に応募するケースも見られる．

　第2の特徴は求人種類にある．人材サービス業が提供する中心的な求人は，夜勤や残業を伴う業務の求人である．これにより相対的に高い賃金支給額を求職者に提示することができ，応募者の獲得において効果を発揮する．事業所での聞き取りによると，1ヶ月当たりの支給額が25万円以上の求人を求人誌に掲載すると応募者数が急増する．

　第3に，求職者の様々な要望への対応である．中高年あるいはすぐに就業が可能な求人を求める求職者がいればそれに適した職を提示する．また，求人事業所の担当者と応募者の面接において，応募者が希望する場所があればそれに応じる．さらに，人材サービス業は，求職から就業開始までに必要な求職者の様々な手続きをサポートしており，公共職業安定所での煩雑な手続きや長い駐車場待ち等を嫌う者を自らの応募者として獲得している．愛知県を中心に労働者を送り出している事業所12での聞き取りでは，採用した労働者とは就職後も1ヶ月に1回程度連絡を取り，仕事や寮生活の中で生じる諸問題について相談を受けると話していた．求人事業所では，本社が作成した手順に従って求人活動を遂行するが，面接対応等の詳細な求人活動については現地職員に任されている．また，その職員の多くは現地で採用された地元住民であるため，その地域の交通事情はもちろんのこと生活習慣や働き方にも詳しい．それゆえ，求職者の多様な要望への柔軟な対応が可能である．

3）採用される労働者の特徴

　月平均採用数をみると，10人未満が6社，10～20人が11社である（表Ⅴ

-1）．企業内総従業者数が 13,000 人の事業所 2 であっても，鹿児島事業所での月平均採用数は 12 〜 13 人であり，各企業の従業者規模と採用数の関係は明瞭ではない．調査事業所のなかには目標採用数を定めているものもあり，1 ヶ月当たり目標は 15 人前後である．目標を超える応募があっても，面接のうえでの応募者の辞退や適性の不一致等で，採用数が目標に達しない事業所が多い．

採用者の居住地をみると，鹿児島地区が 50％以上を占める企業は 15 社である．また居住地が鹿児島県全域に及ぶ企業は 7 社，島嶼部を除く鹿児島県全域とする企業は 10 社である．すなわち，多くの企業は鹿児島地区を中心として鹿児島県の広い範囲から労働者を採用している．活動地域を広げてより多くの労働者を集めるため，人材サービス企業は県内の主要都市で採用説明会を随時開催している．説明会は島嶼部でも開催されており，島嶼部で求人活動を行う 7 社のうち 1 社は奄美市に契約社員を常駐させ，あとの 6 社は鹿児島市から奄美市や徳之島へ 1 ヶ月に 1 回または 2 ヶ月に 1 回出張して採用説明会を開催している．

新規学卒者に関しては学卒後ただちに製造派遣に就職する者はほとんどいないとみてよい．2006 年 8 月に，職業学科を有する地域内の高校 2 校において聞き取り調査を実施した．この 2 校の県外就職率は 2005 年度で，63.3％と 42.5％で，ほぼ半数の生徒が卒業と同時に県外で就職している．人材サービス業からの求人は増加傾向にあり，2005 年度において 2 校ともに求人全体の約 1 割を占める．人材サービス業の求人には，これ以外と比較すると賃金が 10 〜 20％高いという特徴があるが，学校としてはこの求人を生徒に勧めておらず，2 校ともに就職の実績はない．それゆえ新規学卒者が卒業と同時に人材サービス業に就職することは少なく，この産業に就職する者の大部分は既卒者である．

一般的に，人材サービス業が求める労働力は，仕事内容，勤務地等の変更に順応できて，健康で欠勤をしない勤勉な者である．現地職員が面接に際して審査するのはこれらの点であるが，加えて暴力団関係者でないかを確認するよう本社から強く命じられている．さらに，人材サービス業が受ける業務の多くは単純作業であるため，専門的な技能を求められることは少ない．以上から人材

サービス業はおおよそ 35 歳未満の健康で勤勉な若年単身者を求める．調査事業所の場合，35 歳未満が採用者の 50％以上を占める事業所は 15 社のうち 12 社と大多数である．ただし，35 歳未満が 100％を占める事業所はなく，すべての事業所が 35 歳以上の中高年を採用している．中高年を採用する理由は，若年者の応募の少なさ，応募する中高年の経験の豊富さや勤勉さなどである．勤勉さ，経験や技術を重視する顧客企業は造船や自動車部品製造業に多く，その要望に応えるために採用している．この勤勉さ，経験，技術という点で重要な存在が，製造業務を経験した元期間従業者や還流労働者である．応募者が不足するときに元従業者に連絡して従業者を募る事業所もある．

第 5 節　人材サービス業を選択する理由

1）若年労働者

調査回答によると，人材サービス業での就職を希望する最大の理由は「賃金支給額の多さ」（43％）であり，次いで「希望の職種がある」（25％）である（表 V-2 の全体）．この結果は地域労働市場の性格を反映していて，賃金の低さや職種の偏りがこの地域における労働力供給の要因といえる．もちろん鹿児島市周辺の製造業からも求人は提出されるが，地元での就業を希望する求職者は多いため，賃金が相対的に低くても応募者が募集人員を超えることはよくある．調査回答者からは，県内の電機製造業は重労働の割に賃金が低いが，自宅通勤が可能なので希望するという話が聞かれた．また「希望の職種がある」や「希望の企業の求人がある」という回答については，製造業からの生産部門の求人が近年では人材サービスにシフトし，特定の職種や企業によっては人材サービスに求人が限定されるという背景も影響している．

就職の動機や就業行動については年齢による違いを考慮し，回答者を 35 歳未満の若年者（42 人），35 歳以上の中高年（26 人）に区分して分析した．35 歳未満では，人材サービス業を希望する理由として「賃金支給額の多さ」が一

表V-2 人材サービスで職を探す理由

	35歳未満				35歳以上		全体	
	男性		女性					
	(人)	(%)	(人)	(%)	(人)	(%)	(人)	(%)
賃金支給額の多さ	16	51.6	5	45.5	8	30.8	29	42.6
希望の職種がある	5	16.1	4	36.4	8	30.8	17	25.0
希望の企業の求人	3	9.7	0	0.0	4	15.4	7	10.3
入社時に一時金が給付される	5	16.1	1	9.1	0	0.0	6	8.8
短時間で仕事が見つかる	2	6.5	0	0.0	2	7.7	4	5.9
手続きが簡単	0	0.0	1	9.1	3	11.5	4	5.9
知人から紹介された	0	0.0	0	0.0	1	3.8	1	1.5
合計	31	100.0	11	100.0	26	100.0	68	100.0

注）35歳以上はすべて男性である．
資料：労働者を対象にした聞き取り調査（2006年9月）．

層大きな割合を占める（表V-2）．35歳未満の若年者とりわけ独身男性では，賃金等の労働条件の良い職業を求めて短期間で転職を繰り返している点が特徴的である．聞き取り結果から彼らの就業経歴をみると，就職後6か月未満で転職した経験がある者は，35歳未満の独身男性21人のうち14人もいて，そのうちの半数が学卒後の初職先を6ヶ月未満で退職している．経験した職種は製造業務に限らず，運送，販売等多様である．このため特定の職種に関する技能が優れているわけではない．若年者の多くは，人材サービス業の求人を賃金支給条件の良い求人とみていて，なかでも直ちに現金を必要としている求職者にとって，就業前一時金や短期間で高収入等の情報が応募の動機になっている．

　高い賃金支給額や一時金を希望する理由は生活費など多様である．人材サービス業を希望する理由を「賃金支給額の多さ」，「就業前一時金の支給」と回答した求職者について給与の使途をみると，生活費が7人，自動車購入・ローンの返済が5人，娯楽が4人，借金の返済が4人，貯金が3人である．生活費に困っている回答者の状況としては「アルバイトを解雇されて家賃を払えない」，「学卒後就職した会社を離職して雇用保険で生活してきたが受給期間が間もなく終了する」，「農業に就業しているがそれだけでは生活費を十分に賄えない」等があげられる．専門技能を求められず寮があり短期間で収入を得ることができる

第5節　人材サービス業を選択する理由　135

人材サービス業の求人に応募することは，現状と照らし合わせて合理的な選択をしているという見方もできる．もちろん，彼らのなかにはアルバイトや正社員求人等の直接雇用で求職活動をしている者もいて，間接雇用にこだわって求職する者は多くない．しかしながら，人材サービス企業が受注する業務には季節変動をともなうものも含まれるため，労働者が期待する収入を得られるとは限らない．この地域の若年者の回答からは，古郡（1997）等によって指摘されている一般的な非正規雇用の若年労働者と同様の就業行動が見て取れる．すなわち，学卒後に正規従業者として就職したが離職し，その後は非正規での就業と離職を繰り返す行動で，この地域に特有というものではない．

　もう一点，製造業務に従事する労働者の特徴として，全国の製造現場で従事し，契約が切れるとその地域で雇用保険を受給しながら次の職を探す者の存在を指摘できる．例えば，地元が福岡県の回答者は，業務請負企業の従業者として国分地区の電機工場で製造業務に6ヶ月間従事し，契約期間が終了して求職中であるが，職種や勤務地にはこだわらないと話す．この種の労働者の存在は，隣接する国分地区の製造業で人材サービス業の利用が増加していることも影響しているが，この地域が労働力の供給地域であるのみならず，人材サービス業が用意した寮で生活しながら製造業務に従事する他地域出身者の一部が滞留する地域であることを示す．

2）中高年労働者

　35歳以上の中高年では，製造業務の経験を生かせる職業を求めて人材サービス業に応募している点が特徴的である．人材サービス業での就業を希望する理由としては「賃金支給額の多さ」と並んで「希望の職種がある」が31％で最大である（表V -2）．また「希望の企業の求人」と回答する者も15％と比較的多い．彼らが希望するのはこれまでに就業経験のある企業や職業である．具体的には自動車組立，溶接，工作機械の操作等である．表V -3の回答者4および6は，溶接，金型製造での就業年数が20年以上に及ぶが，倒産，人員削減により離職し，同じ職種を探している．

表V-3　35歳以上の回答者の職業経歴

回答者番号	年齢	期間従業者の経験	職業経歴
1	57	○	畜産を休止し現在野菜中心の農業経営。農閑期に愛知県等で自動車部品製造に従事した。
2	55	○	稲作農家。農閑期に鹿児島県内で土木業や静岡県等で自動車部品製造に従事した。
3	54	○	期間従業者として神奈川県等20か所以上の製造現場で従事し、農閑期に働ける仕事を探す。
4	52		長崎県で正社員として溶接業務に従事、2005年に帰農した。
5	50		兵庫県で約30年運輸業に従事したが、鹿児島市に帰島した。その後は鹿児島市等で非正規で3種類の職に従事した。
6	49		愛知県で正社員として金型製造の業務に従事、会社倒産のため2006年に鹿児島市に帰還した。
7	49		稲作農家。農閑期に建設業や愛知県、広島県等で自動車部品製造に従事した。
8	49	○	宮崎、福岡、熊本で期間従業者として電機製造業に従事、2005年から鹿児島市で土木日雇に従事した。
9	48		奈良県出身で25年間鹿児島の製造業の正社員であったが、転職を考え離職し、鹿児島市でアルバイトで飲食業に従事。
10	47		漁業経営。漁業収入が安定しないため、漁閑期に岐阜県等で機械製造、東京都で運輸業等に従事した。
11	45		福岡市でサービス業に5年従事した後、家庭の事情で鹿児島市に帰還。勤務地はどこでもよく高収入の職を希望。
12	45	○	鹿児島県や熊本県で契約社員として金属加工や機械製造の業務に従事したが、体を痛めて休職中。
13	44		三重県、滋賀県等で正社員として金属加工や機械製造の業務に従事。現在は鹿児島市で販売のアルバイトに従事している。
14	43		愛知県で正社員として約15年従事し、2006年に親の世話のため鹿児島市に帰還した。
15	40		大阪で正社員として約15年従事し、家を継ぐため自動車部品の溶接に従事、アルバイトで人材サービス業で多様な産業に従事した。
16	39	○	学卒後6年間、神奈川県で正社員で自動車部品の製造に従事した。鹿児島市に帰郷した後は10回転職した。製造業を希望。
17	39	○	東京で正社員勤務、親の世話のため2000年に鹿児島市に帰郷、その後は県外より県内で製造業とサービス業に従事した。
18	39		鹿児島市で正社員として介護業を離職した後、人材サービス業で鹿児島勤務を希望、2004年に愛知県の自動車部品製造に7か月従事、日田市勤務になり離職して鹿児島市に帰還した。
19	38		鹿児島市で正社員として1998年から期間従業者として自動車部品製造に従事、人材サービス業で愛知県の自動車部品製造に従事、現在雇用保険受給中。
20	38	○	愛知県で1998年から期間従業者として自動車部品製造に従事、雇用保険受給中、鹿児島勤務の求人を優先。
21	37		福岡市で正社員として金融業に従事、病気のため退職し、2006年鹿児島市に帰還した。
22	36		千葉県で正社員として製造業に従事し、結婚のため鹿児島市で配送業務に、人材サービス業で配送業に従事している。
23	35	○	肝属郡で正社員として食肉加工業に従事し、2005年鹿児島市で介護職に転職したが、2006年に離職した。
24	35		大阪、神戸で正社員として電機製造に従事、転職を希望し2004年に離職、鹿児島市に帰還した。
25	35		滋賀県で正社員として半導体製造に従事し、鹿児島市で製造業を希望、県外でもよい。

注：期間従業者の経験欄については、経験がある回答者を○で示している。
資料：労働者を対象にした聞き取り調査（2006年9月）．

他方，中高年にとって条件が厳しい正規従業者や直接雇用の期間従業者を断念あるいは回避して人材サービス業を選択する者や，家業や家族の状況を考慮して臨時あるいはパートタイムの職を選択する者もいる．回答者1と2は農業との兼業，回答者10は漁業との兼業，回答者14は高齢の親を世話するため，人材サービス業を通じて臨時やパートタイムの職を探している．

県外での製造派遣を選択する背景として注目されるのは産業構造の変化である．この地域に進出した製造業では海外移転にともない，また建設業では公共事業の縮小の影響を受けて就業者が減少している．国勢調査によると鹿児島県では1995年から2005年の期間に，就業者が建設業で18,308人，製造業で17,914人それぞれ減少した．回答者のなかでこの地域の製造業で就業した経験がある者は6人，建設業で就業した経験がある者は5人である．回答者14は，刈谷市の製造業で約20年就業したのち鹿児島市に帰還し機械製造業に契約社員として就職したが，事業縮小により離職を余儀なくされた．回答者2は農業との兼業で土木従業者や期間従業者を経験しこれらを希望しているが，求人が少ないため人材サービス業にまで対象を広げて求職している．

3）直接雇用から間接雇用への移動

直接雇用での製造業就業が減少する一方で，間接雇用での就業が増加している．表V-3の35歳以上の回答者では，期間従業者の求人の代わりに人材サービス業を選んだ者が12人存在する．出稼ぎあるいは期間従業者を送り出してきた当地域では，現在でも県外就業を選ぶ者は多く，その経路の1つとして人材サービスがあるといえよう．求職方法については，求人誌や折込広告を通じた応募がある一方で，紹介等の縁故関係が注目される．かつての勤務先からの勧めでその工場で再び勤務し，結果として直接雇用から間接雇用に移行した事例や，現地駐在員との地縁から，その駐在員が勤務する人材サービス企業に雇用された事例がみられる．表V-3の回答者7は，期間従業者の職を紹介した駐在員が現在所属する人材サービス企業を通じて，製造業務に従事した経験がある．実際，直接雇用の現地駐在員をしていた者が，人材サービス業を起業す

るあるいは人材サービス企業の駐在員として雇用される事例は見受けられる．

期間従業者を経験した者が人材サービス業を選ぶ理由として多いのは「希望の職種がある」，「希望の企業の求人」であり，その理由を尋ねると「経験を生かせる仕事をしたい」，「未経験の職への就業は不安である」等の回答が寄せられた．人材サービス市場の拡大につれて，期間従業者が従事してきた業務にも人材サービス企業が参入するようになり，供給源の一部としてこの地域の元期間従業者が吸引されている．

求職の際に職種や企業名を重視し，直接雇用か間接雇用かにこだわらない労働者も少なくない．直接雇用の求人が減少したとはいえ期間従業者を募集する製造業はあるため，説明会に参加したあるいは過去に従事した企業から送付される募集案内に応募した回答者もいる．就職の機会を増やすために公共職業安定所，人材サービス業等の多様な手段を用いて求職し，その結果として人材サービス業で就職が決定しているとみられる．しかし人材サービス業における就業では，勤務内容が就業期間内に変更になる可能性がある．例えば回答者18は，勤務地が鹿児島県から大分県に変更になったことをきっかけに離職している．それゆえ，人材サービス企業の説明会に参加した求職者であっても就職後のことを不安に思い，応募するかを迷う者もいる．

第6節　結　び

本章では，人材サービス業が，工業地域に供給するための労働力を国内周辺地域から調達することに着目し，なぜこの地域から労働力が供給されるのかを人材サービス業側と労働者側の分析をもとに検討した．

人材サービス業は，顧客企業が必要とする労働者を確実に雇用するのが役割であり，このため対象となる労働者や地域の実情に合わせた求人活動を行う．当地域の人材サービス企業のなかには，求人活動を円滑に進めるために地域の求人事情に詳しい現地駐在員を雇用する，県民性等の客観的なデータでは測定できない情報を加味して求人活動地域を決める企業があり，また多くの事業所

が，地域によって求人媒体を使い分ける，応募者に合わせて面接の時間や場所あるいは手続きに柔軟に対処するなど，求人面で工夫を凝らしていることが判明した．

　この地域からの供給要因としてあげられるのは，まず地域労働市場の問題である．国内周辺地域では雇用機会が相対的に乏しいうえに，近年では製造業や建設業の雇用機会が縮小傾向にある．このため求職者は県外の就業を視野に入れた求職活動をするが，提出される求人に人材サービス業からのものが多くを占めるようになってきている．

　さらに，労働者が人材サービスを選択する地域的な要因も看過できない．家業や家族の状況を考慮して臨時あるいはパートタイムの職を希望し，求職活動の末，人材サービス業で就業する．このなかには中高年が多く含まれるが，条件が比較的厳しい期間従業者を避けて人材サービス業を選択する求職者もいる．加えて，期間従業者であった者が，製造業務の経験を生かせる職を求めて人材サービス業で就業している．人材サービス市場の拡大にしたがって期間従業者が従事してきた業務にも人材サービス企業が参入するようになり，供給源の一部としてこの地域の元期間従業者が吸引されている．

　2008年後半以降，全国的に派遣労働者の雇い止めや契約打ち切りが多発し，労働者派遣業による製造業務派遣が問題視されている．本研究で聞き取り調査を実施した事業所では，3割に相当する5事業所が2009年9月までに閉鎖した．こうした変化に伴う労働者の就業行動については本研究では検討しておらず，今後の課題の1つである．

注

1) 業務請負労働者の数について，佐藤（2001）は1999年において約100万人いると試算している．

第Ⅵ章

工業地域における製造派遣への労働力供給
－西三河地域を事例として－

第1節　はじめに

　人材サービス業で就業する労働者の特性に関しては，様々な分野から研究成果が報告されるようになった．そこでは，請負・派遣労働者には最終学歴において高卒が63.8％と大部分を占めること，年齢構成において20歳代が35.4％，30歳代が34.3％を占めることなど，労働者一般の特性が示され（例えば，厚生労働省編，2006），さらには，就労の厳しい実態，生活困窮や健康の問題に直面していること等が報告されている（例えば，丹野，2007；矢野編著，2008）．しかし，その労働力供給を地理学的視点から追究した研究は僅少である．

　本章は，製造業務に従事する派遣労働者が比較的多い工業地域を対象としている．工業地域は，この地域で以前から生活し生活圏を築きながら製造業に就業してきた労働者が居住する地域であるとともに，収入を得ることを目的として出稼ぎ者や外国人労働者等が流入する地域でもある．したがって，この地域で学歴や家族や住宅を形成し，技能を獲得する者がいる一方で，流入先での生活基盤の形成が弱く，生活や再就職の問題を抱えている者も存在する．人材サービス業は，この地域の状況に合わせながら求人活動を行い，労働力を調達していると推測される．本研究では，製造派遣で就業する労働者の職業選択理由を分析し，工業地域における人材サービス業への労働力供給の要因を考察する．

　製造業において人材サービスの利用が特に進んでいるのは組立型の機械機器製造業であるため，この産業が集積する愛知県西三河地域を事例地域として選択した（図Ⅵ-1）．西三河地域には岡崎，豊田，刈谷，西尾の4つの公共

第Ⅵ章 工業地域における製造派遣への労働力供給

図Ⅵ-1 西三河地域の位置

職業安定所が立地し，岡崎公共職業安定所の管轄区域（以下，岡崎地区とする）は岡崎市と幸田町，豊田地区は豊田市とみよし市，刈谷地区は碧南市と刈谷市と安城市と大府市と知立市と高浜市，西尾地区は西尾市でそれぞれ構成される[1]．

　国勢調査によると，西三河地域では製造業就業者が2005年に326,828人（全国の2.9％を占める）で，また製造業就業者率が38.7％（全国では17.3％）であり，この地域への製造業の集積がみて取れる．このため，この地域への人材サービス業の進出もめざましい．厚生労働省人材サービス総合サイトによると，2011年12月1日において西三河地域の許可・届出一般労働者派遣事業所は265（全国20,173の1.3％）ある．人材サービス業で製造業務に従事する者の数を正確に把握できる資料はないが，2004年事業所・企業統計調査の製造業の「他からの派遣・下請従業者数」をみると，西三河地域では26,227人であり，全国の総数881,409人の3.2％を占める．全産業従業者において，西三河地域が全国に占める割合は0.6％にすぎないので，この地域で比較的多くの労働者が製

第1節 はじめに

造派遣に従事していることが看取される.

　本研究では, 労働者派遣業の求人活動に関するデータを得るため, 西三河地域に立地する事業所で聞き取り調査を実施した. 愛知労働局提供資料（2010年2月1日）をもとに一般労働者派遣事業を経営する225事業所の中から33事業所に調査を依頼し, 許可を得た17事業所を訪問して聞き取り調査を実施した. 調査を実施した時期は2010年2月および3月である. なお, 2004年に製造業務への労働者派遣が解禁され, 労働者派遣を事業に取り入れる業務請負企業が増加した. また2008年後半以降, いわゆる派遣切り等の製造派遣をめぐる問題が注目されたことにより, 有料職業紹介事業許可を得て直接雇用形態で製造職をあっせんする労働者派遣企業も現れている. 厚生労働省職業紹介事業報告によると, 民営職業紹介による「生産工程・労務の職業」常用求人数は, 2008年に46,271人, 2009年に57,124人, 2010年に78,997人と増加傾向にある. 調査回答事業所のなかにも複数の種類の人材サービス事業を扱う事業所があったが, 本研究では労働者派遣事業に関するデータのみを分析に使用した.

　さらに労働者に関するデータを得るため, 製造派遣の経験者に対する聞き取り調査を実施した. 聞き取り調査は, 2011年9月に岡崎市シビックセンターで, その訪問者に対する面接により収集した. この場所を選択したのは, 岡崎公共職業安定所に隣接するのみならず, 労働者派遣企業の就職説明会会場として使用されるためデータを収集しやすいと考えたからである. 回答を得た製造派遣経験者の数は95人で, その内訳は男性が57人, 女性が38人, 年齢構成については20歳代が21人, 30歳代が25人, 40歳代が26人, 50歳代が17人, 60歳代が6人である. また回答者には, この地域で離職したのち地元に帰還せずに求職している県外出身者が含まれる. 前章の鹿児島地区の事例においても, 出身地に帰還せず離職地で求職する者がいたが, 滞留する要因を解明するうえで重要であるため, 分析の際には彼らの就業行動に関するデータにも注意を払う. また回答者の中には, 東日本大震災で被災して職を失い, この地域に居住する親族や知人を頼って転入した者が含まれる.

144　第Ⅵ章　工業地域における製造派遣への労働力供給

第2節　事例地域の労働市場特性

　西三河地域では，第2次世界大戦後に輸送用機械を軸に工業化が急速に進展した．これにともない大規模な労働力需要が発生し，西三河地域のみならず県外からの労働者の流入によって労働力を充足してきた．その主力は新規学卒者であるが，1960年代における主な供給地域は，東海，北陸，九州の各地域であった（北村・矢田編著，1977，p.256）．しかしながら，新規中卒・高卒就職者の減少もあって，県外からの新卒受入れによる充足は徐々に減少している．愛知労働局年報よると，西三河地域[2]から提出された新規高卒者求人に対する県外からの充足数は1982年に6,171人であったが，2010年には1,536人にまで減少している．代わって新規高卒の管内充足率が，岡崎，豊田，刈谷，西尾の各安定所でこの期間にそれぞれ30%から52%へ，17%から32%へ，17%から27%へ，57%から58%へ上昇している．尾張西部地域の繊維工業を対象にした研究ではあるが，吉田（1993）では，繊維工業の募集対象が，九州からの集団就職のなかでも中卒女性から高卒女性へと1960年代に切り替えられ，その後，地域内の既婚女性と中・高年男性の割合が増大したことを報告している．とはいえ，西三河地域では労働力需要の創出が比較的旺盛であり，期間従業者，業務請負，労働者派遣など雇用形態は多様化しているものの，九州地方を中心に県外からも労働力が供給されている．上述した西三河地域から提出された新規高卒求人に対する充足数を都道府県別にみると（2010年），最多は熊本県の150人，次いで三重県の136人，長崎県と鹿児島県の131人，福岡県の111人という順である．また，この地域で創出された製造業務の労働力需要の一部は，外国人によって充足されているが，統計資料からの把握は難しい[3]．ちなみに国勢調査によると，2005年にこの地域に居住する外国人は37,653人である．人口に占める外国人の割合は2.4%で，全国の1.2%よりも大きい．国籍別ではブラジル人が46.2%と大きな割合を占める．

　工業地域における労働市場の特性は，求職状況が比較的良好な点である（第Ⅱ章）．愛知労働局によると，西三河地域の有効求人倍率は，2007年度に2.10（全国平均は1.02），2008年度に1.16（同0.77），2009年度に0.38（同0.45），

2010年度に0.61（同0.56）である．2011年10月には1.10（同0.67）と有効求人倍率が1を超えている．この地域では自動車製造業への地域経済の依存度の大きさも影響して有効求人倍率の変動が大きいが，全国と比較して有効求人倍率は概して高いといえる．ただし，この地域の公共職業安定所に提出される製造業務求人の3割程度は，労働者派遣業からの求人である．2011年9月15日のみの求人票によるため注意が必要であるが，岡崎公共職業安定所の求人1,752件のうち派遣形態が35％を占める．同様に豊田，刈谷，西尾の各安定所ではそれぞれ33％，30％，21％を占める．労働者派遣業の利用に向いているのは，労働集約的な業種，製品のモデルチェンジの期間が短い業種であり，この地域の主力産業である機械製造業が該当する．これらの業種の生産職を中心に労働者派遣事業所から公共職業安定所に求人票が提出される．もちろん公共職業安定所を経由しない求人もあるため，全体のなかでの製造派遣求人の割合を把握することは難しい．

　一方，製造職の賃金についてみると，パートタイマー等の直接雇用と労働者派遣の間で大きな差は認められない．2010年賃金構造基本統計調査の短時間労働者の1時間当たり所定内給与額（愛知県製造業）は1,185円である．全国平均が1,148円であるため愛知県のほうが少し高い．さらに厚生労働省派遣労働者実態調査によると，派遣業務「物の製造」の平均賃金は1,100円である（2010年）．このため，派遣での就業に賃金面での優位性を感じる労働者は必ずしも多くないと考えられる．

　西三河地域の一部は名古屋市の通勤圏に含まれる．2005年国勢調査によると，西三河地域に常住する就業者のうち名古屋市で就業する者は48,353人である．西三河の11市町のなかで名古屋市への通勤率が5％以上を示すのは，大府市（19.2％），みよし市（12.2％），知立市（9.6％），刈谷市（7.6％），安城市（6.2％），岡崎市（5.1％）であり，名古屋市中心部に30分以内で到達が可能な地域で高い値を示している．したがって，名古屋市への通勤が可能な求職者には，地域内ではなく，名古屋市での就職をめざす者が少なくない．もちろん，この地域における製造業の成長の波及効果，名古屋市の郊外化の影響を受けて，商業やサービス業の立地も進んでいるため，製造業以外での就職をめざ

す者も少なくない．

第3節　人材サービス業の求人活動

　製造業における外部労働力の利用は，戦後の労働者供給事業が非合法とされていた時期から行われており，2004年に製造業務への労働者派遣が解禁されるまでは業務請負業を中心に人材サービスが利用されていた．調査を実施した17事業所の場合，1980年代以前の立地が4事業所，1990年代の立地が6事業所，2000～2003年の立地が3事業所，2004年以降の立地が3事業所である．2003年までに立地した事業所は，業務請負業として事業を開始したのちに労働者派遣業を追加した事業所である．これに対して2004年以降に立地した事業所は，労働者派遣業として事業を開始した事業所である．2000年以降に立地した事業所は概して従業者規模が小さいが，2008年の金融危機以降に撤退した人材サービス企業に代わって顧客の獲得に成功した事業所（表Ⅵ-1の番号3），顧客企業がこの地域に工場を新設したのを契機に事業所設置を依頼されて立地した事業所（番号8）等もあり，経済状況の影響を受けて規模を縮小した事業所というわけではない．製造企業の関連会社として操業している事業所（番号1）を除くと，すべての事業所が複数の顧客に労働者を派遣している．これは経営の安定を図るための対策であるが，金融危機以降には，製造業のみならず運輸業，介護サービス業等の多様な産業を顧客に加える事業所も現れている．ただし，介護サービス業では介護職の賃金水準の低さや要望人員数の少なさなどから大きな利益を得にくいため，売上において大きな割合を占めるまでには至っていない．調査事業所のなかには日系ブラジル人等の外国人を雇用する事業所も存在する．外国人雇用には，役所での手続き，通訳，住居等の生活支援に関する多種の業務が追加されるという負担がともなうため，実績があるのは5事業所と限定的である[4]．

　以下では，どのような求人方法で従業者を募集しているのかを示す．製造業務を扱う人材サービス企業の多くは工業地域に事業所を設けており，求人担当

表Ⅵ-1　聞き取り調査回答事業所の概要

事業所番号	西三河地域採用者の割合（%）	回答事業所の本社・支社区分	西三河地域以外に設置している企業内事業所の数と設置都市	
1	100	本社	0	
2	100	本社	0	
3	100	本社	0	
4	100	本社	0	
5	100	本社	0	
6	95	本社	0	
7	90	本社	0	
8	90	支社	1	福岡市
9	80	本社	1	熊本市
10	80	本社	1	那覇市
11	80	支社	2	名古屋市，京都市
12	70	本社	2	青森市，豊橋市
13	50	支社	2	大阪市，神戸市
14	50	支社	2	浜松市，名古屋市
15	50	本社	5	札幌市，新潟市，鹿児島市等
16	30	支社	11	熊本市，鹿児島市，那覇市等
17	30	支社	12	札幌市，郡山市，福岡市等

資料：2010年2月～3月における聞き取り調査．

社員も主にこの地域で業務を遂行する．工業地域に事業所を設けるのは，顧客企業である製造業の工場との取引において都合が良いからである．工場担当者との打合せ，トラブルへの対応，従事する労働者のケア等が必要であるため，人材サービス事業所と工場の間の社員の行き来は頻繁に行われる．したがって，両者の距離ができる限り近い企業との取引が理想的である．人材サービス業の中には事業所に求人票を掲示する企業もあり，求職者の応対，面接等の業務が事業所内で行われる．加えて，従業者が抱える悩み，従業者間での揉め事がしばしば発生するため，その解決のための場所として，また外国人をはじめとする労働者の技能向上のための訓練の場所としても事業所は利用される．労働者の中には，読み書きのレベルやコミュニケーション能力がかなり低い日本人もいるが，製造現場での勤務に支障がない状態にまで訓練して送り出す．人材サービス業は，求職から就業開始までに必要な求職者の様々な手続きの手

伝いをしていて,公共職業安定所での煩雑な手続きや書類作成等を嫌う者を自らの応募者として獲得している.

事業所での求人掲示だけでは労働者を確保できないため,公共職業安定所,求人誌,ウェブ上への求人の掲載,社員によるポスティング等を通じて地域内での求人活動を行う.それでも労働者が足りないときには,過去に従事した経験のある労働者への依頼,地域内の他の人材サービス事業所への相談等で対処している.事業所での聞き取りでは,労働者を探す際に近隣住民からの情報を活用することもあるという.

地域外の労働者の採用方法には,当地域の事業所が本社か支社かによって方法に違いがみられる.支社の場合には,本社が各地で採用した労働者を受け入れることになるが,本社の場合は,現地駐在員を通じて採用する,あるいは必要に応じて社員を出張させて採用するのが一般的である.

同業他社との労働者獲得競争が激しい,また雇用機会が多様なこの地域において,必要な労働者を確保するには,有利な労働条件の求人を出すことが重要である.しかし,かつて相対的に高賃金であった製造業務の労働条件は若干変化している.事業所での聞き取りによると,業種や職種等による差はあるが,この地域の製造業務の1時間当たりの賃金は,金融危機以前に1,200〜1,500円程度であったが,調査をした2010年では1,000〜1,200円にまで低下している.しかも残業時間の減少,勤務日数の減少により,月収が20万円を超える者が少なくなっている.

以下では,この地域の事業所がどのような労働者をどこから雇用しているのかを検討する.人材サービス業が利益を得るには,顧客企業の要求に応えて売上を伸ばすと同時に,自社の経費を抑制することが条件になる.業務請負業を研究した佐野(2004)によると,一般的なケースで請負料金から賃金を引いた粗利益の比率は20〜30%であり,この限られた粗利益のなかから管理的経費のほか社会保険や住居手当等を支出する.労働者派遣業でも同様であり,経費にかける金額の多寡によって企業の労働力調達地域に差が生じてくる.事業所での聞き取りによると,派遣労働者1人の雇用に費やす募集費および福利厚生費は,通勤圏外の労働者では20〜30万円であるのに対して,通勤圏内の労働

者ではその3分の1程度である．したがって経費抑制の観点から，工場周辺の居住者を雇用するのが理想的である．また，これには親などの同居者の存在により欠勤や突然の離職が比較的少ないというメリットもある．製造部品と同様に，従業者も決められた時刻に確実に工場に到着することが要求されるため，工場に近い住居や従業員寮等で管理されていることが生産効率を維持するうえで重要である．表VI-1にみるように，すべての事業所が派遣先通勤圏に相当する西三河地域から労働者を採用している．しかしながら，工業地域は労働力調達をめぐる競争が比較的激しい地域であり，通勤圏だけで労働力を充足することは難しい．もちろん，受注量の抑制あるいは残業等により通勤圏内の限られた労働者のみで経営する方法もあるが，顧客の要求に応じた供給を実現しようとすると，通勤圏外からの調達を検討せざるをえない．調査事業所の場合，西三河地域以外でも求人活動を行う事業所は12事業所である（番号6～17）．なかでも企業内従業者数が多い事業所（番号16，17）では，派遣件数の拡大をめざし，北海道や九州等の地域で求人活動を行い，積極的に労働力の確保を図っている．もっとも，人材サービス企業がこれらの地域で求人活動を行う理由は，若年単身者の得やすさだけではない．経験者あるいは勤勉な労働者を採用するためでもある．勤勉な労働者を確保することは顧客企業から信頼を得るために不可欠であるが，こうした労働者は西三河地域には少ないと指摘する調査事業所もある．

　他方，西三河地域のみで労働者を採用しているのは5事業所であり，取引量が少なく多大な経費支出を控える小規模企業に多い（番号1～5）．求人活動についても広告掲載等の費用負担の少ない方法をこのタイプの事業所は選択している．反面，体力面で優れた若年者のみを雇うのは難しく，40歳代や50歳代を採用することも多い．5事業所のうち2事業所が，40歳以上が50％を超える中高年主体の事業所であった．聞き取りによると，体力の劣る中高年でも就業可能な製造業務を受注するよう営業活動をしている．業者間での仕事の取り合いも激しいため，新たな顧客の開拓，営業エリアの拡大を図る人材サービス企業は多い．

第4節　人材サービス業への労働力供給

1）労働者の特性

　学歴においては高卒が 61.1％で，回答者の大半を占める．これ以外では高校中退を含む中卒，専門学校卒，大卒であるが，一部に就職活動がうまくいかず卒業と同時に人材サービス業の職に就職した大卒者が含まれる．回答者の性別は男性6割，女性4割という構成である．この地域では体力を要する製造業からの求人が中心であるが，製品検査などの軽作業の求人も提出されるため，夫婦で求職する回答者も認められる．職歴では正社員経験者が多くを占める．正社員離職後に就職と離職を繰り返す者，アルバイトや派遣労働など多様な雇用形態を経験した者が多い点に特徴がある．上述した特性は，人材サービスを選択する労働者に一般的なものと考えられ，先行研究によって指摘されている製造派遣労働者の特性と大きな違いはないと思われる（例えば，厚生労働省編，2006）．

　この地域出身の回答者の多くは，実家から通勤する労働者である．他の地域での就業が難しいのは，家族の世話，通院，子供の通学，持ち家の存在，友人・知人の存在など，この地域で生活圏を築いていることにもよる．しかし，西三河出身でありながら実家を離れて通勤する者も少なくない．西三河地域の出身者 47 人のうち，実家を離れて製造派遣に従事する者は 28％を占める．その主な理由は，実家の住居が狭いために賃貸アパートを借りた，正社員の職を離職したことを親に話せず実家に帰れない，勤務時刻に遅刻しないよう人材サービス事業所の勧めで入寮した等である．彼らのなかには一人暮らしの住居を探し始めたときに，住居付きの求人を見つけたことをきっかけに人材サービス業で就職し，これを続けている者もいる．

　この地域が工業地域であることとの関係で指摘される特徴の1つは，他地域から流入してこの地域で滞留する者の存在である．彼らが注目されるのは，流入先での生活基盤の形成が弱いために生活や再就職の問題が一層深刻であるにもかかわらず，帰還することなく留まっているからである．実際，回答者の住

居は，人材サービス企業との契約期間中の者では主にその寮であり，これ以外では民間の賃貸アパートや知人宅での間借りがあげられ，路上生活と回答する者もいる（表Ⅵ-2）．

　流入者の出身地は全国に及ぶが，比較的多いのは北海道，東北（東日本大震災被災地域を含む），九州・沖縄等の国内周辺地域である．雇用機会が出身地より良好であるため，希望する職に就職しやすいこの地域に留まっている．加えて，表Ⅵ-2の回答者25のように，愛知県では子供の医療等の助成制度が充実していると聞いて，子どもとともに福岡県から引っ越したひとり親世帯の男性もいる[5]．福利厚生の恩恵を得にくい非正規労働者においては，生活・就職支援の地域的な違いが，特定の地域での滞留を促すことも予想される．

　さらに注目されるのは，滞留者の中に東京都や大阪府等の大都市圏の出身者がいる点である．回答者11は千葉県，回答者12～15は東京都，回答者20は京都府，回答者21，22は大阪府の出身である．正社員をこの地域で離職した者もいるが（回答者12，13），これ以外は大都市圏の人材サービス業を通じてこの地域の工場で従事した派遣労働者である．その多くは複数の地域で従事し，直近の勤務地が西三河地域であるためにここで求職活動をしている．回答者14の動機は，一人暮らしを希望して従業員寮のある人材サービス業の求人に応募したことであり，それ以降3ヶ所の工場で従事した．彼らが帰還しない原因には，出身地における就業や生活を取り巻く問題が関わっている．回答者13は，家族が離散して生活しているし，回答者21は，実家を継ぎたくないために離れた地域での生活を希望している．

2）製造派遣で就業する理由

　前章における鹿児島地区での調査では，人材サービス業の製造業務を希望する最大の理由は「賃金支給額の多さ」(43%)であり，次いで「希望の職種がある」(25%)であった．この結果はこの地域における賃金水準の低さや職種の乏しさを反映していて，国内周辺地域からの労働力供給の要因と考えられる．これに対して西三河での調査によると，最大の理由は「就職までにかかる時間が短

152　第Ⅵ章　工業地域における製造派遣への労働力供給

表Ⅵ-2　県外出身者の求職状況

回答者番号	出身地	年齢	性別	最終学歴	住居	求職状況
1	北海道	6	男	大学	賃貸	自動車部品製造で怪我をして退職した。その後は人材サービス等で様々な職に就業している。
2	北海道	4	男	高校	寮	離婚して子どもが地元に帰っている。北海道、東京都、愛知県等でアルバイトや人材サービスの職に従事した。寮があれば勤務地はどこでもよい。
3	北海道	5	男	中学	持ち家	運輸業で従事しているが不規則な生活を強いられるので、転職を考えている。
4	青森県	3	男	中学	寮	地元の愛知県等で正社員、アルバイト、人材サービスの職に従事した。家族は地元にいるが勤務地はどこでもよい。
5	青森県	5	女	高校	寮	全国各地で建設業や製造業で就業してきた。経験を生かせる職を探している。勤務地はどこでもよい。
7	岩手県	3	女	高校	賃貸	名古屋市で正社員として就職したが人間関係の問題で離職した。地元は雇用機会が少ないので西三河で就業した。
8	宮城県	5	女	高校	賃貸	震災の影響で職場が閉鎖になったので、愛知県の知人が経営する賃貸アパートへ引っ越して生活している。
9	宮城県	3	男	専門	寮	パチンコで借金をしたため、その返済のために人材サービスで職を紹介してもらった。賃金が高い職を求職している。
6	秋田県	4	男	高校	賃貸	正社員を離職して地元でアルバイトをしたが、生活費を賄えないので人材サービスの職を探している。
10	福島県	3	女	高校	間借り	震災の影響で家に住めず、次の職を選んだ。震災の影響で出てきて2人の親戚の家へ引っ越している。
11	千葉県	2	男	専門	賃貸	知人と2人でアパートを借りて生活している。次の職を探している。人材サービス業との契約が切れたので、次の職を探している。
12	東京都	2	男	大学	賃貸	正社員として西三河の事業所で従事したが社員とともに離職した。実家には帰れないのでこの地域で就業している。
13	東京都	2	女	高校	賃貸	西三河の製造業で就業している。この地域の人材サービス業で求職している。
14	東京都	2	男	高校	寮	学校後3年間人材サービス業で神奈川県、静岡県、愛知県で製造業務に従事した。地元にはこだわらない。
15	東京都	3	女	不明	寮	借金の返済額が大きいので、夫婦で人材サービス業で就業している。賃金の高い職を求職している。
16	富山県	4	男	中学	寮	地元で自営業をしている。生活費が良く出ないのでこの地域で求職中。
17	石川県	4	女	高校	賃貸	人間関係が良くないのでこの地域で就業しているが、夫がこの地域の勤務の西三河に変えたい。
18	静岡県	2	男	大学	間借り	飲食店を開業するための資金を蓄えたい。

第4節　人材サービス業への労働力供給　153

No.	出身県	年代	性別	最終学歴	住居	経歴
19	岐阜県	3	女	高校	寮	夫の暴力から逃げて西三河へ来た。寮で生活しながら人材サービス業で就業している。
20	京都府	2	女	専門	寮	人材サービス業で電機製造業に従事している。契約期間が切れるので次の職を探している。
21	大阪府	4	男	高校	寮	大阪府の製造業を人員削減のため離職した。その後は人材サービスで西三河で自動車部品製造に従事した。
22	大阪府	4	男	中学	住居なし	人材サービス業で自動車部品製造に従事していたが離職し退寮した。地元にも住居がなく西三河や愛知県等で路上生活をしている。
23	島根県	5	男	高校	寮	地元や西三河で正社員、アルバイト、人材サービスの職に従事した。貯金をして地元に帰還した。
24	高知県	4	男	高校	間借り	西三河で製造業や建設業で就業し、現在、金属加工に従事している。仕事が減少したので転職を考えている。
25	福岡県	3	男	高校	賃貸	離婚して子供の医療など助成制度が充実していると聞いてこの地域へ転入した。
26	福岡県	5	男	専門	賃貸	金属加工の職に約30年従事した。経験を生かせる職を希望している。
27	福岡県	4	女	不明	賃貸	この地域で勤務していた夫が病気で離職した。賃金が高く西三河勤務の職を探している。
28	長崎県	3	男	高校	寮	地元には雇用機会がないので、西三河で求職している。
29	熊本県	4	男	高校	寮	農閑期に製造派遣に従事している。現在の職は残業が少ないので、転職を検討している。
30	熊本県	4	男	中学	寮	住居を提供してくれるので、人材サービス業で就業している。
31	宮崎県	5	男	高校	寮	宮崎、福岡、熊本などの県で派遣や契約で電機製造業に従事、2005年から西三河で機械製造業に従事。勤務地はどこでもよい。
32	沖縄県	3	男	高校	寮	普段は地元でアルバイトをしている。生活費が少なくなった時に人材サービス製造業務に従事している。

注：年齢欄について、20歳代を2と示している。
　　最終学歴欄について、専門は専門学校卒を示し、また中学には高校中退者が含まれる。
資料：労働者を対象とした聞き取り調査（2006年9月）．

い」(30%)であり,次いで「手続きが簡単」(25%),「仕事を探してくれる」(25%)であり,鹿児島地区での調査結果との間で違いが認められる(図Ⅵ-2).早さ,便利さという人材サービス業の特徴に有用性を感じて,回答者は製造派遣を選択している.

　製造派遣で就業する理由は,三河地域出身者とこれ以外の者での相違が予想されるため,以下ではこの2つに分けて調査結果を分析する.ただし西三河地域出身者,これ以外の出身者ともに最も多い回答は「就業までの時間が短い」である.この回答には,求職開始から就職までであるいは収入獲得までの時間が,公共職業安定所等を利用するよりも人材サービス業のほうが早いという意識が回答者にあることを窺わせる.実際,製造派遣の求人に気軽に申し込んで翌日から就業する求職者も見受けられる.それと同時に,この選択肢を選んだ回答者には就職を急がざるを得ない事情があると推測され,回答者の生活状況を示した表Ⅵ-3からその背景を検討する.

　早急に就職せざるを得ないのは,回答者の多くが生活費の不足,借金の返済,

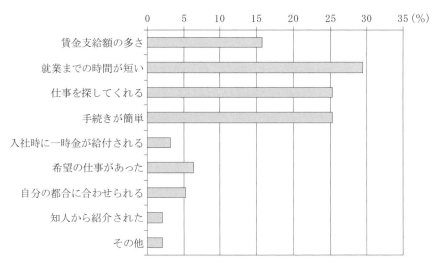

図Ⅵ-2　労働者派遣業を通じて製造業務に就職した理由
注)複数回答あり.回答者数95人.
資料:表Ⅳ-2に同じ.

従業員寮からの退室などの期限に直面し，その状況から脱することが急がれるからである．西三河地域の出身者に多いのは，概して生活費や借金の問題である．まず生活費の不足については，家族の失業，疾病，浪費等により家計の状況が悪化し，また貯蓄が少ない者に多い．回答者①と②と③は家族全員が無業であるし，本人の雇用保険の給付も間もなく終了する．回答者④は子供のけがによる休職が原因である．回答者⑤は父親が入院したため母親が離職し看病している．宗教との関係やギャンブルで家族が多額の支出をするケースもある（回答者⑥，⑦）．また，借金の返済期限が近づき，入社祝い金等を目当てに人材サービス業で求職する回答者もいる．回答者⑧は自営業の廃業，回答者⑨は親戚の連帯保証，回答者⑩と⑪は生活費不足に起因した借金で返済を迫られている．こうした生活費不足に直面していても回答者⑪のように親の離婚・再婚により家族関係が変化し親族に頼ることができない者もいる．

　人材サービス業での就業理由として次に多い回答は「仕事を探してくれる」と「手続きが簡単」である．これらの回答には，求職活動をめぐる諸問題に直面し，人材サービス業を頼りにする求職者の姿が反映されている．この労働者の特徴の1つは，常勤在職中等で公共職業安定所等での求職が難しい者である．すなわち，求職のための時間を確保できずに人材サービス業を頼る事例である．求職者は電話やインターネットを使って人材サービス業に相談し，都合の良い時間に面接を受けている．2つ目の特徴は，20歳代，30歳代のいわゆるフリーターやニートである．最終学歴が相対的に低く，求職する際に生かせるスキルを持っていないのが特徴である．回答者⑫は就職と離職を繰り返しているが，そのたびごとに同一の人材サービス企業で求職している．回答者⑬は求職活動の経験がないためにその方法がわからず，相談も含めて人材サービス業に連絡し訪れている．若年者に限らず，自分自身で求職活動ができず，あるいは公共職業安定所での端末装置の操作，長い待ち時間，人込み等を嫌って，人材サービス業を頼る者もいる．

　鹿児島地区での調査結果（43％）ほどではないが，「賃金の高さ」を重視する回答者も16％いる．残業を含めて月額30万円以上を得ていた者もいて，製造派遣であれば高賃金が得られるという印象を持っているようである．質問が

表VI-3　調査回答者の生活状況

回答者番号	表VI-2掲載者の場合の番号	年齢	性別	最終学歴	住居	地元の家族構成	生活状況
①		4	女	大学	持ち家	母	高齢の母親と2人暮らし。母親のことが心配で東京から帰還した。
②		3	男	高校	賃貸	父母	これまでに10種類以上の非正規の職に就業している。両親はともに病気のため休職している。
③		5	男	高校	持ち家	妻子子	勤務先の経営状態が悪いため離職した。妻は非正規の職で就業している。就学中の子がいる。
④		6	男	中学	持ち家	子	子ども2人暮らし。製造業で就業していた子どもがけがをして働けなくなった。
⑤		2	女	高校	賃貸	父母	父親が入院したため母親が離職し看病している。
⑥		3	女	専門	賃貸	父母妹	両親が宗教のために多額のお金を使い生活費が不足している。賃金が高い職を求職している。
⑦		2	男	高校	賃貸	祖父母父母	父親のギャンブルが原因で借金し返済期限が迫っている。
⑧		5	男	大学	家	父母	知人と会社を設立したが経営がうまくいかず廃業した。
⑨		4	男	高校	賃貸	母	親戚が自営業を廃業し、連帯保証人として借金を返済している。
⑩		2	女	高校	賃貸	父母弟	生活費が足りずに借金して、返済期限が迫っているため入社一時金のある職を探している。
⑪		3	男	中学	賃貸	母継父	不意の出費で借金をしたが、現在の収入では返済ができないため求職している。
⑫		2	男	専門	家	父母	正社員を3か月で離職した後は同じ業者で紹介を受けている。10か所以上の製造現場で就業した。
⑬		2	男	高校	賃貸	父母弟	大学を中退し約4年間無職だったが、求職するためインターネットで見つけた業者に連絡した。
⑭		3	女	高校	賃貸	父母	西三河地域で正社員の職を離職した。その後、人材サービス業で電機製造の職に従事している。

第4節　人材サービス業への労働力供給

		性別	学歴	住居	同居家族	備考
⑮	5	男	専門	持ち家	妻	約30年間製造業でプレス加工等に従事した。通院が必要なため自宅に近い工場で従事している。
⑯	3	男	高校	持ち家	父母兄	高校で学んだことを生かすため製造業を希望。正社員での就職が難しく製造派遣を選択した。
⑰	2	女	高校	持ち家	祖母父母兄	食品製造業、衣服製造業務や製品検査などの職を希望している。
⑱ 回答者14	2	男	高校	寮	父母	学卒後3年間人材サービス業で製造業務に従事した。同じ業者で寮付きの職の紹介を受けている。
⑲ 回答者20	2	女	専門	寮	母	人材サービス業で電機製造に従事している。契約期間が切れるので次の職を探している。
⑳ 回答者31	5	男	高校	寮	子	2005年から西三河で機械製造業に従事している。契約期間が切れるので次の職場を探している。
㉑ 回答者18	2	男	大学	間借り	祖父母父母	元職場の同僚のアパートで生活している。
㉒ 回答者24	4	男	高校	間借り	子	高知県出身の知人とアパートで生活し建設業に従事している。

注：表Ⅵ-2に同じ。
資料：表Ⅵ-2に同じ。

複数回答のため「就業までにかかる時間が短い」と回答した者と重なるが，賃金を理由にあげる背景には生活費や借金返済の問題が存在している．回答者⑪は，現職の販売職の賃金では借金の返済に充てられる金額が少ないことから，賃金が比較的高い製造業務の職を求職した．

　人材サービス業を選択する上記以外の理由で特筆されるのは「希望の仕事があった」である．これを選んだ労働者の特徴の１つは，製造派遣を責任の重くない，単純作業の職と捉えている点である．回答者⑭は，対人関係で悩みを抱え営業職を離職した経験があり，他者とコミュニケーションをとらずに働ける職と考えて製造派遣を選択した．さらにもう１つの労働者の特徴は，通勤圏内で経験を生かして働ける職として製造派遣を捉えている点である．回答者⑮は，かつて従事した自動車部品工場でのプレス加工を希望するが，通院が必要であるため自宅から近い勤務地の製造派遣を選択した．さらに，工業高校卒業後に運輸業に就職した回答者⑯は，製造業を希望して退職したが，正社員での就職に失敗し，製造派遣を選択した．この回答者は製造派遣に従事しながら正社員就職のための求職を継続している．西三河地域では人材サービス業の営業対象が，単純作業のみならず熟練を要する業務にまで広がっている．一方，この地域は製造業務の技能習得者が多く居住する地域であり，人材サービス業はこれらを労働力として取り込んでいる．なお少数ではあるが，その他の理由として適職探しをあげた回答者もいる．回答者⑰は，人材サービス業での就業を様々な仕事を経験できる職と捉えて自ら進んで製造派遣を選択している．

　他方，西三河以外の出身者についても，人材サービス業を選ぶ理由として「就業までの時間が短い」が最も多い．もちろん生活費不足等のために人材サービス業を頼る事例もあるが，この回答者に特徴的なのは退寮の問題に直面している点である．回答者⑱，⑲，⑳は離職にともなう退寮期限が迫っており，従業員寮のある人材サービス企業で早い時期に就職することを希望している．このことは，製造派遣の従事者が同じ形態での就業を繰り返していることを示すとともに，不安定な就業状態の者にとって住宅を借りることが難しいことを示唆している．従業員寮ではないものの，元職場の同僚のアパートや同郷の友人のアパートに間借りしながら求職する回答者もいる（回答者㉑，㉒）．彼らは，

間借りしている部屋の家賃を払うために早く就職したいと話す．以上から，生活に困った者が人材サービス業へ向かわざるを得ない状況が生じていることを読み取ることができる．

第5節　結　び

　本章では，人材サービス業にとって主要な労働力調達地域である工業地域を対象に，労働者の職業選択理由を分析し，製造派遣への労働力供給の要因を考察した．

　労働力供給源の1つである工業地域の出身者には，自身や家族の通院，不動産の維持等の生活面の理由から，これに支障が生じにくい域内就業の1つとして製造派遣を選択する傾向がみられる．これに対して地域外の出身者に関しては，出身地に帰還せずに離職した地域に留まって求職する労働者の存在が特筆される．このなかには，地元の雇用機会の乏しさゆえに帰還しない国内周辺地域の出身者，定着できる場所がなく人材サービス業に任せて製造業務に従事する大都市圏の出身者が含まれる．

　製造派遣の求職者には，就職と離職を短期間で繰り返すがゆえにスキルが乏しく経済的に困窮状態に陥っている者，生活や借金返済に必要な資金や仕事をしながら住める住居を求める者が少なくない．また，製造派遣を選択した理由として「就職までにかかる時間が短い」，「手続きが簡単」，「仕事を探してくれる」をあげる回答者が多い．これらをもとに考えると，寮の提供や早くて便利等の求人特性に魅力を感じた求職者が人材サービス業に雇用され，労働力として製造業に供給されているとみることができる．

　2008年後半以降，全国的に派遣労働者の雇い止めや契約打ち切りが多発し，その問題性が指摘されたため，製造業務派遣に関する法改正が国会で審議されている．法改正の影響を受けやすい産業であるがゆえに，製造派遣の労働市場がどのように変化するのかを追究する研究も求められる．

注

1) 愛知県の行政区分では，大府市を除く9市1町を西三河地域としている．大府市が刈谷公共職業安定所の管轄区域に属するため，本書では大府市を含む10市1町を西三河地域としている．
2) 西三河地区の値は岡崎，豊田，刈谷，西尾の各公共職業安定所取扱数計である．
3) 1990年代後半の豊田市における外国人雇用を調査した丹野（2007）は，外国人の雇用を停止し，経費を抑制できる域内居住の女性や高齢者を雇用する製造業が増加したことを報告している．
4) 三河地域における日系ブラジル人雇用に関しては，豊田市の製造業で調査をした丹野（2007）が詳しい．
5) 従前の居住地である大牟田市では，医療費の自己負担分の一部が市から助成される．

第Ⅶ章

製造業の衰退とサービス業の成長にともなう地域労働市場の変化
－宮崎県西諸県地域を事例として－

第1節　はじめに

　高度経済成長期以降，国土の周辺部に位置する地域は工業の地方分散のもとで労働市場の急速な展開を経験した．ところが1990年代に入り，円高による海外生産の進展あるいは「平成不況」などの影響を受け，製造業で就業者が減少している．その一方で，高齢者介護サービス業[1]を中心としてサービス業で就業者が増加傾向を示している．このためこの地域の就業構造を捉えるには，産業構造の変化に焦点を当てた研究が不可欠である．本章の目的は，国内周辺地域の労働市場と就業構造の変化を，製造業の衰退および介護サービス業の成長と関連づけて検討することである．この章でいう製造業の衰退は，製造業における事業所数の減少あるいは従業者数の減少を表している．

　1990年代に介護サービス業で就業者が増加した一因は，政府による高齢者福祉政策の変革にある．新旧ゴールドプランにおいて介護サービス提供のためのマンパワー確保と施設整備を進める一方で，その後の介護システムの持続のために介護保険の導入が決定された（宮澤，1999，p.68）．ただし，介護保険サービス事業者の参入行動の地域的特性を考察した宮澤（2003）によると，提供するサービスの分野と地域によって参入業者の種別に相違がみられ，山間部の人口規模の小さい地域では，営利企業の参入は少なく，社会福祉協議会（または自治体）による訪問型および通所型を中心にサービスが提供されており，本章の対象地域でも同様の状況が出現していると予想され

る．

　介護サービス業の雇用特性に関しては，全国レベルではあるが，近年いくつかの報告がなされている．宇和川（1999, p.29）は，自治体のホームヘルプ事業が直営から民間委託へと移行し，その雇用形態が常勤から非常勤へと進んできていると指摘する．川村（1998）によると，訪問介護職員のうち常勤職員は全体の3割にすぎず，健康保険，公的年金，労災保険に未加入の従業者も少なくない．また，介護サービス業では職員に占める女性の割合が大きいが，なかでも訪問介護ではサービスの特性から女性の占める割合が特に大きい．

　製造業およびサービス業の雇用情勢をもとにこの地域の労働市場を推測すると，1970～80年代とは異なる労働力需要が生じていると考えられるが，これに対する労働者の対応はほとんど解明されていない．製造業で失われた労働力，介護サービス業で求められる労働力，製造業を離職した者と介護サービス業に就職した者の関係等を検討するのが本章の課題である．

　ここでは，事例地域として宮崎県南西部の西諸県地域を選定した．当地域は2市2町1村で構成され，小林公共職業安定所の管轄区域と一致する（図Ⅶ-1）．1人当たり県民所得と受益・負担比率を指標として国内諸地域を中心と周辺に類別した友澤（1989a）によると，西諸県地域が属する中・南九州は，県民所得が低く，受益・負担比率が高い地域に相当する．また，全国規模で職安管轄区域を類型化した第Ⅱ章の分析では，西諸県地域は「低賃金で，新卒者の県外就職率の高い類型」という国内周辺地域に卓越する類型に分類される．1970年代以降，電機，衣服を中心に労働集約型製造業の生産工場が立地した地域であり，また，県庁所在都市クラスの都市への通勤が難しいことから，進出工場による労働力需給が地域労働市場で大きな意味をもつ．工業統計表によると，1997年における西諸県地域の製造業従業者1人当たり賃金は2,513千円で，宮崎県の7つの公共職業安定所の管轄区域の中では最低であることから，この地域は県内でも低賃金性の強い地域と考えられる．

　西諸県地域における産業構造や労働市場の変化を捉えるために，企業，公共職業安定所，高等学校，介護サービス事業所などでの聞き取りおよび資料収集

第1節 はじめに

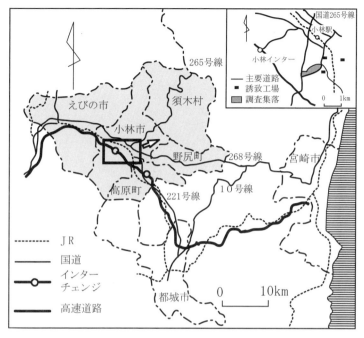

図Ⅶ-1 研究対象地域

を行った．宮崎県福祉保健部が作成した『介護サービス提供事業者一覧』によると，西諸県地域には訪問介護で16ヶ所，訪問看護で4ヶ所，通所介護で12ヶ所，通所リハビリテーションで11ヶ所，短期入所生活介護で7ヶ所の事業所が立地する．聞き取り調査事業所は，この中から地域的な偏りがないよう抽出した．

また市町村，職安管轄区域単位のデータを補うために，事例集落において聞き取り調査を実施した．調査集落として選定したのは小林市下夷守集落で（図Ⅶ-1），農業センサスにおける農業集落に該当する．選定理由は，大都市圏に本社を置く製造業すなわち外来型製造業が隣接集落に立地している点[2]，1995年において23戸の農家が存在し，世帯員の就業と農業の関連性を分析できる点などである．集落内のすべての世帯（75世帯）を対象に聞き取り調査を依頼した．その結果，48世帯から回答が得られ，世帯員111人の就業状況に関

するデータを分析に用いた．

第2節　対象地域の概観

　1970年代以前において，西諸県地域の基幹産業は農林業であった．とりわけアルコール用甘藷や茶などの工芸作物がこの地域の主要作物であった．高速道路の開通した時期が1980年代と遅く，大都市からの交通の便が悪いこの地域では，工業化の展開が相対的に弱かったため，1970年代以降も農業がこの地域の産業において重要な地位を占めている．1995年においても，就業者総数に占める農業就業者の割合は25%と全産業の中で最大である．農業の主力部門は肉用牛の肥育で，農業粗生産額の約7割を畜産が占めている．

　地域内の各自治体は工場誘致を積極的に進めてきた．ただし，工業団地を造成して誘致することを最近までしなかったため，進出工場は特定の地区に集中することなく地域内に分散して立地している．九州縦貫自動車道宮崎線が全線開通したのは1981年であるが，高原インターチェンジ付近に工業団地が完成したのは1999年と最近のことである（図Ⅶ-1）．しかも，2001年1月現在でこの工業団地に立地する事業所は1社のみであり，その業種も製造業ではなく，高齢者世帯向けの食事提供サービス業である．

　この地域では人口の高齢化も進んでいる．1995年現在，総人口に占める65歳以上人口の割合は，最低の小林市で23.3%，最高のえびの市で30.2%であり，5市町村全体では26.6%である．

　前節で述べたように，当地域から県内主要都市への通勤者は少数である．1995年の国勢調査によると，宮崎市への通勤者は564人で，就業者総数45,906人に占める割合は1.2%にすぎない．また，都城市への通勤者も713人（1.6%）と少数である．その原因の1つは通勤に時間を要することである．西諸県地域の中心市である小林市から宮崎市街地および都城市街地までの所要時間は，自家用車でそれぞれ約1時間10分と約50分，鉄道では約1時間50分と約50分である．

第3節　1970〜80年代における地域労働市場の展開と就業構造

　西諸県地域では製造業就業者が1970年代以降に徐々に増加し，その傾向が1980年代後半まで継続した（表Ⅶ-1）．この主な原因は，衣服や電機製造業などの生産工場の立地である．事業所統計によると，製造業事業所数は1972年に276事業所であったが，1981年には322事業所，1991年には366事業所へと増加した．

　地域内で労働力需要が増大したことにともない，新規学卒者の県外就職率は，1975〜90年の期間に74.2％から61.0％へと低下した（表Ⅶ-1）．人口流出の抑制，流出者による還流移動の増加等により，この地域の人口は，1975年から1985年の期間に3,488人増加した．進出工場では大量の労働力を必要としたため，農家世帯員や女性の労働市場への吸引が進み，農業就業者が著しく減少する一方で，女性の製造業就業者が増加した．加えて，第2種兼業農家率が1970年の36.6％から1995年の52.1％へと上昇しており，農家の兼業化も進展した（表Ⅶ-1）．

　小規模経営農家の他産業就業が進む一方で，農家の自立経営をめざして，1970年代に肉用牛の飼養が導入された．それまで水稲，甘藷，茶などの複合経営がこの地域の農業の中心であったが，表Ⅶ-1に示すように，肉用牛を販売金額1位部門とする農家は1965年の332戸から1975年の3,382戸へと急増した．その後は，肉用牛の販売価格が低迷したため，経営維持を図る目的から農家1戸当たりの飼養頭数を増やすことが求めらるようになった[3]．小林市役所での聞き取りによると，飼養頭数の増加は若年農業専従者のいる農家を中心に試みられた．この結果，農家1戸当たりの飼養頭数が，1970年の7.0頭から1995年の34.7頭へと大きく増加する一方で，肉用牛を販売金額1位部門とする農家は，1975年の3,382戸から1995年の1,078戸へと大きく減少した（表Ⅶ-1）．飼養頭数の増加を選択しなかった農家の多くは，農外部門からの収入を増やすことで家計を維持するようになった．

　またこの時期の工業化は，当地域を構成する市町村で一様に進展したのではなく，市町村間で差異をともないつつ展開した．国勢調査によると，地域内の

第Ⅶ章 製造業の衰退とサービス業の成長にともなう地域労働市場の変化

表Ⅶ-1 西諸県地域における人口および就業状況の変化

	1965年	1970年	1975年	1980年	1985年	1990年	1995年
人口(人)	105,834	94,184	90,754	92,587	94,242	92,290	90,319
農業就業者数(人)	28,861	28,803	22,310	19,134	17,477	14,144	12,241
製造業就業者数(人)	2,895	2,457	3,522	4,449	5,465	6,460	5,730
建設業就業者数(人)	2,816	2,789	3,438	4,669	3,811	4,098	4,981
サービス業就業者数(人)	4,871	5,518	6,100	7,017	7,610	8,529	9,573
女性の製造業就業者数(人)	1,322	1,700	1,980	2,907	3,455	4,178	3,195
農家数(戸)	15,152	14,778	13,990	13,166	12,389	11,075	10,136
第2種兼業農家(%)	30.2	36.6	46.0	43.6	46.3	52.0	52.1
農家世帯員のうち農業が主の農業従事者数(人)	-	5,974	4,268	3,355	2,176	1,572	1,390
肉用牛飼養を販売額1位とする農家数(戸)	332	1,130	3,882	3,608	2,861	1,361	1,087
新規高卒者の県外就職率(%)	-	-	74.2	-	65.0	61.0	50.2
還流労働者(人)	-	450[1]	1,086	877	589	450	371[2]

注:-はデータなし.
還流労働者は「雇用保険受給資格決定者のうち県外事業所離職者」を示す.
1)は1972年の値である.
2)は1993年の値である.
資料:『国勢調査』,『農林業センサス』,『宮崎県労働市場年報』(各年版).

工業化は小林市，えびの市，高原町の3市町から進み，遅れて野尻町，須木村へと進展した．小林市，えびの市，高原町では，1975年の時点で，製造業就業者の構成比がそれぞれ9.7％，6.6％，7.7％であるのに対して，野尻町と須木村ではそれぞれ3.2％，4.5％にとどまっている．その後，野尻町と須木村でも製造業就業者が増加し，1990年にはその構成比がそれぞれ14.2％，10.3％に達した．

第4節　1990年代における産業構造の変化

1）製造業の縮小

1990年代に入り，地方における工場立地の減少傾向が報告されるようになった（例えば，阿部，1997）．西諸県地域においても，実態調査の結果から工場立地の減少を読みとることができる．図Ⅶ-2は西諸県地域における製造業事業所の立地数および廃止数の年次推移を示している．誘致企業のみのデータであるためこれ以外の事業所が含まれていない点に注意が必要であるが，立地件数が減少していること，さらに1993年以降では，閉鎖事業所数が立地事業所数を上回る傾向が認められる．特に1995年以降では立地数がわずかに3件であるのに対して閉鎖数が13件と，誘致製造業の衰退が明らかである．さらに同じ資料をもとに業種別の動向を検討すると，1991年と2000年の比較において，誘致企業全体では64事業所から54事業所に減少したのに対し，衣服製造業では25事業所から11事業所へ，電機製造業では9事業所から5事業所へと事業所が大幅に減少した．他方，従業者数は誘致企業全体で4,123人から3,287人へと836人減少したのに対し，衣服製造業で1,764人から926人へと838人も減少した．地方に立地した衣服および電機製造業は，その地域の労働力を吸引してきた代表的な業種であり，これらの変化は地域労働市場に大きな影響が生じたことを示唆している．

製造業の衰退傾向は，1995年までではあるが国勢調査のデータからも読み

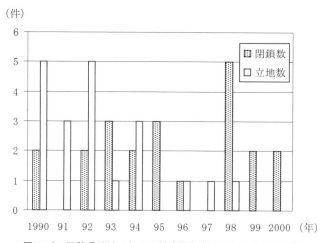

図Ⅶ-2　西諸県地域における製造業事業所の立地および閉鎖
注）各市町村の誘致条例に基づいて立地した事業所である．
資料：各市町村提供資料，著者の実態調査．

取ることができる．表Ⅶ-1によると，製造業就業者数は1990年までの増加傾向から一変し，1990～95年の期間には減少に転じている．1995年以降についても工業統計表によると，工業従業者数は1995～98年の期間に5,127人から4,581人へと減少した．

また，製造業における従業者数の変化は業種や製造品目によって異なる．表Ⅶ-2は西諸県地域の誘致企業を，1991年3月と2000年3月の従業者数の変化の程度に基づいて区分し，その概要を示したものである．これによるとⅡの「従業者が20％以上増加した事業所」は9事業所で，主として自動車部品製造，金型製造，電子部品製造などの事業所である．また，Ⅰの「1991年4月以降に新規立地した事業所」は14事業所で構成され，その中ではプラスチック成型などの化学製造業と金属製造業が最多で7事業所を数える．聞き取りによると，主な立地理由は用地確保の容易さ，熊本県や鹿児島県に立地する企業へ製品を輸送する上での交通の便の良さ，などである．製造業以外の産業では，4事業所と事例は少ないが，温泉旅館やゴルフ場などの観光業の新規立地がみられる．

電機事業所の盛衰に注目すると，1991年4月以降に閉鎖または従業者数が減少した事業所が7事業所（9事業所中）と多数を占めるが，従業者数が増加した事業所も2事業所存在する．両者の違いの1つは製造品目やその取引先である．1991～2000年の期間に240人から387人に増加した事業所での聞き取りによると，従業者の増加要因は，鹿児島県国分市に立地する電機事業所からの携帯電話や電気温風機の部品の受注が増えたことである．

　ただし，従業者数が増えた事業所でも，従業者がすべて正社員として採用されたわけではない．上述の聞き取りをした電機事業所では，増加した従業者の大半が中高年パートタイマーであり，2001年1月には時間給制パートタイマーが従業者全体の約30%（120人）を占めるまでに至っている．

　一方，VおよびVIに分類される「20%以上減少した事業所」，「閉鎖事業所」には42事業所が含まれる．衣服製造業，電機製造業がそれぞれ24事業所，7事業所で，このグループの74%を占める．事業所での聞き取りによると，従業者数減少の主な原因は，担当工程の一部が海外工場や国内他地域の工場へ移転したこと，納品先企業が発注先を海外に変更したこと，規格品生産から特注品の少量生産に変更したこと，などである．

　また，件数の把握はできないものの，この地域に数多く立地していた製造業の分工場，下請工場，内職的作業所などの閉鎖が相次いだ．この事例としては，須木村に1970年に立地し1998年に閉鎖したストッキング縫製工場，同じく須木村に1990年に立地し1998年に閉鎖した金型生産工場が該当する[4]．経費節減や本工場における生産・雇用の維持などを目的として，分工場が担っていた工程を本工場が吸収したことなどが，閉鎖の主な理由である．

　製造業従業者の変化に関する市町村間の差異は，1970～80年代と同様に1990年代においても認められる．国勢調査によると，1990～95年の期間に製造業就業者が小林市，えびの市，高原町，野尻町で減少したのに対して，須木村では44人増加した．聞き取りによると，須木村では1990年に立地した事業所がこの時期に採用を増やしており，これが1990年代前半の従業者増加に寄与したと考えられる．しかしながら，須木村でも1990年代後半に誘致企業4事業所のうち2事業所が閉鎖しており，他の4市町との間にややタイムラグが

表VII-2 誘致条例に基づいて西諸県地域に立地した事業所の概要

事業所分類	業種	主要な製品、サービスなど	従業者数(人) 1991年3月	2000年3月	所在地	事業所分類	業種	主要な製品、サービスなど	従業者数(人) 1991年3月	2000年3月	所在地
I 1991年4月以降に新規立地した事業所	製材業	銘木建築材	0	48	小林市		食品工業	冷凍食品加工	34	24	えびの市
	化学工業	半導体・電子部品用包材	0	26	えびの市		食品工業	漬け物	62	33	小林市
	化学工業	食品容器	0	2	高原町		衣服工業	紳士服	129	54	えびの市
	化学工業	自動車用ゴム製品	0	12	小林市		衣服工業	水着	47	28	えびの市
	化学工業	プラスチック真空成型品	0	22	小林市		衣服工業	紳士・婦人服	39	17	えびの市
	金属工業	ビル用アルミ加工	0	34	えびの市		衣服工業	婦人服	20	5	高原町
	金属工業	プラスチック成型用金型	0	22	えびの市	V 従業者数が1991年3月と2000年3月を比較して20%以上減少した事業所	衣服工業	スポーツシューズ	54	35	高原町
	金属工業	金属二次加工品	0	35	えびの市		衣服工業	女性用靴下	754	600	小林市
	機械工業	家庭用エレベーター	0	17	えびの市		衣服工業	スポーツシューズ	81	34	小林市
	自動車販売	中古車オークション	0	28	えびの市		衣服工業	パンティストッキング	50	11	小林市
	運輸業	貨物運送	0	66	えびの市		衣服工業	運動靴	27	9	須木村
	観光業	温泉保養施設	0	15	高原町		衣服工業	スポーツシューズ	73	40	野尻町
	観光業	ゴルフ場	0	80	小林市		化学工業	合成樹脂かご	48	35	小林市
	観光業	ミニゴルフ場	0	6	小林市		電機工業	電子部品	30	24	えびの市
II 従業者数が1991年3月と2000年3月を比較して20%以上増加した事業所	農業	ブロイラー雛育成生産	87	106	野尻町		電機工業	電子部品	332	208	えびの市
	食品工業	食肉加工	104	138	えびの市		電機工業	圧電部品	146	102	小林市
	衣服工業	ストッキング縫製	32	42	小林市		窯業	シラス研磨材	18	14	えびの市
	金属工業	金網	6	19	えびの市		その他工業	観光みやげ製品	22	11	高原町
	金属工業	剪定ばさみ	39	62	野尻町		食品工業	キムチ・焼き肉のたれ	?	0	小林市
	機械工業	自動車部品	27	38	須木村		衣服工業	和服縫製	?	0	えびの市
	機械工業	輸送用コンテナパック	15	19	野尻町		衣服工業	紳士服	40	0	小林市

第4節　1990年代における産業構造の変化

区分	業種	製品	1991年3月 従業者数	2000年3月 従業者数	市町村
III 1991年3月と2000年3月を比較して従業者数の変化が+20%～-20%の事業所	電機工業	集積回路	35	35	えびの市
	電機工業	電子部品	240	387	えびの市
	食品工業	漬け物	55	64	小林市
	食品工業	豚カット肉	105	94	小林市
	食品工業	ブロイラー処理	107	111	野尻町
	窯業	生コンクリート	112	126	小林市
	化学工業	動物用医薬品	7	8	小林市
	金属工業	金属製ドア製造販売	21	29	野尻町
	金属工業	金型部品	141	141	高原町
	金属工業	精密スプリング、バネ	44	48	高原町
	金属工業	プラスチック製品の金型	10	9	小林市
	機械工業	振動計・音響測定器	18	16	高原町
	その他工業	工業デザインモデル	20	21	小林市
	紙加工業	紙箱・シール	29	24	小林市
	ガス業	LPガス容器再検査	14	13	えびの市
IV 従業者数の変化が不明の事業所	製材業	もみ板	?	28	小林市
	製材業	木材チップ	?	10	小林市
	金属工業	ビル用サッシ加工	?	35	野尻町
	木製品工業	木製品加工	?	17	野尻町
	電機工業	電子部品	?	?	小林市
	その他	筆記用具	?	?	高原町

区分	業種	製品	従業者数	市町村
VI 1991年4月以降に閉鎖した事業所	衣服工業	スポーツウェア	?	小林市
	衣服工業	紳士スラックス	53	小林市
	衣服工業	紳士服	58	小林市
	衣服工業	女性用靴下	31	須木村
	衣服工業	紳士スラックス	64	野尻町
	衣服工業	肌着	121	野尻町
	衣服工業	婦人服	?	野尻町
	衣服工業	ニット製衣類	81	高原町
	衣服工業	紳士礼服	102	高原町
	衣服工業	ファッション袋物	76	高原町
	衣服工業	スポーツシャツ	23	高原町
	衣服工業	寝具	?	高原町
	化学工業	プラスチック製品	48	高原町
	金属工業	防火ドア	16	えびの市
	金属工業	プラスチック製品の金型	20	えびの市
	木製品工業	化粧木箱	77	小林市
	電機工業	セラミックヒーター	203	えびの市
	電機工業	コンピュータ磁気ヘッド	40	高原町
	電機工業	プリント基板組立	?	小林市
	電機工業	マグネットリレー	50	小林市
	運輸業	配送センター	?	野尻町

資料：『1990年度小林公共職業安定所業務概要』，各市町村提供資料，企業での聞き取り調査。

あるが，製造業の衰退は現実のものとなっている[5]．

また，小林市と高原町は西諸県地域のなかでは衣服製造業が比較的多く立地した市町であるが，1991年と2000年で比較すると，衣服製造業がそれぞれ4事業所，5事業所減少した（表Ⅶ-2）．一方，えびの市では新規立地事業所が7事業所と多い点が特徴的である．えびの市で新規立地事業所が比較的多いのは，電機製造業を中心に500人以上規模の事業所が立地する鹿児島県伊佐地域および姶良地域に隣接することにもよる．

2）介護サービス業における雇用の増加

就業者数が大きく減少した製造業に代わって，この時期に西諸県地域で就業者が増加したのは建設業とサービス業である．国勢調査によると，1990～95年の期間に，建設業で就業者が4,098人から4,981人へと増加し，サービス業で8,529人から9,573人へと増加した（表Ⅶ-1）．このサービス業のなかで，特に大きな成長を示したのは医療と社会保険・社会福祉の分野である．事業所統計調査報告の数値ではあるが，1991～96年の期間に医療業で従業者が1,822人（サービス業に占める割合は21.0％）から2,267人（同22.9％）へと，社会保険・社会福祉で859人（同9.9％）から1,063人（同10.7％）へと増加した．高齢者保健福祉推進10か年計画戦略の策定にともない在宅福祉を重視した介護サービスの基盤整備が強化され，看護職員や訪問介護員等の人材確保が求められるようになったが（松村，1998），この地域にもその影響が波及し，これらの分野で従業者が増加したとみることができる．

県内の社会福祉人材の職業紹介を担う宮崎県福祉人材センターに登録された求人，求職に関するデータをもとに西諸県地域の社会福祉部門の需給状況をみると，求人数，求職登録者数はともに増加傾向にある[6]．1996年と2000年で比較すると，求人数は139から186に，求職登録者数は292人から440人にそれぞれ増加した．ただし，労働市場の変化を捉える上で看過できないのは求人の内容である．常勤求人と非常勤求人の構成比は1996年度に70対30であったが，2000年度には26対74へと大きく変化した．調査事業所および宮崎県

福祉人材センターでの聞き取りによると，求人数は増加したが，サービス提供時間の不規則化，需要見通しの困難さ，財源確保の困難さなどの理由から非常勤に対する求人が大きく増加している．特に山間地域のような巡回移動等に多くの費用を要する地域では，事業所が採算を確保することが難しく，正規従業者の採用には慎重にならざるを得ない．

上述した非正規従業者の増加や賃金水準などの労働市場の状況は，西諸県地域の介護サービス事業所での聞き取り調査の結果を示した表Ⅶ-3からも読み取ることができる．2000年4月から介護保険制度の運用が開始され，自治体，社会福祉協議会，社会福祉法人といった公益性の高い組織に加えて，営利法人や医療法人等も介護サービスへの参入が可能になったが，この地域への営利法人の参入は限定的である．運用開始から間もない時期に調査を実施したこともあり，表Ⅶ-3において営利法人は事業所④のみである．

調査事業所の職員は主として事務職員，看護職員，介護職員，技能職員によって構成される．訪問看護サービスを提供する事業所⑧と⑨では，増加数は少ないながらも正規従業者を中心に看護職員が増加した．これに対して，事業所①〜⑦では訪問介護事業や給食サービス事業[7]を1990年代に開始し，それを契機として臨時職員やパートタイマーなどの非正規従業者が急速に増加した．このうち事業所③〜⑥では非正規従業者の採用を増やす一方で，正規従業者の採用を抑制している．事務職員や看護職員と比較すると，訪問介護に従事する介護職員は，サービス提供時間が不定期であることなどから，時間給制の非正規従業者として採用される傾向が強い．

こうした正規従業者と非正規従業者の間には労働条件の格差が認められる．正規従業者の場合，事業所⑨の看護師には県職員に準拠した賃金体系が適用され，18〜19万円の初任給が支給されている．これに対して，非正規従業者では1時間当たり800〜1,300円の賃金が支給されている．地域最低賃金の600円と比較するとこの支給額は必ずしも低い額ではないが，事業所③や⑦にみるように，非正規従業者は1週間当たりの平均就業時間が短いことから，年収に換算すると必ずしも高い収入を得ているわけではない．非正規従業者については，既婚女性が多く含まれるため，年収が100万円から130万円程度になるよ

表Ⅶ-3 西諸県地域において調査した高齢福祉サービス事業所の雇用状況

事業所番号	取り扱いサービス ①②③④	設立年 (年)	高齢者福祉サービス開始年 (年)	従業者数(人) 1990年 総数	非正規従業者	2000年 総数	男性	女性	非正規従業者 男性	女性	非正規従業者の就業状況 1時間当たり賃金 (円)	1週間当たり平均就業時間 (時間)	その他
①	○○○	1970	1999	9	4	17	2	15	0	9	800(無資格者)	35以下	-
②	○○○	1993	1993	0	0	27	1	26	0	22	800	-	-
③	○○○	1993	1993	0	0	14	1	13	0	12	800(2級ヘルパー)、820(看護資格)	フル臨時34～40、パート20以下	95年以降正規採用なし
④		2000	2000	0	0	3	0	3	0	3	800	-	正規採用なし
⑤	○○○	1972	1994	8	0	17	1	16	0	9	800(無資格者)、1,000(2級ヘルパー)	30以下	94年以降正規採用なし、給食従事者はボランティア
⑥	○	1969	1989	7	3	16	4	12	2	9	-	25	89年以降正規採用なし
⑦	○	1974	1998	13	1	23	1	22	0	12	-	フル臨時35、パート20	-
⑧	○	1997	1997	0	0	8	0	7	0	1	-	-	97年における従業者は4人
⑨	○	1996	1996	0	0	4	0	4	0	1	1,300(看護資格)	40	96年における従業者は3人

注:-は不明であることを示す．
取り扱いサービス中，①は訪問介護，②は通所介護，③は給食サービス，④は訪問看護を示す．
1週間当たり平均就業時間中，フルはフルタイム就業を示す．
資料:2000年8月および2001年1月における聞き取り調査．

うに勤務時間が調整される場合が多い．ただし，20歳代後半男性が非正規従業者として従事している事業所（事業所⑥）もあるため，年収の低さの原因を既婚女性雇用のみに求めることはできない．また非正規従業者の雇用期間については，今後の介護保険利用者の予測が難しいこともあって，1年程度を単位とする短期間の契約が結ばれている．

　西諸県地域のような国内周辺地域では，営利法人が介護サービス提供の中心になることは考えがたく，事業を主に担うのは社会福祉協議会，社会福祉法人などの公益性の高い組織である．しかし，社会福祉協議会や社会福祉法人においても事業運営における採算性は要求されるため，経費削減の手段として非正規従業者の活用が用いられている．この地域では製造業に代わって介護サービス業が成長したが，この産業において創出される労働力需要は非正規・時間給に特徴づけられ，必ずしも労働条件の良いものばかりではない．

第5節　地域労働市場の変化

1）産業別労働力需要と産業間の労働移動

　上述した産業構造の変化は，労働力需要，失業，賃金などの変化として具体的にその影響が地域労働市場に現れていると予想される．宮崎県労働市場年報をもとに産業別に求人の変化をみると，西諸県地域の製造業求人件数は1986年度までは300〜1,100件の間で推移していたが，1990年度に年間3,523件にまで急増し，その後は減少に転じ，1994年度以降は1,100〜1,800件の間で推移している．とりわけ衣服および電機製造業では，1990年代における求人の減少が顕著である（図Ⅶ-3）．これに対し，建設業とサービス業では1980年代後半以降に求人件数が増加し，1990年代においても比較的安定した求人件数を維持している．特にサービス業は1991年以降，この地域で最大の労働力需要の創出部門になっている．

　求人が製造業で減少しサービス業で増加したことから，製造業からサービ

176　第Ⅶ章　製造業の衰退とサービス業の成長にともなう地域労働市場の変化

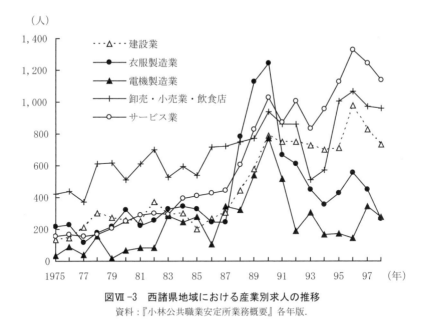

図Ⅶ-3　西諸県地域における産業別求人の推移
資料:『小林公共職業安定所業務概要』各年版.

業への労働移動が生じていると推測される．市町村あるいは公共職業安定所の管轄区域単位で産業間労働移動を把握できる統計が乏しいため，ここでは小林公共職業安定所の求職登録者データをもとに分析を試みた．表Ⅶ-4は，前職が判明した37人の介護職求職者の前職を示している．これによると，前職がサービス業の者は17人で，うち社会保険・社会福祉が12人である．これは介護と同分野からの転職者と考えられる．一方，農業はいなかったが，製造業は9人で，うち衣服製造業が5人であった[8]．製造業から介護職への就職を希望する者は全体の24.3％を占めるが，特に多いというわけではない．卸売・小売業，飲食店が8人，ゴルフ場のキャディのような介護以外のサービス業が3人など，求職者の前職は多様であり，異業種から介護職への就職希望者は全体の約3分の2を占める．看護職などに比べると採用時の資格条件が厳しくないこと，ホームヘルパー資格の取得が比較的容易であることなどの理由で，介護職未経験者の求職登録が増加していると考えられる[9]．ただし，自動車の運転に

表VII-4 小林公共職業安定所に登録した介護求職者の前職

		介護職求職者	
		実数（人）	構成比（%）
前職	製造業	9	24.3
	うち衣服製造業	5	13.5
	卸売・小売業，飲食店	8	21.6
	サービス業	17	45.9
	うち医療業	2	5.4
	うち社会保険・社会福祉	12	32.4
	その他	3	8.1
	計	37	100.0
	不明	8	
求職者合計		45	

注）介護職求職者はホームヘルパー，看護補助者，福祉施設指導専門員を希望職種として小林公共職業安定所に求職登録した者である．
求職者のうち就業中の者については前職ではなく現職を示す．
2001年1月19日の状況を示す．
資料：小林公共職業安定所提供資料．

よる巡回が欠かせないこの地域では，運転免許の保有などの条件が付されている求人があるため，介護職への就職を実現できない求職者もいる．

　製造業における離職者のすべてを，これ以外の産業の成長によって，地域内の産業が雇用することは現実的には困難である．地域内の産業に就職できなかった離職者は，主として他地域への流出，自家農業，失業あるいは非労働力人口を選択することになる．国勢調査によると，西諸県地域の失業者は1990～95年の期間に1,186人（失業率は2.5%）から1,533人（同3.2%）へと増加した．さらに宮崎県労働市場年報によると，雇用保険の受給者実人員は1995年度に788人，1997年度に765人であったが，1998年度には941人へと増加した．労働力需要不足あるいは需給の不均衡などのために，離職者の一部は失業したとみられる．

2）パートタイム求人の増加

　宮崎県労働市場年報によると，西諸県地域におけるパートタイム求人は1985年度に239人にすぎなかったが，1998年度には1,290人にまで増加した．全求人に占めるパートタイム求人の構成比も1985年度の9.2％から1998年度には29.4％にまで上昇した．その原因は上述した産業構造の転換[10]，各事業所におけるフルタイムからパートタイムへの従業者の切り替えである．衣服事業所での聞き取りによると，1ヶ月当たりの賃金は，フルタイム労働者で12～15万円であるのに対し，パートタイム労働者では8～9万円であり，人件費削減を目的としたパートタイム労働者の利用が進められている．この事業所ではパートタイムの場合，通常，勤務時間はフルタイムより1時間程度短く設定されている．ただし，長期間勤務しているパートタイム労働者のなかには，勤務時間がフルタイム労働者と同等の8時間以上に及んでいる者も少なくなく，特に，育児負担の軽減した女性がこの対象になりやすい．

3）新規高卒者の就職と還流移動

　従業者規模を縮小する製造業の中には，新規学卒者の採用を抑制するものが出現し，新規高卒者の進路は製造業就職以外へとシフトしている．西諸県地域には高等学校が5校あるが，そのうちデータの得られた小林工業高校と小林商業高校の就職状況を表Ⅶ-5に示した．この2校の1999年3月卒業の就職者174人は，西諸県地域の高卒就職者292人の59.6％に相当する．また，西諸県地域で就職した者の比率を1993年と1998年で比較すると，小林工業高校で16.4％から20.4％へ，小林商業高校で39.7％から47.4％へとそれぞれ上昇しており，地元就職志向がうかがえる．その西諸県地域での主要な就職先は，小林工業高校で建設業（57人），公務（42人）主として自衛隊，小林商業高校でサービス業（125人），特にJA（58人），などである（表Ⅶ-5）．これに対して，製造業は小林工業高校で32人，小林商業高校で20人と，建設業やサービス業よりも少ない．とりわけ西諸県地域に進出した外来型製

表Ⅶ-5 西諸県地域で就職した新規高卒者の産業別就業者数（1993～98年度）

	小林工業高校		小林商業高校	
	実数(人)	(%)	実数(人)	(%)
西諸県地域で就職した者	161	25.2	288	44.6
うち外来型製造業	18	2.8	8	1.2
就職者総数	638	100.0	646	100.0
西諸県地域で就職した者				
農林業	0	0.0	5	1.9
建設業	57	35.4	20	7.7
製造業	32	19.9	20	7.7
卸売・小売業, 飲食店	10	6.2	41	15.8
サービス業	20	12.4	125	48.1
うちJA	11	6.8	58	22.3
うち病院	0	0.0	38	14.6
運輸・通信業	0	0.0	1	0.4
金融・保険業	0	0.0	33	12.7
公務	42	26.1	15	5.8
計	161	100.0	260	100.0
不明	0		28	
合計	161		288	

注）1993年度から1998年度までの就職者数の合計を示す．
　　外来型製造業は宮崎県外に本社を有する当地域立地企業である．
資料：小林工業高校および小林商業高校提供資料．

造業への就職は，小林工業高校で18人（2.8%），小林商業高校で8人（1.2%）と少数である．

　製造業以外の産業への就職に加えて，この時期の新卒者の動向の特徴として専門学校への進学を指摘できる．小林工業高校では，1994年度に28人であった専門学校への進学者が，1998年度には72人（卒業生194人中）へと増加した．同高校での聞き取りによると，その主な原因は，製造業からの求人の減少，専門学校卒の採用を希望する企業の増加，生徒の希望職種の変化である．工業高校ではあるが，美容師，調理師などの資格を要する職を志望する生徒が増加しており，これが進学者増加の一因になっている．

　1970年代の工業化の時期を中心に，貴重な労働力としてこの地域労働市場

に吸引されたのが県外で就職した労働者である．しかし，県外流出者の還流移動は，1970年代を頂点として徐々に減少している．公共職業安定所資料によると，還流労働者に相当する「雇用保険の受給資格決定者のうち県外事業所からの離職者」の数は，1975〜79年度の5年間に4,945人，1980〜84年度に3,599人，1985〜89年度に2,457人であった．

　還流移動の減少傾向は事例集落での調査結果にも明瞭に表れている．調査世帯における還流移動者は1970年代に12人であったが，1980年代には5人に減少し，1990年代には0人になった．ただし1990年代に還流希望者がいなかったわけではない．2000年5月現在，調査世帯の中には，西諸県地域への帰還を希望し求職中の県外居住者が2人，また2000年に帰還したものの地元での就業先が未定の者が1人存在する．

　ちなみに，調査世帯には1970年代以降に帰還した者が17人いたが，帰還時の就職先は製造業で最多の8人であり，製造業の労働力需要が還流移動に対して大きな役割を果たしていたことがわかる．その最大の就業先はこの集落の周辺に立地する外来型製造業であったが，1992年頃から新規採用が中止されており，それが還流希望者の地元就職を制約する要因にもなっている．

第6節　就業構造の変化

1）西諸県地域における変化

　以上を踏まえてこの地域における就業構造の変化を分析し，労働力需要に対し労働者がどう対応したのかを検討するが，変化の傾向は年齢や性別によって異なると考えられるため，就業者を男性と女性，40歳未満の若年層と40歳以上の中高年層に区分して分析を試みた．

　年齢別，性別，産業別にみた就業構造の変化の特徴としてまずあげられるのは，産業面での変化である．全体として農業および製造業からサービス業へという変化がみられるが（表Ⅶ-6），男女間，年齢階層間での相違も認められる．

40歳以上層については農業就業者数が1990〜95年の期間に大きく減少したが，1990年および1995年においても最大の就業部門は，男女ともに依然として農業である．女性では農業に次ぐ就業部門が1990年に製造業（全産業に占める割合は18.7%）であったが，1995年には製造業（17.7%）を抜いて，サービス業（19.7%）と卸売・小売業，飲食店（17.9%）が農業に次ぐ地位に上昇した．この製造業の地位低下，サービス業の地位上昇は男性においても確認できる．ただ男性が女性と異なるのは，1990年，1995年ともに建設業が農業に次ぐ就業部門であるという点である．しかも40歳以上男性の建設業就業者は，

表Ⅶ-6　西諸県地域における年齢階層別・性別・産業別就業者数

40歳以上

		総数	農業	建設業	製造業	卸売・小売業、飲食店	サービス業	公務
女性	1990年	13,308	5,866	398	2,500	2,176	1,976	166
		100.0	43.8	3.0	18.7	16.2	14.7	1.2
	1995年	13,992	5,214	512	2,471	2,505	2,755	212
		100.0	37.3	3.7	17.7	17.9	19.7	1.5
男性	1990年	15,565	5,945	2,299	1,280	1,777	1,997	818
		100.0	38.2	14.8	8.2	11.4	12.8	5.3
	1995年	17,006	5,611	3,131	1,401	2,043	2,396	945
		100.0	33.2	18.4	8.2	12.0	14.1	5.6

40歳未満

		総数	農業	建設業	製造業	卸売・小売業、飲食店	サービス業	公務
女性	1990年	7,857	1,030	24	1,678	1,558	2,782	214
		100.0	13.1	3.1	21.4	19.8	35.4	2.7
	1995年	6,602	557	292	1,121	1,354	2,730	238
		100.0	8.4	4.4	17.0	20.5	41.4	3.6
男性	1990年	9,594	1,301	1,660	1,397	1,658	1,611	1,097
		100.0	13.6	17.4	14.6	17.4	16.9	11.5
	1995年	8,213	799	1,561	1,119	1,376	1,605	1,027
		100.0	9.7	19.0	13.6	16.8	19.5	12.5

注）表中の各行で上段は実数（人），下段は構成比（%）である．
資料：総務省『国勢調査』各年版．

1990～95年の期間に全国の増加率15%を超える大きな増加（36%）を示している[11]．

つぎに，40歳未満の女性では1990年にサービス業が全産業中最大の35.4%を占めていたが，1995年にはその構成比が一層上昇して41.4%に達している．これとは対照的に，製造業は全産業に占める比率を21.4%から17.0%へ大きく低下させている．一方，40歳未満の男性では1990年には建設業と卸売・小売業，飲食店がともに17.4%で最大の就業部門であったが，1995年にはサービス業（19.5%）と建設業（19.0%）が最大部門へと変化した．

以上，農業と製造業における就業率の低下，サービス業にける上昇という傾向がみられ，そしてこの傾向は特に女性で顕著であった．すなわち製造業からサービス業への移動は男性よりも女性で進んだといえる．一方，男性において特徴的なことは，サービス業のみならず建設業で就業率が高まっていることである．特に中高年男性ではこの5年間に建設業就業者が大きく増加している．

この時期の特徴としてもう1点注目されるのは就業者の高齢化である．これはすべての産業においてみられる傾向であるが，なかでも製造業においてこの傾向が強い[12]．表Ⅶ-6によると，1990～95年の期間に，40歳未満の女性製造業就業者は1,678人から1,121人へと大幅に減少した．これに対して，40歳以上は2,500人から2,471人へと29人減少しただけである．男性の場合も，40歳未満が1,397人から1,119人へ，40歳以上が1,280人から1,401人へと変化していて，中高年の占める割合が増大している．従業者の勤続年数の長期化，新規学卒採用の抑制などにより，この産業の主要な担い手が中高年就業者へと移っているとみられる．

2）事例集落における就業構造の変化

前節までの資料からは，農業就業，既婚女性の製造業から介護サービス業への労働移動等に関して詳細な検討ができなかったため，農林業センサス農業集落カード，事例集落での調査結果をもとに分析を試みた．

農業就業者の減少，兼業形態での地域労働市場への参入といった1970年代

以降の日本で生じた農業就業における変化は，事例集落においても認められる．農林業センサスによると，1975〜1995年の期間に農家数が33戸から23戸へ減少する一方で，第2種兼業農家率は39%（13戸）から57%（13戸）へ上昇した．表Ⅶ-7によると，20歳代以下の世帯員で農業従事者が不在であり，農業離れは特に若年者で進行している．ただし，この集落には請負耕作などの集落農業の担い手が存在しており，主に林業自営の30歳代男性2人と建設業自営の40歳代男性2人が担っている．1975〜95年の期間に稲作を請負わせる農家は3戸から15戸へと増加しており，集落農業を維持しつつ農業の縮小および兼業化が進行しているとえる．

表Ⅶ-7 調査集落における世帯員の産業別就業者数

	60歳代以上		50歳代		40歳代		30歳代		20歳代以下	
	男性	女性	男性	女性	男性	女性	男性	女性	男性	女性
農業	11	18	2	3	1	2	0	1	0	0
兼業　建設業		(3)	(1)							
兼業　サービス業		(1)		(1)						
林業	1	0	0	0	0	0	2	0	0	0
兼業　農業	(1)						(2)			
建設業	0	0	2	0	3	0	0	0	0	0
兼業　農業					(2)					
製造業	2	1	1	5	0	0	0	0	0	0
兼業　農業				(1)						
卸売・小売業，飲食店	1	2	1	1	0	3	0	1	0	1
兼業　農業			(1)							
運輸・通信業	0	0	0	0	3	1	0	0	0	0
金融・保険業，不動産業	0	0	2	0	0	0	0	0	0	1
サービス業	0	0	1	1	0	2	2	1	1	3
兼業　農業			(1)				(1)			
公務	0	0	2	1	1	1	0	0	1	1
兼業　農業			(1)		(1)					
不明	0	0	1	1	0	0	0	0	0	1
無職	9	5	0	1	0	0	0	0	0	0
計	24	26	12	13	8	9	5	3	4	7

注）（　）内は兼業就業者の内数．
資料：聞き取り調査（2000年5月）．

184　第Ⅶ章　製造業の衰退とサービス業の成長にともなう地域労働市場の変化

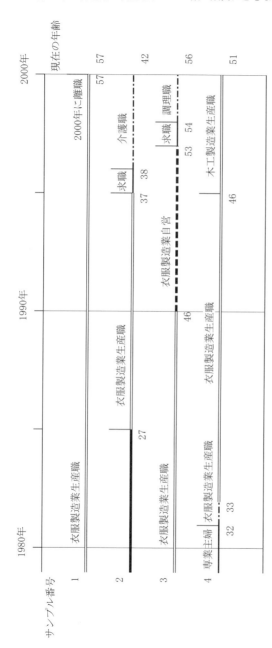

図Ⅶ-4　西諸県地域調査集落における製造業離職経験者（女性）の職業経歴
注）数字は年齢を示す．
資料：聞き取り調査（2000年5月）．

現在では，製造業との兼業（1人）が特に多いというわけではなく，就業先は建設業で5人，サービス業で4人，公務で2人など，様々な産業に及んでいる（表Ⅶ-7）．農業に従事する女性は60歳以上が中心で，この世代を除くと女性の就業は農業との兼業よりも家事や子育てに配慮した選択がなされている．

この地域の産業構造の変化は女性の就業にも影響を及ぼしている．集落での聞き取りによると，1990年以降に製造業を離職した集落内の女性は4人である（図Ⅶ-4）．4人の離職理由については，事業所の閉鎖が2人，希望退職への応募が1人，衣服製造自営業の廃業が1人で，いずれも経営不振を原因とするものである．離職した女性4人のうち1人は，夫の収入のみでの家計維持が可能であるため離職後に専業主婦に転身したが，残りの3人は家計補助者として再就職している．再就職先として非製造業を選択した者は2人であり，介護職と病院の調理職にいずれも非正規従業者として就職している．図Ⅶ-4の番号2は，かつて就業していた縫製工場からの勧めもあり，離職した後にヘルパーの資格を取得して現職に就職している．番号3は，家事に支障が出ない勤務を希望し，公共職業安定所の勧めで15時までに勤務が終了する調理職を選択した．回答者が少ないためデータを蓄積したうえでの分析が必要ではあるが，製造業に代わる就業先として介護サービス業が選択されていることを確認することができた．

第7節　結　び

西諸県地域に進出した製造業では4〜5ヶ月分の賞与支給を実現するなど，良好な労働条件で労働者を採用していたが，1990年代に新規高卒採用が抑制され，正規従業者が削減された．製造業が労働力需要を減少させる一方で，労働力需要を増大させたのは介護サービス業である．製造業を離職した女性の介護サービス業への転職も一部で確認された．介護サービス業は全国的に展開しているものの，西諸県地域のような国内周辺地域は，事業者が採算を確保する

うえで不利な条件におかれている．加えて，サービス提供時間の不規則性，需要見通しの困難さなどの理由から，時間給制の非正規労働者に対する求人が増加している．このため，正規従業者と非正規従業者との間に勤務時間，それを基礎とする年収，雇用契約期間などの点で労働条件の差が認められる．

先行研究では，就業状況や労働条件の格差に着目し地域労働市場を分断的にとらえる視点が提示され，新規学卒者の参入や高賃金・安定就業を特徴とする「第1の型」の労働市場と，日給制・日給月給制のフルタイムや時間給制を特徴とする「第2の型」が示された．本研究で明らかになった介護サービス業の労働条件や就業状況の特性をもとに考えると，「第2の型」の労働市場の拡大をともないながら女性の就業者が増加したことを想像することができる．

注
1) 本研究では，医療業のうち老人保健施設，老人訪問看護ステーションなどの，主として高齢者に対する医療行為医療ケアを行うサービス業，および社会保険・社会福祉サービス業のうち老人に対する福祉事業を行うサービス業をいう．
2) 集落内には，1980年代に衣服工場が2ヶ所，縫工所と呼ばれる衣服製造業の内職的作業所が2ヶ所立地していたが，1990年代前半にすべて閉鎖した．
3) 2000年5月の農家での聞き取りによると，肉用牛飼育によって得られる利益は1頭当たり約5万円といわれる．
4) このストッキング縫製工場と金型加工工場では，分工場の閉鎖後に本工場での勤務を希望する従業者はそれぞれ小林本社工場，高原工場に配属された．なお前者では，小林本社工場での勤務を希望する従業者に対してバスでの送迎が実施された．
5) 工業統計表によると，須木村では1997〜98年の期間に工業従業者数が193人から105人へと88人減少した．
6) ここには縁故関係や求人誌等を通じて就職した労働者のデータが含まれていない．
7) 給食サービスは，1992年度厚生省予算において，「在宅高齢者等日常生活支援事業」の補助対象になったことから，当地域に限らず全国で導入が進んでいる．
8) 前々職まで遡ると，衣服製造業経験者は11人であった．
9) 2000年に小林公共職業安定所で開催された雇用・能力開発機構主催のホームヘルパー講習会には，定員30人に対して約50人の応募があった．

10) 製造業は他の産業に比べると，常用従業者の構成比が高い．1991年の事業所統計によると，常用従業者の構成比は製造業で87.2%，全産業で72.7%であった．
11) 宮崎県と鹿児島県においても，1990〜95年に建設業の40歳以上男性就業者は，それぞれ30%，24%増加した．
12) 就業者総数に占める40歳以上就業者の割合は，1990〜95年の期間に，全産業で62%から68%へ，製造業で55%から63%へそれぞれ変化した．

第Ⅷ章

大都市圏における介護サービス業の展開と女性の就業
－名古屋市を事例として－

第1節　はじめに

　1990年代以降の産業構造の変化として特に注目されるのは，介護サービス業の急成長である．事業所・企業統計調査報告書によると，全国の老人福祉事業サービス業従業者は，1991年から2006年の期間に13万人から92万人へと約7倍に増加しており，しかもその約4分の3が女性であるため，女性の仕事と生活を論じるうえでは軽視できない産業分野になっている．介護保険制度が導入されて以降，営利法人を中心に大都市圏でも介護サービス業が成長しているが，多様な雇用機会がある中でなぜ女性従業者が増加しているのかなど，未解明な問題は多い．大都市圏は他産業との労働力獲得競争が激しい地域であるため，介護サービス事業所がこの状況に適した対策を講じていると予想される．一方の女性も仕事と家庭の両立が可能な職業と判断して介護サービス業を選択していると考えられる．本章では女性従業者の増加要因を探るため，介護サービス業および女性従業者の両面からアプローチを試みる．名古屋市での実態調査の結果をもとに，従業者を確保するために事業所がどのような工夫をしているのか，また，仕事と家事の両立をいかに図りながら女性が介護サービス業に従事しているのかを検討する．

　研究資料を得るために名古屋市瑞穂区および南区に立地する介護サービス事業所での聞き取り調査，およびその女性従業者に対するアンケート調査を実施した．この2つの区は名古屋市中心部から6〜15kmの距離に位置しており(図Ⅷ-1)，2010年国勢調査によると，瑞穂区の人口は105,079人，南区の人口は

190　第Ⅷ章　大都市圏における介護サービス業の展開と女性の就業

図Ⅷ-1　名古屋市における研究対象地域の位置

141,385人である．人口密度は名古屋市で6,935人，瑞穂区で9,357人，南区で7,659人と，全国の343人より大きく，また3世代同居率（2005年）は名古屋市で13.7％，瑞穂区で14.3％，南区で18.0％と，全国の21.9％より低い．こうした数値からもこの2つの区が大都市圏に一般的な地域であることを確認することができる．

　調査対象事業所の選択は介護保険法に基づく愛知県介護サービス情報により行った．2010年1月において，この介護サービス情報の公表対象となる事業所の数は名古屋市で20,401であり，うちこの2つの区で2,151（瑞穂区で1,031，南区で1,120）である．ただし，この資料において公表の対象となるサービスは38種あり，このうち本研究の調査対象は，女性が比較的多く雇用されている次の業種とする．すなわち，訪問介護，通所介護，施設介護に相当する介護老人福祉施設と介護老人保健施設と介護療養型医療施設と特定施設・予防特定

表Ⅷ-1　世帯形態別にみた調査回答者数

	名古屋市瑞穂区および南区におけるアンケート調査		(参考) 加茂・由井 (2006) による東広島市での調査	
	実数（人）	(％)	実数（人）	(％)
パラサイト世帯	17	12.6	12	9.5
単独世帯	14	10.4	16	12.7
DINKs世帯	22	16.3	16	12.7
核家族世帯	43	31.9	42	33.3
親族世帯	11	8.1	28	22.2
母子世帯	21	15.6	6	4.8
その他の世帯	7	5.2	6	4.8
不明	10		8	
計	145	100.0	134	100.0

注）世帯形態の分類は由井ほか編著(2004) p.99による．
資料：アンケート調査（2010年5月～6月実施），加茂・由井(2006).

施設（有料老人ホームおよび軽費老人ホーム）である．これにより対象事業所数は，訪問介護で53，通所介護で54，介護老人福祉施設で6，介護老人保健施設で8，介護療養型医療施設で1，特定施設・予防特定施設で14である．さらに女性雇用に関する資料を収集する本調査の性格上，ある程度の被雇用者数が対象事業所には求められるため，この136事業所のうち，10人以上を雇用する84事業所から無作為に55事業所を抽出し，聞き取り調査を依頼した．その結果，2010年2月～6月に38事業所から回答を得た．この事業所を介護種別で分類すると，訪問介護が18，通所介護が10，施設介護が10事業所である．また営利法人は訪問介護で11事業所，通所介護で3事業所，施設介護で3事業所である．なお張・黒田（2005）にならい，本書では営利法人を株式会社，有限会社等とする．名古屋市瑞穂区および南区の場合，営利法人に該当するのは株式会社，有限会社，合資会社であり，また非営利法人に該当するのは社会福祉法人，医療法人，NPO，生活協同組合等である．

　一方，アンケート調査については，許可を得た21の営利法人の介護サービス事業所で202の調査票を配布し，2010年4月～5月に郵送によって145票を回収した．配布した事業所を介護種別で分類すると，訪問介護が11，通所

介護が9，施設介護が1事業所である．なお表Ⅷ-1は世帯形態別のアンケート回答者数を示す．この表で，DINKs世帯は同居人が配偶者のみの既婚者であり，核家族世帯は同居人が配偶者と子供のみの既婚者であり，親族世帯は配偶者と子供以外の同居人がいる既婚者である．本章では仕事と家庭の両立を主たる論点とするため，分析対象は主にDINKs，核家族，親族，母子世帯の女性である．東広島市で実施した加茂・由井（2006）の調査と比較すると，本研究の調査では母子世帯の比率が高いのに対して親族世帯の比率が低い（表Ⅷ-1）．

第2節　介護サービス供給主体の特徴と事業所の立地

1）介護サービス供給主体の特徴

　横山（2003，p.97）によると，介護保険対象のサービス供給主体は，法人格を持ち設置基準，人員基準，運営基準をクリアし，都道府県の指定を受けた事業者である．対象となる組織に限定はなく，営利・非営利は問われない．サービス供給の方法は，供給者が利用者と契約を交わし，その契約に基づいて利用者の選択した量と種類のサービスを供給する方式をとる．限度額を超えて契約を交わし法定サービスと一体的に利用・供給することも可能である．また，どの供給者と契約するかは利用者が選択するため，供給者相互は利用者の獲得をめぐって競争関係が成り立つ．他方，価格については介護報酬という公定価格を定めており，価格競争は排除される．ただし，介護保険対象外のサービスの価格設定は自由である．費用については，介護報酬に利用量を乗じた額で決まり，供給者はこのうち1割を利用者から直接受け取り，残りを介護保険財政から受け取る仕組みになっている．

　介護保険制度導入の大きな特徴は，営利企業を含む多様な事業者の参入が促進された点である．介護保険制度の導入前後のサービス供給主体の変化をまとめると以下のとおりである．ごく一部にとどまっていた営利法人による公的介護サービスの供給が4分の1を占めるに至ったこと，医療法人による参入が進

み福祉と医療の間に供給組織上の結合関係が拡大したこと，社会福祉法人が全体に占める比重を低下させたものの中心的な位置を維持していること，非営利組織が期待されたほど参入が進んでいないこと，自治体の比重が一段と低下し「直営」が特殊な形態でしかなくなったことである（横山，2003，p.98）．

2）南区と瑞穂区における介護サービス事業所の立地状況

　名古屋市における「老人福祉・介護事業」の事業所数は2001年～2006年の期間に130から487へ急速に増加している．近年における介護サービス業の成長には，この産業への営利法人の参入が影響しているが，これは特に大都市圏で顕著である．名古屋市における営利法人数の推移を示した図Ⅷ-2からは，2000年代に営利法人が急増していることが看取される．訪問介護で2000年に73であった営利法人の数は2009年には250へと増加し，通所介護で8であった営利法人は同じ期間に175へと増加した．

　介護サービス事業所の立地については先行研究によってある程度明らかにされている．例えば，畠山（2005）によると，介護保険制度施行以前から開設されている通所介護施設には，建設地決定に自治体の意向が反映されていたが，同制度施行後に開設された施設では，建設地決定への自治体の関与はみられず，それぞれの法人の経営方針に基づいて施設を立地している．また宮澤（2003）によると，介護サービス業の重要な立地条件は人口の稠密性である．介護保険制度の成立後に多様な事業者が介護サービスに参入したが，設備投資の負担が小さく参入障壁が低い訪問型介護の参入が顕著で，なかでも営利法人は採算性の高い人口稠密地域への立地を指向する．

　図Ⅷ-3は，名古屋市南区と瑞穂区における介護サービス事業所の立地状況を介護種別，営利非営利別に示している．これによると介護サービス事業所は南区，瑞穂区全体に広く分布する．ただし，その立地には介護種別や法人種別により違いがみられる．施設介護は広い土地を得やすい河川沿い，西部の沿岸地域や東部の丘陵地を主な立地場所にしている．これに対して訪問介護は立地の制約が小さく，広い土地を必要としないため，域内に遍く立地している．ま

194　第Ⅷ章　大都市圏における介護サービス業の展開と女性の就業

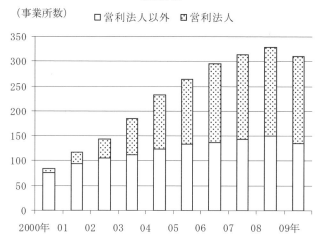

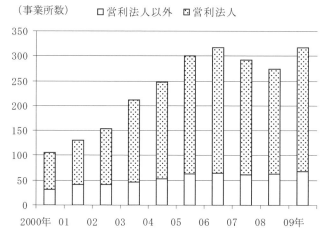

図Ⅷ-2　名古屋市における介護サービス事業所の推移
　　資料：厚生労働省『介護サービス施設・事業所調査』各年版．

第2節　介護サービス供給主体の特徴と事業所の立地　195

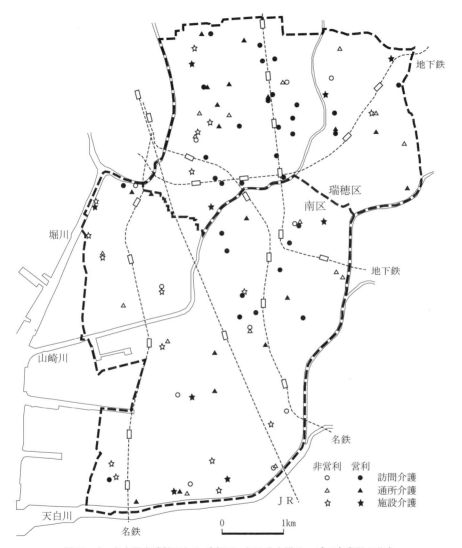

図Ⅷ-3　名古屋市瑞穂区および南区における介護サービス事業所の分布
注）施設介護に該当する事業所は，介護老人福祉施設，介護老人保健施設，介護療養型医療施設，特定施設・予防特定施設である．
資料：『愛知県介護サービス情報公開システム』をもとに作成（2010年1月の状況）．

た訪問介護や一部の通所介護では，医療法人が病院の敷地内を，営利法人が市街地のオフィスビルやマンションの一室を主な立地場所にしている．図Ⅷ-3から，人口稠密性が比較的高い駅周辺地域や瑞穂区中部に，営利法人の訪問介護が多く分布していることを確認できる．駅周辺での立地は，利用者の獲得や従業者の移動において有利であるため，利用者や従業者の確保をめざす後発の事業所にとって適した場所の1つである．なお，訪問介護では従業者の勤務地は主に利用者宅である．事業所での聞き取りによると，概ね従業者宅から利用者宅までの移動時間ができる限り20分以内になるよう担当地区を決めている．

さらに，家事を担う女性の就業にとって重要なのは通勤手段の問題であるが，この地域では鉄道網の整備が進んでいるため，自家用車を所有していない者でも通勤に支障をきたすことは少ない（図Ⅷ-3）．こうした介護サービス事業所の全域的な立地やこの地域の交通条件から考えると，介護サービス業の成長は，この地域の居住者，特に家事を担う既婚女性にとって身近な地域における雇用機会の拡大として捉えることができる．

第3節　労働力の特徴と女性雇用対策

1）介護サービス業が求める労働力

ここでは介護サービス業が求める労働力について論じるが，これには介護種別による違いがあるため，介護サービス業に共通する特性と介護種別で異なる特性に分けて議論する．

介護サービスに共通する点の1つとして，主として既婚女性を求める点があげられる．介護事業所が提供するサービスは家庭での家事，子育て，介護の経験を生かすことのできるサービスである．さらに，衣服の着脱，身体への接触が不可避なサービスであるため，女性からのサービスを希望する利用者は多い．事業所が求人誌等に求人を出す際に女性を指定するわけではないが，応募者の多くは女性である．加えて，供給者相互で競争が生じる環境において，限られ

た収入をもとに経営を維持するためには，採算を確保するための対策が事業所には求められる．経費削減にとって有効な方法の1つは，収入が少なくても就業可能な労働者を雇用することであり，この主たる対象は，家計補助者としての立場にある既婚女性である．

2点目に，専門資格を有する労働者が求められる点である．介護サービス業は専門的サービスを提供する業種であり，事業所にとって重要になるのは資格保有者の確保である．しかしながら，この産業で必要とされる資格は，専門性が高く取得が難しいものから取得が比較的容易なものまで多種存在する．例えば訪問介護の場合，訪問介護員に必要な資格は，介護福祉士またはホームヘルパーであるが，介護福祉士が養成施設で学んだうえで国家試験での合格を要件とするのに対して，ホームヘルパーは養成研究の修了を要件とする．さらに従業者の職種および人数等は法令で規定され，これに基づく職員の確保が介護事業所に要求される．その結果，高度な技能や資格を有する者，あるいは人員配置基準に規定された者を正規労働者として募集し，それ以外は非正規労働者として募集する傾向がある．なお正規・非正規にかかわらず，就職の際にこの産業での就業経験が問われることは少ないため，介護サービス以外の就業者や無業者からの就職が容易である．

3点目に，不規則勤務での就業が可能な労働者を求める．介護サービス業の業種特性として重要なのは利用者ニーズへの対応である．したがって，ニーズの多い時間や夜間・休日への職員の配置を事業所は求められる．このため介護事業所が求める労働者は，サービス需要が集中する時間のみ，あるいは夜間・休日勤務等の不規則勤務が可能な労働者である．

上述した労働力需要特性を介護種別ごとに提示すると，まず訪問介護では，生活支援が主たる業務であるため既婚女性を求める傾向が強い．また，非正規の求人が多いのも訪問介護の特徴である．この原因は主として，介護保険収入という限られた収入源，サービス提供時間の不規則性，家事・子育ての都合からパートタイムを希望する求職者の存在等である．

他方，通所介護の場合，提供するサービスの中に機能訓練，送迎等が加わることが多く，訪問介護ほど女性に対する労働力需要は大きくない．サービス提

供は平日昼間に施設内で実施する事業所が多いため，勤務時間も平日昼間に限定され不規則な勤務になることは少ない．ただし，朝と夕方の多忙な時間に短時間勤務の労働力を求める傾向がある．

施設介護も通所介護と同様に，女性に対する労働力需要は訪問介護ほど大きくない．また1年を通して24時間サービスを提供できる体制を整えることが事業所には要求され，夜間勤務や休日勤務に対応する職員を配置することになる．夜間や休日の勤務に適するのは，家事や子育てへの配慮が必要な既婚者よりもその負担が少ない若年単身者である．

2）介護サービス業で就業する女性の増加

日本では，2000年以降に介護サービス業の就業者が増加しているが，この状況は名古屋市でも同様である．事業所・企業統計調査によると，名古屋市では「老人福祉・介護事業」の従業者数が7,933人から13,775人へと急速に増加した．従業者数の増加は特に女性で著しい．同資料によると女性従業者は2001年～2006年の期間に4,079人から10,269人へと6,190人も増加した．男性が同じ期間に1,197人から3,506人へと2,309人増加したから，女性の増加数がはるかに多いことを読み取ることができる．また総務省国勢調査（2005年）によると，名古屋市の「社会保険・社会福祉・介護事業」産業における有配偶女性の割合は就業者総数の47%である．これは，女性就業者全体の59%に相当する．なお，著者のアンケートではこの割合はさらに大きく，既婚者に相当するDINKs，核家族，親族，母子世帯の従業者が67%（97人）を占める．既婚女性が大きな割合を占める介護サービス業にとっては，従業者の家事や子育てに配慮した雇用が課題となる．

さらに，大都市圏の介護サービス業ではそれ以外の地域と比較して労働力需給の逼迫が深刻であるため，事業所には労働力を確保するための工夫が一層求められる．名古屋市では雇用機会が比較的豊富であり，他産業との労働力確保をめぐる競争が激しい．2011年2月における全産業の有効求人倍率は，全国の0.62に対して，名古屋市（名古屋中，名古屋南，名古屋東の3つの公共職

業安定所の総計）では 1.09 である．

3）事業所による女性雇用対策

　女性を雇用するための対策として，東広島市の介護サービス業を調査した加茂・由井（2006）では，託児施設の設置や従業者による勤務時間選択等が確認された．本章における事業所での聞き取り調査では，託児施設の設置，家事都合による休暇の取得，従業者用駐車場の確保，電動アシスト付き自転車を用いた利用者宅訪問などが認められた．以下では，調査事業所が実施している雇用対策ついて詳述する．

　託児施設を設置しているのは施設介護で 2，通所介護で 2，訪問介護で 1 事業所であり，施設面で子育てを支援する事業所は存在するものの必ずしも多いというわけではない．託児施設を設置しない理由は，資金に余裕がないこと，従業者からの要望が少ないことなどである．保育期にある女性従業者の少なさや，保育内容等で希望に合う保育所が地域内にあることが要望の少なさの主な原因である．

　これに対して，多くの事業所で採用されているのが駐車場の確保である．この地域では公共交通機関の整備が比較的進んでいるが，従業者のために駐車場を用意する事業所は多い．駐車場を設置している事業所は 6 割に達し，とりわけ施設介護では 10 事業所すべてが駐車場を設置している．子供の送迎や家事を始動するまでの時間の短縮という点で，駐車場確保が家事や子育ての助けになっている．また一部の訪問介護では電動アシスト付き自転車を貸与している．これは，駐車場のない利用者宅への訪問のためだけでなく，自動車運転免許を保有していない従業者への配慮のためでもある．

　表Ⅷ-2 は，営利法人と非営利法人で雇用対策を比較しているが，これは法人種別によりやや異なる．営利法人では高賃金や経験不問などの雇用条件に特徴がみられるのに対して，非営利法人では託児施設，休暇取得，駐車場などの福利厚生に特徴がみられる．この違いには，経営基盤の強弱が影響していると考えられる．非営利法人の中でも医療法人や社会福祉法人で経営基盤が比較的

表Ⅷ-2　女性雇用のための対策を実施する事業所の割合

実施事項	営利法人		非営利法人	
	実数	%	実数	%
従業者用駐車場あり	9	52.9	14	66.7
採用時の介護職経験不問	17	100.0	16	76.2
託児施設あり	1	5.8	4	19.0
育児休暇取得実績あり	2	13.3	5	27.7
パート介護職従業者の勤務時間選択が可能	11	64.7	17	81.0
パート介護職従業者の時給1000円以上	12	70.6	11	52.4
事業所数	17		21	

注) 2009年12月末の状況を示す.
　　%は営利法人,非営利法人のそれぞれの回答事業所総数に占める割合である.
資料:聞き取り調査

　安定した事業所では,従業者数に余裕があり休暇を取得しやすいが,営利法人のなかで経営基盤が比較的弱い事業所では,従業者数に余裕がなく休暇取得が難しい.

　介護サービス業では介護報酬を反映するため,一般的に賃金支給額に大きな差は生じにくい.調査事業所では,パート従業者の時給において最低の調査事業所で850円,最高の事業所で1,810円と差が生じていた.経営主体別にみると,パートの時給が1,000円以上の事業所は,非営利法人では52.4%であるのに対して,営利法人では70.6%である(表Ⅷ-2).パートの賃金支給額は,概して医療法人と営利法人で高く,社会福祉法人とNPO法人で低いという傾向がみられる.

　さらに,従業者の希望に配慮した勤務時間設定も,既婚女性を意識した雇用管理として実施されている.これは,加茂・由井(2006)でも確認されたことであるが,パート従業者の勤務時間帯を細かく設定し,その中から希望する曜日・時間帯を従業者が選択する勤務形態である.従業者間での調整が必要ではあるが,家事・子育ての都合に合わせた勤務が可能になる.表Ⅷ-2に示すように,これを採用する事業所は,営利法人で64.7%,非営利法人で81.0%である.

第4節　女性従業者の特徴と増加要因

1）従業者の特徴

　従業者調査の結果から明らかになった介護サービス従業者の特徴は次のとおりである．すなわち，介護サービス需要の拡大後に自宅近くの介護サービス事業所に就職し，家計補助や資格活用を目的として就業する女性である．

　従業者調査の回答をみると，そのほとんどが2000年の介護保険制度導入後に現職に就職している．現在の職場での勤続年数が10年以上の回答者は12人（8％）のみで，5年以上10年未満が50人（35％），1年以上5年未満が63人（44％），1年未満が19人（13％）という構成である．介護サービス業の成長で拡大した労働力需要に対応する形で，専業主婦，他産業からの転職者を含めてこの地域の女性が介護サービス業に就職したと考えられる．さらに注目されるのは，子育て期を過ぎた女性が回答者の大半を占める点である．調査回答者のうち既婚者は99人（68％）であるが，未就学児童がいる回答者はわずかに8人で，子育てが一段落した30歳代以上の女性を中心に従業者が構成されている．これは，介護サービス業が家事・子育て経験者を求める一方で，育児負担が軽減した女性が求職していることを表している．

　こうした既婚女性が家事の時間を確保するために行う工夫の1つが，通勤時間の短縮である．通勤時間が15分以内の既婚回答者は57％，さらに30分以内になると83％に達し，通勤時間の短さが明らかである．回答者の通勤手段をみると，自転車が44％，自家用車が28％，公共交通が16％，徒歩が10％，バイクが1％である．公共交通機関の利便性が比較的高い地域であるが，通勤時間を短くするために通勤手段として自転車や自家用車を選択している点が注目される．ただし農村で調査した加茂・由井（2006）において自家用車通勤が95％であったのと比較するとその割合は小さく，駐車場確保の難しさ，事業所までの距離の短さ等の地域の実情を反映して自転車通勤が多くなっている．

2）介護サービス業における就業者の増加要因

　介護サービス業において就業者が増加した一因は，この産業が家計補助として就業できる者を求める一方で，それが可能な労働者がこの地域に多く居住していることである．これを示すように，就業目的として家計補助をあげる回答者の割合が大きい．就業目的が「家計補助」と回答した者は既婚者の44%，「自由に使える金がほしい」と回答した者は28%を占める（図Ⅷ-4）．もちろん，これとは異なる回答をする者もいる．「資格を生かしたい」（51%），「能力を発揮したい」（25%）を就業目的とする回答者も多く，介護関連の資格を有する者，家事経験を含めて能力を有する者がこの地域に存在することを示している．さらに，図Ⅷ-5から「現在の職場で就職した理由」をみると，「通勤が容易」が55%，「仕事内容が自分にあっている」が47%，「資格や経験を生かせる」が51%である．以上から，介護サービス業がこの地域から資格を有する既婚女性を中心に労働力を調達する一方で，労働者の側も家庭内での分業，さらには自

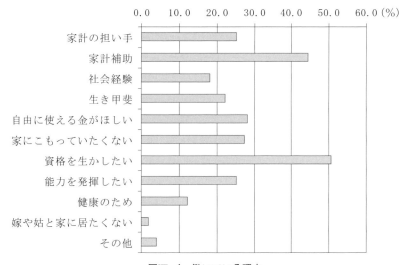

図Ⅷ-4　働いている理由

注）複数回答．
資料：アンケート調査（2010年5月〜6月実施）．

第4節　女性従業者の特徴と増加要因　203

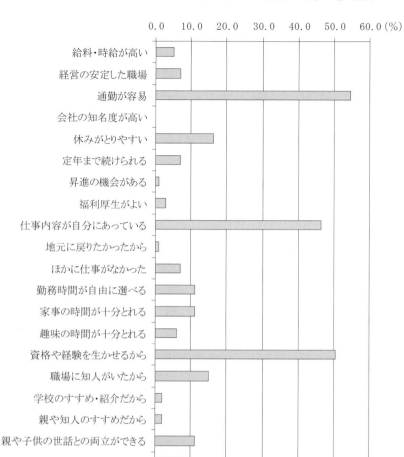

図Ⅷ-5　現在の職場で就職した理由
注）複数回答．
資料：アンケート調査（2010年5月〜6月実施）．

己実現にとって適した就業機会と捉えて介護サービス業を選択しているとみることができる．

なお，世帯形態によって就業目的に違いがある点には注意を払う必要がある．なかでも母子世帯ではこの違いが明瞭で，家計補助よりも家計を担うことを就

業目的としている．末子20歳未満の子がいる母子世帯11人では，就業目的を「家計の担い手」と回答する者が10人である．母子世帯については，仕事と家庭の両立に一層困難を伴うため，周囲からの支援がいかになされているのかを分析する必要がある．

第5節　家庭での役割分担

本章の調査において夫がいる回答者は76人であり，このうち「夫が全く家事をしない」と回答した者は31人（41%）である（図Ⅷ-6）．さらにこの31人を含め「夫の家事分担が20%以下」と回答した者は59人もいて，夫と妻の間では妻の負担がより大きい．夫が家事を分担すると回答した者は半数以上いるが，その多くは手伝い程度である．もちろん，正規雇用の回答者と比較すると，非正規雇用の回答者のほうが妻の家事分担率が高い．炊事・洗濯を回答者

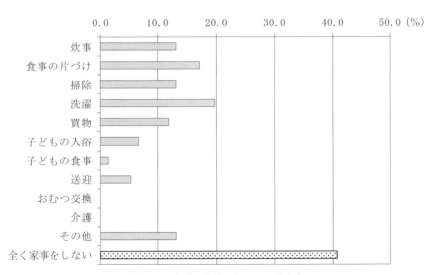

図Ⅷ-6　夫が日常的に行っている家事
注）複数回答．
資料：アンケート調査（2010年5月～6月実施）．

のみが担っているケースは，正規雇用で 8.0% であるのに対し，非正規雇用で 27.1% である．また親族世帯と比較すると，DINKs と核家族世帯で夫の家事分担率はやや高くなる．親族世帯で「夫が全く家事をしない」と回答した者は 5 人（50%）であったが，DINKs では 6 人（29%），核家族世帯では 12 人（29%）であった．家事種別でみた夫の家事分担状況を示す図Ⅷ-6 によると，夫が担当する家事で最も多いのは洗濯で 20%，次いで食事の片づけ，炊事，掃除，買物である．夫が家事全般を分担するケースはほとんどなく，慣れていなくてもできる家事を夫が手伝っているのが実情である．

　夫以外に同居者がいる世帯では，夫以外の家族との分担の状況をみる必要がある．20 歳以上の子，嫁または親と同居する既婚回答者は 38 人で，「家事の 50% 以上を自身が負担」と回答した者は 35 人もいる．また親の介護についても同様で，主たる担い手は回答者自身である．介護が必要な家族がいる回答者 10 人のうち 5 人が「介護の 50% 以上を自身が負担」と回答している．このように，同居者がいる回答者であっても，回答者が家事の大部分を担いながら就業している実態がみて取れる．ただし，介護が必要な家族がいる 10 人のうち介護サービスを利用している者が 5 人いて，家庭外のサービスを利用することで自身の負担を軽くしている点は注目される．

　母子世帯の場合は家事を自分ひとりで負担しているケースが一層多い．20 歳未満の子供がいる母子世帯の回答者 11 人のうち 6 人が「家事の全てを自身が負担」と回答した．この 11 人の中には，未就学の子供がいる回答者は 1 人と少なく，中学校以上の子がいる家庭ではその子が家事を分担している．母子世帯では，家事を担うと同時に，家計の主たる担い手として就業せざるをえないため，正規雇用を選択する者が 11 人中 9 人と多い．この 9 人の年収をみると，200 万円以上 300 万円未満が 4 人，300 万円以上 400 万円未満が 2 人，400 万円以上 500 万円未満が 3 人と，正規雇用でもあるため比較的高い．しかし，勤務が 18 時以降に及ぶ者がこの 9 人のうち 4 人いて，仕事と家事の両立に苦慮している様子が窺える．

第6節　結　び

　本章では，介護サービス業における労働力需要の特徴，事業所による女性雇用対策，また労働者の就業理由および仕事と家庭の両立の状況を実態調査の結果をもとに分析した．介護サービス業における営利法人の参入が特に顕著な大都市圏を対象地域とするため，名古屋市の瑞穂区と南区を事例地域として実態調査を行った．

　介護サービス業が求める労働者は，介護の業務に適用可能な家事や子育て経験のある既婚女性，専門資格を有する者と非正規での勤務が可能でこれ以外の資格を有する者，不規則な勤務が可能な者である．さらに介護サービス事業所は，限られた収入源のなかで採算を確保することが要求されるため，経費節約に有効な家計補助的な労働者の雇用を求める．

　女性を雇用するための対策はいずれの事業所においても取られているが，法人種別によってやや異なることが判明した．営利法人では主として賃金等の雇用条件の差別化が，これに対して非営利法人では託児施設，休暇取得，駐車場等の福利厚生の改善が試みられていた．多くの事業所で取られていたのは駐車場の確保で，子どもの送迎や家事を始動するまでの時間の短縮という点で，女性の仕事と家庭の両立に寄与している．

　女性従業者アンケートによると，働く理由として多かった回答は「家計補助」，「資格を生かしたい」，「能力を発揮したい」であり，また現在の職場で就職した理由として多かった回答は「通勤が容易」，「仕事内容が自分に合っている」，「資格や経験を生かせる」である．さらに家庭内での役割分担については，「夫が全く家事をしない」と回答する者が約4割を占めており，家事を負担しつつ就業していることが明らかになった．

　以上から，家事の合間に短時間通勤が可能な職場で家計補助として働くこと，あるいは資格や経験を生かすことを希望する女性の存在と，介護サービス業が求める労働力が一致し，また事業所による雇用対策と通勤方法選択等の労働者自身の工夫によって，雇用機会が比較的多様な大都市圏においても就業者が増加したと考えられる．

自宅近くのオフィスビルやマンションに介護サービスの事業所が立地し，あるいは介護サービスを求める近隣の高齢者の自宅が勤務地となり，大都市圏の住宅地域で女性の就業機会が拡大した．事例地域においても介護サービス事業所は特定の地域に偏ることなく地域全体に広く立地している．こうした立地特性からも，この地域に居住する既婚女性にとって介護サービス業の成長は，職住近接の雇用機会の拡大として捉えることができる．

第IX章

沖縄県の介護サービス業に従事する女性の仕事と生活

第1節　はじめに

　1960年代以降の日本では，女性の雇用者率が急速に上昇する，いわゆる「労働力の女性化（feminization）」現象が顕在化してきた（竹中・久場 1994）．先行研究によって，労働力の女性化の進展には，世帯構造，コミュニティ，保育・介護等の外部サービスなど，家事や子育てを支える周囲の環境が影響することが指摘されてきた．例えば，大都市圏を対象にした由井ほか編著（2004）においては，女性の就業率の上昇の背景として，家事・子育ての外部サービス利用があげられている．一方，東広島市を対象にした加茂・由井（2006）は，三世代同居世帯では親からの家事支援を受けやすい反面，親の介護をきっかけとした離職が生じやすいと述べている．

　介護サービス業における就業の変化を捉えるうえでも，労働力需要の増大のみならず，事業所による支援，世帯構造や保育サービスなどの就業を取り巻く環境と関連づけた研究が必要である．なかでも家族は，就業女性にとって最も身近な支援者といえる．地域的に多様な世帯構造に着目し，どのような家族構成で，誰によって家事が担われているのかを分析することで，既婚女性の就業者増加の要因が明瞭になると考えられる．

　本章では，研究の対象地域として沖縄県を取り上げる．以下で示すように，沖縄県は既婚女性の就業と家族という課題おいて注目される地域の1つである．世帯構造を含めた沖縄社会の特性については先行研究によって様々な報告がなされている．武田・木下編著（2007）によると，沖縄県では離婚率が相対的に高

く，母子世帯率が全都道府県で最も高い．沖縄県南部の母子家庭 119 世帯の調査データをもとに分析した金城（1986）では，母子世帯になった原因として離婚が 59%，未婚の母が 24%，遺棄が 13%，死別が 4%という結果が報告されている．沖縄県における離婚の原因を追究した波平（2006）では，離婚には多くの要因が絡み合っているが，第 2 次世界大戦以降の伝統社会の解体や都市的生活様式の普及など，沖縄特有の状況もその要因と指摘されている．他方，沖縄社会における相互扶助的精神および親族ネットの強さに言及する研究もあり（金城，1989），傍系親族等が家事・子育て支援に果たす役割を看過することはできない．

さらに，沖縄県には労働市場特性が相対的に悪いという特徴がある（本書第Ⅱ章，内田，2002）．2008 年における女性の完全失業率は全国のほぼ 2 倍の 6.2%を示す．賃金水準は全国と比較すると低く，2009 年賃金構造基本統計調査における医療・福祉産業の女性の「きまって支給する現金給与額」は，沖縄県で 219.0 千円（39.3 歳）であるのに対して，全国では 263.4 千円（39.4 歳）である．介護サービス業における労働力需要は，この地域にとって重要な雇用機会として位置づけられるが，その一方で賃金水準が低い雇用という性質もあり，特に母子世帯の女性では，いかなる支援のもとで就業が実現されているのかを把握することが必要である．

他方，ジェンダー視点と関連づけて沖縄における就業の特性を検討する研究もみられる．国吉（1989）は，「沖縄県における家族の実態と意識に関する調査」をもとに沖縄県の女性の就業状況を分析し，家事・子育てを担いつつも就業に積極的な女性が多いことを報告している．この背景として国吉（1989）は，男性は仕事，女性は家庭という性別分業観に沖縄の女性も規制されていはいるものの，その規制が他県ほど強固ではない点をあげている．

以上，沖縄県では経済的な理由から就業する女性が多いものの，核家族世帯，母子世帯の割合が大きいこともあり，就業女性が家事・子育てに対する同居家族からの支援を得にくい状況に置かれていると推測される．本章では，介護サービス事業所で就業する女性を対象に，この産業で就業する理由，家事や子育てに対する事業所からの支援，世帯内での分業の状況を把握する．分析に際しては世帯構造に着目し，特に母子世帯を取り上げながら仕事と家庭の両立の特徴

第1節 はじめに

を明らかにする．

　本章では，分析に必要な事業所および従業者のデータを那覇市において収集した．その理由の1つは，沖縄県においてまとまったデータを収集するのに那覇市が適していることである．また以下で示すように，女性の就業と生活に関する統計データの値が，全国と比較すると沖縄県と那覇市で近いことにもよる．2008年における有効求人倍率（全産業）は那覇市で0.40，沖縄県で0.38であり，全国の0.88よりもかなり低い．また，女性の完全失業率（2005年）についても那覇市で10.5%，沖縄県で9.6%と，ともに全国の5.2%との差が大きい．総務省国勢調査によると，世帯構造についても同様の傾向がみられる．18歳未満親族のいる一般世帯のうち核家族世帯（2005年）は，那覇市の86.1%，沖縄県の84.5%に対して全国は77.1%である．母子世帯比率（2005年）は那覇市で3.0%，沖縄県で3.1%と，全国の1.5%より高い．なお，那覇市における「社会保険・社会福祉・介護事業」（2005年）の女性就業者は4,092人で，全産業に占める割合は6.1%であり，全国の7.0%よりやや低い．

　介護サービス事業所での聞き取り調査，およびその女性従業者に対するアンケート調査の対象事業所の選択は，介護保険法に基づく沖縄県介護サービス情報により行った[1]．この介護サービス情報の公表対象となる事業所の数は沖縄県で2,921であり，うち那覇市で529ある．ただし，この資料において公表の対象となるサービスは50種あり，このうち本研究の調査対象は，女性従業者が比較的多く雇用されている次の業種とする．すなわち，訪問型の訪問介護，通所型の通所介護，施設型の介護老人福祉施設，介護老人保健施設，介護療養型医療施設，特定施設入居者生活介護（有料老人ホームおよび軽費老人ホーム）である．これにより，2010年1月31日における対象事業所数は，訪問介護で47，通所介護で80，介護老人福祉施設で5，介護老人保健施設で6，介護療養型医療施設で5，特定施設入居者生活介護で4である．さらに女性雇用に関する資料を収集する本調査の性格上，ある程度の被雇用者数が対象事業所には求められるため，この147事業所のうち，10人以上を雇用する68事業所から無作為に40事業所を抽出し，聞き取りおよび従業者アンケート調査を依頼した．

　聞き取り調査については2010年2月，5月，9月に21事業所から回答を得た．

表Ⅸ-1　世帯形態別にみた調査回答者数

	那覇市におけるアンケート調査		(参考)由井ほか編著(2004)による東京都心3区での調査	
	実数(人)	(％)	実数(人)	(％)
パラサイト世帯	29	13.0	73	26.9
単独世帯	21	9.4	38	14.0
DINKs世帯	16	7.2	63	23.2
核家族世帯	77	34.5	56	20.7
親族世帯	33	14.8	21	7.7
母子世帯	32	14.3	8	3.0
その他の世帯	3	1.3	12	4.4
不明	12	5.4		
計	223	100.0	271	100.0

注）世帯形態の分類は由井ほか編著(2004)p.99による．
資料：アンケート調査（2010年5月～6月実施），由井ほか編著(2004)．

回答した事業所を介護種別で分類すると，訪問介護が8，通所介護が6，施設介護が7事業所である．一方，従業者アンケート調査については，許可を得た29事業所で293の調査票を配布し，2010年5～6月に郵送によって223票を回収した．なお表Ⅸ-1は世帯形態別のアンケート回答者数を示す．この表で，DINKs世帯は同居人が配偶者のみの既婚者であり，核家族世帯は同居人が配偶者と子供のみの既婚者であり，親族世帯は配偶者と子供以外の同居人がいる既婚者である．仕事と家事の両立を主たる論点とするため，分析対象は主にDINKs，核家族，親族，母子世帯の女性である．東京都心3区で実施した由井ほか編著（2004）の女性の就業に関する調査と比較すると（表Ⅸ-1），本研究の調査では核家族世帯と母子世帯の比率が高いのに対して，パラサイト世帯とDINKs世帯の比率が低い．

第2節　女性就業を取りまく労働市場の変化

1990年代以降の日本における産業構造の変化の1つとして，老人介護サー

ビス業の成長があげられる．高齢化の進展，介護保険制度の導入にともない，特に2000年以降において介護サービス業の成長が著しい．この状況は沖縄県や那覇市でも同様で，事業所・企業統計調査によると，那覇市における「老人福祉・介護事業」の事業所数は1996年の206から，2001年の267，さらに2006年の390へと急速に増加している．サービスの特性上，介護サービス業では労働力を女性に依存するため，従業者数の増加は特に女性で著しい．この点は国勢調査からも明らかで，「社会保険・社会福祉・介護事業」の女性就業者は2000年〜2005年の期間に2,771人から4,092人へと1,321人も増加した．一方，この業種の男性就業者は同じ期間に698人から1,120人へと422人増加した．また女性就業者の増加は全産業でも確認でき，那覇市における全産業の就業者で，男性が2000年の91,935人から2005年の86,566人へと5,369人減少したのに対して，女性は65,517人から67,040人へと1,523人増加しており，女性就業者の増加に対する介護サービス業の貢献を指摘できる．図IX-1から，沖縄県における完全失業率の推移をみると，2002年以降，男性の失業率が8

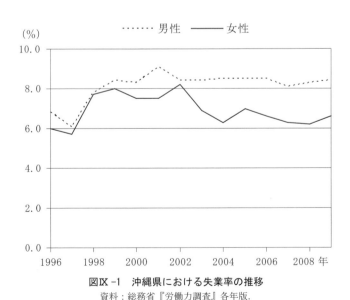

図IX-1 沖縄県における失業率の推移
資料：総務省『労働力調査』各年版．

～9％でほぼ横ばいで推移しているのに対し，女性の失業率が約8％から6～7％へと低下している．男性は2000年から2005年の期間に建設業で8,445人，卸売・小売業で2,993人減少していて，この期間における男性就業者の減少の要因になっている．

なお，沖縄県では男性の収入が相対的に低いこともあって，世帯収入に占める配偶者の収入の割合が大きい．2010年総務省家計調査年報によると，世帯実収入（二人以上の世帯のうち勤労者世帯）に占める配偶者収入の割合は，全国で11.1％であるのに対して沖縄県では16.8％を占める．この結果は，家計において女性が大きな役割を担っていることを示している．

第3節　就業にともなう生活の変化

　介護サービス業における労働力需要の増大にしたがって，この地域では女性の就業者が増加した．これはまた家計収入の増加など，個々の女性の生活にも何らかの影響を及ぼしていると推測される．従業者アンケートによると，「就業によって変化したことは何か」という質問に対し，「資格や技能を生かす充実感」と回答した者が43％，「経済的なゆとり」が39％，「知人が増えた」が36％，「社会参加の充実感」が31％であった（図Ⅸ-2）．雇用機会の増加は，家計収入の増加はもちろんのこと，就業から得られる充実感などの精神面でのプラスの効果を及ぼした．

　ただし，この回答は従業者の属性，とりわけ介護現場以外からの転職であるか，専業主婦からの就職であるかによって差が認められる．同じ質問「就業によって変化したことは何か」に対し，前職が介護現場以外の回答者116人では，「資格や技能を生かす充実感」と回答した者が52％と過半数を示す（表Ⅸ-2のa）．この職への就職の機会に恵まれなかった資格や技能を持つ者に対し，その機会がもたらされたとみることができる．一方，前職が専業主婦の回答者21人では，「経済的なゆとり」が57％，「知人が増えた」が52％を示す（表Ⅸ-2のb）．専業主婦に対しては，家計収入の増加や社会進出による自己実現と

第3節　就業にともなう生活の変化　215

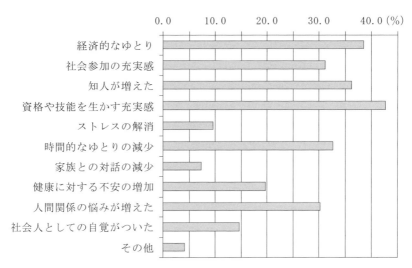

図Ⅸ-2　就業によって変化したこと
注）回答者数は218人．複数回答．
資料：アンケート調査（2010年5月〜6月実施）．

いう点で影響があった．また，前職が学生すなわち学卒後に介護現場のみで就業する回答者31人では，「経済的なゆとり」と「社会人としての自覚がついた」がそれぞれ42％を示す（表Ⅸ-2のc）．これは，学生から社会人に社会的地位が変わったことによって回答者が感じた変化といえる．

　プラスの影響の一方で，就業によって生じる悩み等の問題が生じていることにも注意を払う必要がある．同じ質問に対して，「時間的なゆとりの減少」と回答した者が33％，「人間関係の悩みが増えた」が30％に及ぶ（図Ⅸ-2）．このなかで「時間的なゆとりの減少」については，母子世帯の回答者が多く選んでおり，仕事と家事の両立で苦慮していることを示唆している．沖縄県における母子世帯の就業問題に関しては，沖縄県が実施した実態調査からも窺い知ることができる．2008年沖縄県ひとり親世帯等実態報告書によると，無業から就業，パート・臨時から常勤など，ひとり親になったことをきっかけに働き方を変えた女性が約7割を占める．また，就業していない母子世帯の女性の4人のうち1人が，その理由として「時間の条件の合う仕事がないため」をあげて

表Ⅸ-2 回答者の前職別にみた「就業によって変化したこと」に対する回答

前職		経済的なゆとり	社会参加の充実感	知人が増えた	資格や技能を生かす充実感	ストレスの解消	時間的なゆとりの減少	家族との対話の減少	健康に対する不安の増加	人間関係の悩みが増えた	社会人としての自覚がついた	その他
a. 介護以外	116人	39	36	43	61	10	30	7	24	31	10	6
	%	33.6	31.0	37.1	52.6	8.6	25.9	6.0	20.7	26.7	8.6	5.2
b. 専業主婦	21人	12	8	11	9	3	6	4	4	4	3	0
	%	57.1	38.1	52.4	42.9	14.3	28.6	19.0	19.0	19.0	14.3	0.0
c. 学生	31人	13	4	11	6	3	16	3	9	13	13	1
	%	41.9	12.9	35.5	19.4	9.7	51.6	9.7	29.0	41.9	41.9	3.2

注）複数回答．
　％は，前職それぞれの回答者総数に占める割合を示す．
資料：アンケート調査（2010年5月～6月実施）

いる．もちろん収入面でも厳しい状況に置かれており，自身の収入が200万円未満の女性が約7割を占める．

第4節　事業所による女性雇用のための対策

　既婚女性が就業する上での大きな課題は仕事と家事の両立である．それゆえ，既婚女性が大きな割合を占める介護サービス業にとっては，従業者の家事や子育てに配慮した雇用が課題となる．ちなみに，国勢調査（2005年）によると，沖縄県の「医療，福祉」産業において有配偶女性の割合は就業者の41%，女性就業者の56%を占める．アンケート回答者の場合，その割合はさらに大きく，既婚者に相当するDINKs，核家族，親族，母子世帯の従業者が71%（158人）である．

　東広島市の介護サービス業を調査した加茂・由井（2006）では，託児施設の設置や従業者による勤務時間選択等の就業上の配慮が確認された．これに対して，本章における聞き取り調査では，家事や子育てに対する配慮を積極的に行っていると回答する事業所は比較的少なかった．この主な原因は，福利厚生に充当する資金が乏しいこと，求人に対する応募が比較的多いこと等である．そのなかで調査事業所の全てが駐車場を確保している点は注目される．沖縄県は公共交通機関の整備が比較的遅れていて，自家用車通勤が多い地域であるため，従業者のために駐車場を用意する事業所は多い．回答者の自家用車通勤率は71%を占め[2]，通勤時間30分以内の回答者が86%もいる．従業者は自家用車利用によって子供の送迎や家事始動までの時間の短縮を図っていると推測される．

　また，多くの事業所では家事都合による休暇取得が比較的容易で，子供の病気や学校行事等のために職場を離れざるを得ない女性にとって重要である．休暇を取得しやすい理由は，職務内容が多くの従業者で共通し，従業者間での交代による休暇取得が可能なこと，家事や子育てを経験した職員が多く，休暇取得の理解を得やすいことなどである．

前章の調査と同様に，既婚女性の家事・子育てに対する配慮は法人種別により異なる．医療法人，社会福祉法人では休暇取得が比較的容易であるが，これら以外の法人で経営基盤が比較的弱く従業者数にゆとりがない事業所では休暇取得が難しい．沖縄県介護サービス情報（2011年1月）によると，那覇市の介護サービス事業所のうち株式会社，有限会社，合資会社，NPO法人は，訪問型で66％，通所型で61％，施設型で21％を占める．介護事業の民営化にともなって那覇市でも営利法人の事業所が多数立地したが，1年以内に閉鎖する事業所もあり，経営基盤が脆弱な法人も多い．横山（2003，p.102）によると，民間企業の撤退要因として指摘されているのは，利用料の過重負担や利用上の制約や家族介護などにより利用が伸びず供給過剰になっている点，利用者との「これまでのつながり」が重視され新規参入事業者に不利な状況が生じている点などである．就業との関連でいえば，こうした事業所の閉鎖は不安定な就業状態の労働者を増やす一因になっていると推察される．

他方，調査した21事業所のうち保育施設を有するのは1事業所のみであった．この事業所では，従業者からの要望が強かったため保育施設を設置したが，現在では運営を外部へ委託している．また，保育施設を設置したもののその後廃止した事業所が1ヶ所あった．保育施設を保有しない，あるいは廃止する理由は，資金に余裕がないこと，従業者が充足していて投資をする必要がないこと，従業者からの要望が少ないことなどである．要望が少ないのは，保育期にある女性従業者が少ないため，また保育内容等で希望に合う保育所が地域内にあるためである．一方，保育施設を有する事業所の特徴の1つは施設型介護や医療法人である．こうした事業所のなかには，看護師不足が常態化し，その対策として保育施設を設置するものもみられる．従業者アンケートの結果から保育の状況をみると，事業所外の保育サービスを利用していることが判明した．保育の必要な子を持つ回答者29人の場合，勤務中に子供を預ける相手は，認可保育所が20人，認可外保育所が8人，祖父母が1人であった．なお，保育所に預ける場合，保育費の負担が必要となるため負担可能な収入を得ていることが条件になる．この29人の世帯年収については，500万円以上の回答者が5人，300〜500万円が14人，200〜300万円が5人，200万円未満が5人と，必ず

しも高いとはいえない回答者も存在する.

　また保育の問題以外にも，保育期を過ぎた女性が比較的多いこの産業では，夏期休業期や放課後の子供の世話が課題になる．由井ほか（2010）によると，共働き女性やひとり親世帯の母親が多い沖縄県では学童保育への依存度が高い．小学校数を基準とした学童保育設置率は107.1％で，47都道府県のなかで第8位である．アンケート結果からは，働きながら小学生の子の世話をすることに苦慮しているという回答がみられ，学童保育は介護サービス業の就業者にとっても仕事と家庭の両立を図るうえでの課題の1つといえる．

　以上，事業所での聞き取り調査では，駐車場の確保，休暇取得への配慮，保育施設の設置等が一部で実施され，従業者の仕事と生活の両立を支えている．しかし，労働力不足が深刻化していないこと，経営基盤が弱く資金に余裕がないことなどを理由として，既婚女性の家事や子育てに配慮した対策を積極的にとる事業所は少なかった．事業所からの支援が限られるなかで，家族での分業等を通じて従業者は家事や子育てに対処していると推測される．

第5節　仕事と家庭の両立

1）家庭での役割分担

　既婚女性の職業選択には家庭での役割分担が大きく影響するため，世帯構造に着目して仕事と家庭の両立の状況を把握する視点が必要である．東広島市における女性介護職を対象に分析した加茂・由井（2006）によると，家事・育児の主たる担い手は，核家族世帯では回答女性本人，親族世帯では回答女性の母親である．

　本章の調査では，回答女性が家事の大部分を担いつつ就業していることが明らかになった．夫がいる回答者104人のなかで，「夫が家事をしない」と回答した者は30人（29％），この30人を含め「夫の家事分担が20％以下」と回答した者は80人であった（図Ⅸ-3）．家事種別でみても，36％が回答した洗濯

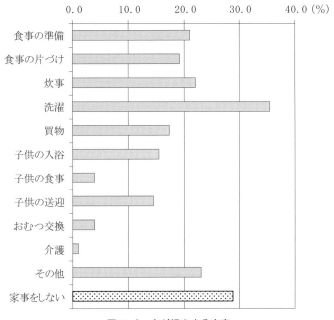

図Ⅸ-3　夫が担当する家事
注）回答者数は104人．複数回答．小学生以下の子がいる者は44人．
資料：アンケート調査（2010年5月～6月実施）．

が最大で，いずれの家事においても夫が分担するケースは少ない．

　親族世帯と比較すると，DINKsと核家族世帯で夫の家事分担率は高くなる傾向にある．親族世帯で「夫が家事をしない」と回答した者は7人（41%）であったが，DINKsと核家族世帯では24人（27%）であった．家事を夫婦で50%ずつ分担している回答者も，親族世帯で0人であるのに対して，DINKsで2人（13%），核家族世帯で4人（5%）である．親族世帯の場合は，夫以外の家族が家事・子育てを分担している可能性があるが，本調査の結果では家族の分担率はさほど高くなかった．親，20歳以上の子または嫁と同居する親族世帯の回答者は22人で，「家事の50%以上を自身が負担」と回答した者は17人もいる．また親の介護についても同様で，主たる担い手は回答者自身である．介護が必要な家族がいる回答者22人のうち13人が「介護の50%以上を自身

が負担」と回答している．なお，家族の介護において介護サービスを利用する回答者は5人であった．以上のように，親と同居する親族世帯の回答者であっても，回答者が家事の大部分を担いながら就業している実態がみて取れる．

沖縄県においては親族間の結びつきが強いという報告もあり，同居者以外の親族から家事や子育ての支援を受けていることが考えられる．別居する親からの支援の状況を分析したところ，一部の回答者でこれを示す結果が得られた．核家族世帯77人のなかで，親が家事を分担する回答者は3人であり，また育児が必要な子がいる核家族世帯30人のなかで，親が子育てを分担する回答者は4人である．ただし，本研究で用いた資料の限界もあり，相互扶助あるいは親族ネットの強さに基づく支援の実態についてはデータを補ったうえでの検証が必要である．

ところで，沖縄県の特徴の1つは就業の不安定性であり，男性の場合，失業率は8.4％（2009年）で47都道府県では最も高く，非正規雇用者率[3]は30.8％（2007年）で，東京都に次いで2番目に高い．調査結果からは，男性が不安定就業状態にある家庭でも，家事負担は男性より女性で大きいことが判明した．夫がいる回答者104人のうち夫が無業の者は10人いるが，「夫が家事をしない」と回答した者は5人である．また夫が非正規雇用の回答者は15人で，「夫が家事をしない」と回答した者は7人である．このように女性が家計の主たる担い手の世帯であっても，家事の担い手は必ずしも夫ではない．こうした不安定就業男性の家事従事度の低さから推測できるのは，夫の家事負担が少ない原因が，男女間の就業時間や収入の差など就業面の問題だけではないことであり，家事を担うのは女性という観念等にもよると考えられる．

2）母子世帯における仕事と家庭の両立

母子世帯の回答者は32人であり，このうち22人が介護以外からの転職である．勤務先選択の理由として，「通勤の容易さ」（47％），「経営の安定した職場」（41％）をあげる回答者が多いことから，家事従事や家計に配慮して職

場を選択していると判断できる．母子世帯の場合，フルタイム・パートタイムの勤務形態の選択が，仕事と生活の両立の上で重要である．20歳未満の子供がいる母子世帯の回答者は24人であり，このうちフルタイムは19人（79%）である．末子年齢が12歳以下の母子世帯ではフルタイムの割合が71%とやや低くなるが，母子世帯の回答者の多くは収入を重視した選択をしているといえよう．

　雇用機会が乏しく，賃金水準が低い沖縄県においては，雇用の継続や収入の維持に不安を抱えている女性が多く，特に母子世帯で非正規雇用の問題が深刻である．20歳未満の子供がいる母子世帯の回答者24人のうち非正規雇用は10人（42%）である．回答者全体では非正規雇用が94人（42%）であるため，母子世帯で特に多いというわけではない．しかし世帯年収は，非正規雇用の回答者10人すべてで200万円未満である．親などからの支援を得ていない女性では特に，雇用の継続，家計の維持に不安を感じながら就業していると推測される．他方，自家用車通勤をする回答者は80%を占める．経済的に厳しい状況に置かれているものの，仕事と家庭の両立を図るための手段として自家用車を利用する者は多い[4]．

　夫がいる家庭では夫婦間で家事や子育てを分担することが可能であるが，母子世帯ではこれらをひとりで負担しているケースが多い．20歳未満の子供がいる母子世帯の回答者24人のうち12人が「家事の全てを自身が負担」と回答した．ただし，小学校高学年以上の子がいる母子世帯では，子が家事を分担している事例があり（回答者16人のうち9人），食事の片づけなどを手伝っている．同居はしていないが，介護が必要な親を抱えている母子世帯の回答者は4人いて，このうち2人は自身が中心となって世話をし，2人は介護サービスを利用している．また，未就学の子供がいる回答者は2人と少なく，2人とも認可保育所に預けて就業している．介護・子育て等の外部サービスを利用しながら就業している様子がうかがえる．

第6節 結 び

　沖縄県では，女性が就業する背景に，雇用機会の乏しさ，男性の収入の低さ，母子世帯率の高さなどがあるため，女性の就業に適した就業機会が拡大することで就業者が増加すると期待される．他方，就業をとりまくこの状況は，家計において既婚女性が果たす役割が大きいことを示唆していて，仕事と家庭の両立がいかに実現されているのかを解明することが課題となる．本章では，介護サービス業で就業する女性の仕事と生活の両立に対する事業所からの支援および世帯内での家事分業の把握を試みた．

　沖縄県では，建設業と卸売・小売業で労働力需要が縮小する一方で，介護サービス業で増大した．家事や子育ての経験を生かせるこの産業では，新規学卒者，他産業からの転職者のみならず，専業主婦の就職も多くみられた．介護サービス業以外からの転職者には，資格や技能を生かす充実感を感じる者，専業主婦からの就職者には，経済的なゆとり，働く充実感を感じる者が多い．他方，母子世帯の女性が家事・子育てとの両立あるいはより高い収入の獲得をめざして，介護サービス業を就業先として選択している点は注目される．しかし，このなかには仕事と生活における二重の責務の増加に直面する者も存在する．

　この地域の介護サービス業には，資金面で余裕のある事業所が少なく，家事や子育てに対する事業所からの支援は限られている．そのなかで事業所が駐車場を確保している点，家事都合による休暇の取得をしやすくしている点は，従業者が仕事と家事の両立を実現する上で重要である．女性従業者は，この駐車場を利用して通勤し，買物や子供の送迎等に対処し，また子供の病気や学校行事などに対しては休暇を取得して対処している．

　家庭内での家事の分担については，いずれの世帯形態においても大部分の女性が主たる担い手としての役割を果たしている．DINKsや核家族世帯では夫が，親族世帯では母親が，母子世帯では子供が家事を手伝いつつも，女性従業者を中心とした家事・子育てという役割分担が成り立っている．夫が不安定就業で女性が家計の担い手であっても，家事を担うのは女性である．介護サービス業で従事する既婚女性は，雇用形態の選択，事業所による配慮を

取り入れながら，家事・子育ての主要な部分を自ら担いつつ就業しているといえる．

注

1) 介護保険法第115条の35（介護サービス情報の報告および公表）によると，介護サービス事業所は，都道府県知事に厚生労働省令で定められる情報（基本情報，調査情報）を報告しなければならない．都道府県知事は，当該報告を受理したときは，調査を行い，その結果を公表しなければならない．沖縄県でこの結果を公表しているのが沖縄県介護サービス情報である．
2) 国勢調査（2000年）によると，常住地による15歳以上自宅外就業者・通学者総数に占める利用交通手段が自家用車である者の割合は，全国で44%であるのに対して，沖縄県では63%である．
3) 非正規雇用者率は，雇用者に占める非正規雇用者の比率（男性）である．総務省『就業構造基本調査』による．
4) 沖縄県では母子寡婦福祉貸付金制度があり，通勤用自動車等を購入する資金が貸付の対象になっている．

結　論

　本書は，経済のグローバル化への対応や規制緩和による市場と競争の強化が求められる中で成長を遂げた人材サービス業と介護サービス業を取り上げ，求める労働力や立地地域の特性を明らかにするとともに，労働力を確保するために取る産業側の戦略，そして労働者がその産業を選択する理由を分析することで，これらの産業の成長要因に迫ることを目的とした．このため通勤圏を地域労働市場の空間的な範囲として設定し，実態調査にもとづく資料の収集と分析を試みた．章ごとの結果は以下のとおりである．

　第II章における全国レベルでのクラスター分析の結果，太平洋ベルト地帯が労働市場の地域構造の骨格をなすことが判明した．ただし，太平洋ベルト地帯とそれ以外の地域という単純な構成ではなく，基本的には高賃金を特徴とする関東地方と西日本の太平洋ベルト地帯，労働市場の状態が劣悪な国内周辺地域，そしてその両者の間に雇用機会に恵まれた地域が広がるという三地帯構成が認められる．加えて，県庁所在地区が，それぞれの県のなかでも比較的良好な労働市場特性を示すことが明らかになった．1985年と1993年で比較すると，その三地帯構成にやや明確さがみられなくなった点が特筆される．この原因として，周辺地域で県外就職率が低下していること，大都市圏において雇用保険受給率の高い地域が認められ，不安定就業の労働者が増加していることが考えられる．

　第III章では国内周辺地域における還流移動を取り上げた．還流移動には，労働者にとって他地域での就業経験による技能の向上という修行的な意味，地元の親の世話や結婚などの家族の維持としての意味もある．一方，需要側である

企業は，こうした点を雇用戦略に取り入れてこの地域で事業を展開している．分工場を新設する際に，企業内で出身者の多い地域を選ぶ企業，あるいは帰還を見越し，募集に際して就職進学や花嫁修業を付加給付に取り入れる企業がみられた．企業と労働者の両方に利点はあるものの，流出先で技能や学歴を修得した労働者であっても，帰還後はその多くが相対的に低い労働条件で就業しており，地域労働市場の周辺的な性格を強める原因にもなっている．

第Ⅳ章では，人材サービス業の経営特性をもとに労働力の調達地域を検討した．その経営特性は，経費を節約して顧客企業が要求する労働力を調達する点にある．分析の結果，労働力調達の主要な地域は，顧客企業の通勤圏すなわち工業地域，雇用機会の乏しい国内周辺地域，若年労働者の絶対数が多い大都市圏であることが明らかになった．勤務地や職務内容の変更に対応できる健康で勤勉な労働者を求めて，北海道や九州・沖縄等の国内周辺地域，東京や大阪等の大都市圏を中心に求人専用事務所を設置する人材サービス業が確認された．

人材サービス業が労働力を効率的に調達するためには，求人をする地域の選定が重要である．鹿児島地区はその1つであるが，客観的なデータはもちろんのこと，この地域に対する観念や就職に関する歴史的側面なども加味して人材サービス業は地域を選んでいた（第Ⅴ章）．製造業における直接雇用から間接雇用への切り替えが進み，また一部には熟練を要する製造業務も人材サービス業に委ねられられている．こうした求人の対象の1つは製造業務の経験がある元期間従業者である．この就職に際して，期間従業者の元仲介者が，経験や情報を活かして仲介している点が認められた．人材サービス業の主な求職者としては，生活に問題を生じて高収入を求める者，他地域から帰還したあとつぎ，家業との兼業就業者等があげられる．彼らは，この地域に生活の拠点を置くものの，条件に合う職をこの地域で得ることが難しく，県外での勤務が付随する製造派遣を選択している．

第Ⅵ章では，工業地域における製造派遣への労働力供給を検討した．ここでは労働力を供給する者として，家族や通院等の生活面を重視するため通勤圏での就業を希望する域内出身者，他の地域に住居を持ちながら職を求めて工業地域に一時的に流入する労働者，加えて，定着できる場所がなく製造派遣の勤務

地として流入する労働者を確認することができた．この定着できる場所のない労働者について中澤（2014）は，派遣・請負業者が用意した寮に居住し，業者に媒介されて地域を移動する「寝つきの空間」を持たない労働者として取り上げ，彼らの一部は，頼ることのできる家族がいないがゆえに賃貸住宅を借りる際の保証人を確保できず，寮とセットになった派遣・請負での仕事に引き寄せられると指摘する．製造派遣の求職者には，就職と離職を短期間で繰り返すためにスキルが乏しい者，生活や借金返済に必要な資金あるいは仕事をしながら住める住居の必要性に駆られている者が少なくない．生活や就業面で問題を抱えた求職者が，従業員寮の提供，早くて便利等の求人特性を持つ人材サービス業に雇用されて，製造業に労働力が供給されているとみることができる．

経済の国際化が進むなか，国内周辺地域では製造業で就業者が大きく減少している．衣服製造業における大幅な人員削減によって離職した女性の一部は，介護サービス業で就業していることが確認された（第Ⅶ章）．介護サービス業では需要見通しや採算確保の難しさ，サービス提供時間の不規則性などの理由から，求人の大部分は時間給制の非正規雇用である．農家であっても既婚女性の多くは家事との両立を優先しており，雇用機会が限られるなか，両立が可能な職として介護サービス業を選択している．

名古屋市では，県内他地域と比較すると介護職の求人に対する充足率が低く，介護サービス業における労働力不足が深刻である（加茂，2014）．したがって，営利・非営利に関わらず大都市圏の事業所では特に雇用対策が課題である．第Ⅷ章によると，従業者確保のための試みとして，営利法人では主として賃金等の雇用条件での差別化を，非営利法人では託児施設，休暇取得，駐車場等の福利厚生の改善を図っていた．一方この地域の女性は，家庭との両立が可能な職住近接の就業機会として介護サービス業の職を捉ている．公共交通機関に恵まれた地域ではあるが，子どもの送迎や家事を始動するまでの時間の短縮のために自家用車を利用するなど，労働者自身も家庭と仕事の両立を実現するための工夫をしていた．

那覇市においても営利法人の介護サービス事業所が多数立地したが，1年以内に閉鎖する事業所もあり，経営基盤が脆弱な法人も少なくない（第Ⅸ章）．

経営面で余裕がある事業所では，女性雇用の対策として保育施設の設置，従業者間での調整のもとでの外出許可などが認められていた．こうした対策はとりわけ母子世帯の女性が就業するうえで意義が大きい．母子世帯において子供が家事を手伝う事例がみられるが，家庭の主たる担い手は女性就業者である．家事を担うのは女性という意識，核家族世帯や母子世帯の多い世帯形態などのために同居家族からの支援を得にくい状況に置かれているものの，女性就業者自身が負担を増やしながら，就業機会が拡大した介護サービス業の就業を選択している．

本書において取り上げた産業は，主として人材サービス業と介護サービス業である．両者の相違点の1つは求める労働力である．人材サービス業が求めるのは，農業や家事や家族の世話など生活面が生産に影響しやすい労働者よりも，その可能性が低い若年の単身者である．調達の範囲は，顧客の通勤圏のみならず，雇用機会の乏しい地域，人口が稠密する地域にも及ぶ．これに対して，介護サービス業が求めるのは高齢者を介護する能力がある者である．さらに介護保険制度に基づく限られた財源のなかで経営を維持するためには，自宅通勤が可能で低賃金での就業を受け入れる労働力の確保が求められる．この主要な対象は，家計補助者としての就業が可能な既婚女性である．いずれの産業においても最適な事業展開を実現するために，労働者の特性に合わせて，またその地域の経済状況や世帯構造や風土性などを考慮した雇用戦略を採用している．一方の労働者については，能力や生活状況に合わせて人材サービス業や介護サービス業を自ら選択するという面が見られた．この背景として大きいのは家計や家族の維持に関する問題である．生活費，住居，親の介護，家事，子育て等の問題に対処するためにこれらの産業での就業が選ばれている．

もちろん本研究において明らかにした内容は，人材サービス業，介護サービス業における就業者増加の要因のすべてを示すものではない．しかし本書では，それぞれの地域の実態に即して，就業者増加の背景にある構造的な要因を，部分的にではあるが捉えることができたと考えられる．

第1章で示したように，地理学では就業や労働市場に関わる地域的な現象を，労働者や制度諸形態等の分析に基づいて捉えることの有効性を論じる研究が進

められてきた．Herod（2001）は，労働者を地域編成の行為主体として正当に評価することを主張し，Peck（1996）は，労働市場が自治体の政策，社会規範，制度などの総体からなる制度諸形態によって社会的に調整されているため，社会的調整様式を分析対象に据える研究が有効であると主張する．これらの成果を取り入れた研究は少ないものの，地域労働市場を構成する主体に注目する研究は従来から行われている．日本では農家の世帯員や女性に焦点を当てた研究が代表的である．そこでは，家事のための一時帰宅を認める納屋工場や農繁期休暇を設ける誘致企業，農業の負債を農外収入で補ってまで農業を続けようとする農業経営者など，資本の論理では容易に説明できない複雑な実態が示されており，多様な主体やこれらの相互作用を分析して地域労働市場を構造的に解明しようとする点において，ヘロッドやペックの研究と共通する視座が認められる．従来の研究の枠組みでは分析の主な対象が企業と労働者であったため，特にペックが社会的調整に着目したことは今後の研究の展開にとって重要である．しかしながら，社会的調整には労働市場をとりまく多様な概念が含まれているため，この中から現実に適用できる概念を絞り込む作業が必要である．この点において注目されるのは中澤（2014）であり，ペックが提唱した社会的調整をもとに実証研究に適した分析概念の検討を試みている．中澤（2014）は，労働市場の媒介項を「求人と求職者のマッチング，職業訓練，キャリアサポートなど，いくつかのサービスの組み合わせによって，雇用関係を仲介する組織」と定義した上で，その機能が労働市場のミスマッチに果たす役割を明らかにしている．それぞれの研究に適した制度諸形態を見出すこと，またその適用可能性を検討することは地域労働市場の研究に残された課題である．さらに，多様な要因が作用する地域労働市場において，どのような枠組みで捉えるのがそれぞれの地理的課題の解明に適しているのかを見極めることが重要である．

文　献

青木英一（1987）:『工業地域の労働力需給』大明堂.
青木英一（1995）: 工業地域における就業構造の特質－岡谷市を事例として－. 経済地理学年報 42, pp.143-159.
青木英一（1996）: 機械工業地域における就業構造の変化－四日市市を事例として－. 経済地理学年報 41, pp.1-18.
青野壽彦（1986）: 経済的中心管理機能の地域構造の形成と変動. 川島哲郎編『経済地理学』朝倉書店, pp.168-195.
青野壽彦（1999）: 平成不況下, 首都圏縁辺過疎地域における工業の動向－山梨県北都留郡小菅村・丹波山村の事例 (2) －. 中央大学経済研究所年報 30, pp.121-165.
赤羽孝之（1975）: 長野県上伊那地方における電子部品工業の地域構造. 地理学評論 48, pp.275-296.
赤羽孝之（1980a）: 長野県南佐久地方における電気機器工業の地域構造. 地理学評論 53, pp.493-510.
赤羽孝之（1980b）: 内陸型電気機器工業への農家労働力の析出構造－長野県南佐久地方の事例－. 経済地理学年報 26, pp.229-244.
赤羽孝之（1988）: 規模間格差と所得の地域移動, 地域格差. 千葉立也・藤田直晴・矢田俊文・山本健児編著『所得・資金の地域構造』大明堂, pp.57-69.
阿部　誠（1997）: 日本経済の構造転換と地域雇用構造の再編－南東北地域の電機産業を中心にして－. 大分大学経済論集 49, pp.33-73.
有馬昌宏（1992）: 有効求人倍率による地域労働市場の分析. 商大論集（神戸商科大学）, pp.207-253.
石丸哲史・友澤和夫（2006）: わが国における人材派遣業の成長と立地動向. 福岡教育大学紀要 55（第 2 分冊）, pp.9-22.
磯田則彦（1993）: 1970 年代・1980 年代における地域間人口移動－中国地方を例として－. 人文地理 45, pp.24-43.
板倉勝高・金安岩男・高野岳彦（1990）: 工業化に伴う農山村地域の変容－山形県真室川町を事例に－. (財) 福武学術文化振興財団助成研究報告書.

伊東維年（1998）：『テクノポリス政策の研究』日本評論社．
伊藤喜栄（1992）：変動する産業経済の地域構造．石井素介編『産業経済地理－日本－』朝倉書店，pp.1-94.
稲垣　稜（2002）：1990年代以降の大都市圏郊外における若年者の就業行動－名古屋大都市圏及び高蔵寺ニュータウン居住者を例に－．経済地理学年報 48, pp.141-161.
伊原亮司（2003）：『トヨタの労働現場－ダイナミズムとコンテクスト』桜井書店．
上原慎一（1998）：職業系高校生の進路形成と「県外」就職－奄美・鹿児島の事例から－．鹿児島経済大学地域総合研究所編『ボランタリーエコノミーと地域形成』日本経済評論社，pp.295-326.
氏原正治郎・高梨　昌（1971）：『日本労働市場分析（上）』東京大学出版会．
内田真人（2002）：『現代沖縄経済論』沖縄タイムス社．
宇和川　邁（1999）：ホームヘルパーの賃金について考える．賃金と社会保障 1259, pp.14-29.
江口英一（1978）：農村における過剰人口プールの新しい形成．中央大学経済研究所編『農業の構造変化と労働市場』中央大学出版部，pp.239-330.
岡田　真（1978）：人口都市化とUターン．南亮三郎編『転換途上の日本人口移動』千倉書房，pp.91-114.
岡橋秀典（1978）：工業化地域周辺山村における農業の変貌と農民層の動向．人文地理 30, pp.97-116.
岡橋秀典（1980）：奥飛騨山村・上宝村における非通年型雇用の展開と農業・農民層の動向．地理学評論 53, pp.511-530.
岡橋秀典（1990）：「周辺地域」論と経済地理学．経済地理学年報 36, pp.23-39.
岡橋秀典（1997）：『周辺地域の存立構造－現代山村の形成と展開－』大明堂．
小越洋之助（1989）：労働市場の弾力性（フレキシビリティ）について．國學院経済学 37, pp.51-71.
尾崎正利（2003）：構内請負業における労働力確保について－沖縄県における募集・斡旋のシステム－．三重短期大学地域問題総合調査研究室通信 72, pp.1-6.
小野　旭（1994）：『労働経済学（第2版）』東洋経済新報社．
小俣利夫（1980）：東京大都市圏における工業労働力の移動類型．新地理 27, pp.27-44.
小俣利夫（1990）：労働市場と労働力移動の研究．上野和彦編『地域研究法』大明堂，pp.155-170.
鹿児島県雇用開発協議会（1995）：高校生の就職指向と定住条件整備に関する調査報告書－平成7年3月卒業予定者の意識調査－．

鹿児島県職業安定課（1989）：Uターン者の動向調査結果．pp.42-43.
梶田　真（1998）：奥地山村における青年男子従業者の就業過程－岐阜県郡上郡和良村を事例として－．地理学評論 71，pp.573-587.
梶田　真（2002）：国土縁辺部における土木業の発展過程－島根県羽須美村を事例として－．人文地理 54，pp.155-172.
梶田　真（2005）：戦後の縁辺地域における土木業者の発展過程と労使関係の性格－奥地山村を事例として－．地理科学 60，pp.237-259.
加藤光一（1991）：『アジア的低賃金の《基軸》と《周辺》－日本と韓国の低賃金システム－』日本経済評論社．
上江洲朝彦(2005)：長野県諏訪地域における工業労働者の居住地移動．地域研究年報（筑波大学）27，pp.113-126.
加茂浩靖(1998)：わが国における労働市場の地域構造－1985年と1993年の比較考察－．経済地理学年報 44，pp.93-115.
加茂浩靖（1999）：わが国「周辺地域」における地域労働市場の性格と労働者の還流移動－鹿児島県姶良地域を事例として－．人文地理 51，pp.140-163.
加茂浩靖（2001）：国内周辺地域における地域労働市場の変化－宮崎県西諸県地域を事例として－．地理科学 56，pp.232-251.
加茂浩靖（2004）：労働市場の地域構造－日本における労働市場の地域的構成研究の課題－．人文地理 56，pp.491-508.
加茂浩靖（2006）：わが国における業務請負業の労働力調達行動－東広島市に立地する業務請負企業を事例に－．地理科学 61，pp.81-95.
加茂浩靖（2010）：国内周辺地域における製造業務請負労働者および派遣労働者の就業特性－鹿児島市で求職活動をする労働者の場合－．日本福祉大学経済論集 40，pp.133-142.
加茂浩靖（2011）：大都市圏における介護サービス業に従事する女性の仕事と生活－名古屋市を事例として－．日本福祉大学経済論集 43，pp.65-77.
加茂浩靖（2011）：那覇市の老人介護サービス業に従事する女性の仕事と生活．日本福祉大学研究紀要　現代と文化 123，pp.97-107.
加茂浩靖（2012）：工業地域における製造派遣への労働力供給－西三河地域の場合－．日本福祉大学経済論集 44，pp.25-34.
加茂浩靖（2014）：愛知県における介護サービス労働市場の特徴．日本福祉大学経済論集 49，pp.25-36.
加茂浩靖・由井義通（2006）：農村における老人介護サービス業の雇用特性と女性の就

業－広島県東広島市を事例として－．地理科学 61, pp.147-155.
川崎　敏 (1963)：三大労働市場における吸引労働力の地域構造．地理学評論 36, pp.481-498.
川村匡由 (1998)：『介護保険総点検』ミネルヴァ書房.
菊地利夫 (1963)：京浜労働市場圏における労働力の需給構造とその動向予測．人文地理 15, pp.553-569.
北村修二 (1982)：農家の兼業からみた日本の地域構造．地理学評論 55, pp.739-756.
北村修二 (1988)：失業率からみたわが国の地域性の特徴とその変化．経済地理学年報 34, pp.170-180.
北村修二 (1992)：『国際化と労働市場－その地域的再編成－』大明堂.
北村嘉行・矢田俊文編著 (1977)：『日本工業の地域構造』大明堂.
木村隆之 (1985)：地域労働市場の概念．経済科学論集（島根大学法文学部紀要）10, pp.52-74.
金城一雄 (1986)：沖縄県における単身家族の実証的研究－沖縄県南部 I 市における母子家庭の実態と社会意識の調査結果を中心にして－．沖縄大学紀要 5, pp.127-176.
金城一雄 (1989)：家族構造の変化－世帯構成の計量的分析を中心として－．新崎盛暉・大橋薫編著『戦後沖縄の社会変動と家族問題』アテネ書房, pp.100-121.
国吉和子 (1989)：共働き家族と女性の就労－共働き女子雇用者の就労をめぐる問題を中心に．新崎盛暉・大橋薫編著『戦後沖縄の社会変動と家族問題』アテネ書房, pp.305-317.
黒田研二 (2005)：営利法人と非営利法人のホームヘルパーに関する比較．日本在宅ケア学会誌 9, pp.39-45.
小池和男 (1994)：『日本の雇用システム』東洋経済新報社.
厚生労働省編 (2006)：『平成 18 年版労働経済白書－就業形態の多様化と勤労者生活－』独立行政法人国立印刷局.
合田榮作 (1940)：新潟縣の出稼女工供給地域 (2)．地理学評論 17, pp.255-283.
伍賀一道 (1980)：地域開発と労働市場の展開．金沢大学経済論集 17, pp.120-135.
伍賀一道 (2003)：現代日本の失業と不安定就業．社会政策学会誌 10, pp.3-21.
伍賀一道 (2005)：今日の間接雇用をめぐる論点－日本とオーストラリアの現状を踏まえて－．東京経大学会誌 241, pp.9-31.
小金澤孝昭・青野壽彦・内藤博夫・和田明子 (2002)：地域就業構造のダイナミズム－郡内地域経済を事例にして－．経済地理学年報 48, pp.309-322.
斉藤光格 (1961)：兼業農家からみたわが国の農業地域．地理学評論 34, pp.200-221.

佐藤博樹監修（2001）：『IT時代の雇用システム』日本評論社．
佐藤由子（1988）：高度成長期以後工業を導入した地方の就業－山形県村山市の調査から－．法政大学地理学集報 16, pp.1-20.
佐野嘉秀（2004）：製造分野における請負労働者の労働条件とキャリア－社会政策の視点から－．季刊社会保障研究 40-2, pp.139-152.
佐橋克彦（2006）：『福祉サービスの準市場化－保育・介護・支援費制度の比較から－』．ミネルヴァ書房．
島　紀男（1996）：労働市場の階層性と日本的雇用慣行．明治大学経営論集 43, pp.173-196.
島田　章（2000）：二重労働市場と国際労働移動．経営と経済（長崎大学経済学会）80, pp.65-98.
島田晴雄（1986）：『労働経済学』岩波書店．
清水浩昭（1984）：人口移動における「家族的理由」研究序説．人口問題研究 169, pp.17-30.
下平好博（1999）：外国人労働者－労働市場モデルと定着化．稲上　毅・川喜多喬編『講座社会学　6　労働』東京大学出版社，pp.233-271.
末吉健治（1989）：最上川地域における電機工業の展開．経済地理学年報 35, pp.221-244.
末吉健治（1991）：最上地域における衣服工業の展開と農家の就業形態．経済地理学年報 37, pp.61-84.
末吉健治（1995）：企業内地域間分業－研究動向と分析枠組－．季刊地理学 47, pp.34-45.
鈴木宏昌（1990）：『国際化時代の労働問題』日本労働研究機構．
隅谷三喜男（1976）：『労働経済論』筑摩書房．
武石恵美子（2002）：雇用システムの構造変化と女性労働．経済地理学年報 48, pp.323-338.
武田祐子・木下禮子編著（2007）：『地図でみる日本の女性』明石書店．
竹中恵美子・久場嬉子編（1994）：『労働力の女性化』有斐閣．
田子由紀（1994）：工場進出に伴う就業女性の生活変化に関する時間地理学的考察－神奈川県津久井町青野原地区を事例に－．人文地理 46, pp.372-395.
田代洋一（1975）：地域労働市場の展開と農家労働力の就業構造．田代洋一・宇野忠義・宇佐美繁編『農民層分解の構造　戦後現段階－新潟県蒲原農村の分析』御茶の水書房，pp.15-97.

谷　謙二（1998）：コーホート規模と女性就業から見た日本の大都市圏における通勤流動の変化．人文地理 50, pp.212-255.

丹野清人（1999）：在日ブラジル人の労働市場－業務請負業と日系ブラジル人労働者－．大原社会問題研究雑誌 487, pp.21-40.

丹野清人（2007）：『越境する雇用システムと外国人労働者』東京大学出版会．

中央大学経済研究所編（1982）：『兼業農家の労働と生活・社会保障－伊那地域の農業と電子機器工業実態分析－』中央大学出版部．

中央大学経済研究所編（1985）：『ME 技術革新下の下請工業と農村変貌』中央大学出版部．

中央大学経済研究所編（1994）：『「地域労働市場」の変容と農家生活保障』中央大学出版部．

中馬宏之（2003）：労働市場における二極分化傾向：構内請負工急増の事例から．フィナンシャルレビュー 67, pp.57-74.

張　允禎・黒田研二（2005）：営利法人と非営利法人のホームヘルパーに関する比較．日本在宅ケア学会誌 9, pp.39-45.

塚田秀雄（1961）：労働市場の地域的研究－二, 三の事例による試み－．人文地理 13, pp.416-431.

手塚和彰（1988）：『外国人労働者』日本経済新聞社．

東京労働基準局編（1984）：『新版・パートタイマー－その実態と意識』日本労働協会．

富田和暁（1999）：大都市圏と非大都市圏における男女別の産業別・職業別就業者数の変動－1990 年代前半における分析を中心として－．人文研究　大阪市立大学文学部紀要 51, pp.1145-1188.

富田安信（1989）：失業統計をめぐる諸問題．大阪府立大学経済研究叢書 69, pp.1-33.

友澤和夫（1989a）：周辺地域における工業進出とその労働力構造－中・南九州を事例として－．地理学評論 62, pp.289-310.

友澤和夫（1989b）：わが国周辺地域における「非自立的産業」の展開と地域労働市場の構造．経済地理学年報 35, pp.201-220.

友澤和夫（1993）：東北地方における労働市場の類型と北上地区における地域的特性．（所収　文部省科学研究費助成金（総合研究 A）研究成果報告書（研究代表者：森川　洋）『わが国都市システムの構造的変化』），pp.82-99.

友澤和夫・石丸哲史（2004）：人材派遣ビジネスの地域的展開．広島大学大学院文学研究科論集 64, pp.95-112.

豊島紡績 30 年の歩み編纂委員会（1986）：『豊島紡績 30 年の歩み』豊島紡績株式会社,

pp.166-168.
中川　正 (1983)：集落の性格形成における宗教の意義－霞ヶ浦東岸における二つの集落－．人文地理 35, pp.97-115.
中澤高志 (2014)：『労働の経済地理学』日本経済評論社.
中嶋充洋・豊田謙二編 (1991)：『南のくにのまちづくり』高城書房.
中藤康俊 (1988)：産業構造の調整と地域政策．経済地理学年報 34, pp.229-248.
中安定子 (1988)：『現代の兼業－事例にみる地域性と歴史性』．農山漁村文化協会.
永山武夫 (1982)：『現代の労働経済』ミネルヴァ書房.
永山武夫編著 (1992)：『労働経済－「日本的経営」と労働問題－』ミネルヴァ書房.
波平勇夫 (2006)：沖縄の離婚－都市化過程からの問題提起－．沖縄国際大学社会文化研究 9, pp.1-19.
二木　立 (2007)：『介護保険制度の総合的研究』勁草書房.
畠山輝雄 (2005)：介護保険通所型施設の立地と施設選択時における決定条件－武蔵野市の事例－．人文地理 57, pp.332-346.
久野国夫 (1986)：地方への企業立地と地域経済－鹿児島県における進出企業の経済的波及効果－．鹿児島大学社会科学雑誌 9, pp.83-116.
二神　弘 (1971)：地方都市における若年人口の還流現象．富山大学教養学部紀要 3, pp.47-97.
古郡鞆子 (1997)：『非正規労働の経済分析』東洋経済新報社.
ベッカー著, 佐野陽子訳 (1976)：『人的資本－教育を中心とした理論的・経験的分析－』東洋経済新報社. Becker, G. S. (1975) *Human Capital: A Theoretical and Empirical Analysis, with Special Reference to Education.* Columbia University Press, New York.
ホーン・川嶋瑤子 (1985)：『女子労働と労働市場構造の分析』日本経済評論社.
松田松男 (1979)：労働市場の階層性についての分析視角．経済地理学年報 25, pp.195-202.
松村直道 (1998)：『高齢者福祉の創造と地域福祉開発』到草書房.
丸尾直美 (1996)：『市場志向の福祉改革』日本経済新聞社.
美崎　皓 (1979)：『現代労働市場論－労働市場の階層構造と農民分解－』農山漁村文化協会.
水野朝夫 (1992)：『日本の失業行動』中央大学出版部.
御園喜博 (1983)：『兼業農業の構造－再編の方向と課題』農林統計協会.
三井逸友 (1988)：課題と分析視角．黒川俊雄編『地域産業構造の変貌と労働市場の再編－新産業都市いわきの研究－』法律文化社, pp.1-11.

宮崎正壽（1991）：『統計で読む日本経済』ぎょうせい．
宮澤　仁（1999）：「保健福祉マップ」で考える高齢者介護サービスの自治体間格差①．地理 44-11，pp.66-71．
宮澤　仁（2003）：関東地方における介護保険サービスの地域的偏在と事業者参入の関係－市区町村データの統計分析を中心に．地理学評論 76，pp.59-80．
森　一夫（1997）：日本の景気循環．伊藤史朗編著『日本経済と金融』晃洋書房，pp.27-59．
森川　洋（1990）：わが国の地域的都市システム．人文地理 42，pp.97-117．
矢沢弘毅（1997）：『現代日本の経済データ』日本評論社．
矢田俊文（1995）：東京一極集中型国土構造．経済地理学会西南支部編『西南日本の経済地域』ミネルヴァ書房．
矢野栄二偏著（2008）：『雇用形態多様化と労働者の健康』（財）労働科学研究所出版．
山口　覚（2004）：海外移住としての「本土」就職－沖縄からの集団就職－．人文地理 56，pp.21-42．
山口　覚（2005）：集団就職と県民性－鹿児島県の事例．人文論究 55，pp.153-174．
山本健児（1986）：所得の分布と変動－国民経済の地域的統合とのかかわり－．川島哲郎編『経済地理学』朝倉書店，pp.196-226．
山本正三・北林吉弘・田林　明編著（1987）：『日本の農村空間－変貌する日本農村の地域構造－』大明堂．
由井義通・神谷浩夫・若林芳樹・中澤高志編著（2004）：『働く女性の都市空間』古今書院．
由井義通・久保倫子・久木元美琴・若林芳樹（2010）：沖縄県那覇市と浦添市における学童保育の地域的展開．日本地理学会発表要旨集 78，p.77．
横山壽一（2003）：『社会保障の市場化・営利化』新日本出版社．
吉田容子（1993）：女性就業に関する地理学的研究－英語圏諸国の研究動向とわが国における研究課題－．人文地理 45，pp.44-67．
吉田容子（1994）：繊維工業における労働力供給地と性別職種分業の変化．人文地理 46，pp.559-580．
吉田容子（1998）：女性就業をめぐる諸問題への地理学的アプローチ．地理科学 53，pp.217-226．
吉田容子（2007）：『地域労働市場と女性就業』古今書院．
吉村朔夫（1972）：戦後産業構造の変革と労働力市場．鹿児島大学経済学論集 8，pp.97-135．
吉村真子（1998）：『マレーシアの経済発展と労働力構造』法政大学出版局．

依光正哲・佐野　哲（1992）:『地域産業の雇用開発戦略』新評論.
渡辺雅子編著（1995）:『共同研究・出稼ぎ日系ブラジル人　上・下』明石書店.
渡辺真知子（1989）: 国内人口移動と地域経済格差. 人口学研究 12, pp.11-24.
Atkinson, J.（1985）: The changing corporation. Clutterbuck, D. ed.: *New patterns of work*. Gower, Aldeshot, Hant, pp.79-100.
Atkinson, J.（1987）: Flexibility or Fragmentation? : The United Kingdom labour market in the eighties. *Labour and Society*, 12, pp.87-105.
Ball, R. M.（1980）: The use and definition of Travel-to-Work Areas in Great Britain: some problems. *Regional Studies*, 14, pp.125-139.
Berger, S. and Piore, M. J.（1980）: *Dualism as discontinuity in industrial societies*. Cambridge, Cambridge University Press.
Cheshire, P. C.（1979）: Inner areas as spatial labour makets: a critique of the Inner Area Studies. *Urban Studies*, 16, pp.29-43.
Cooke, P.（1983）: Labour market discontinuity and spatial development. *Progress in Human Geography*, 7, pp.543-566.
Coombes, M. G.（1995）: The impact of international boundaries on labour market area definitions. *Area*, 27, pp.46-52.
Doeringer, P. B. and Piore, M. J.（1971）: *Internal labour markets and manpower analysis*. Lexington Books, Lexington, Mass.
Edgington, D. W（1994）: The geography of *endaka*: industrial transformation and regional employment changes in Japan, 1986-1991. *Regional Studies*, 28, pp.521-535.
Fischer, M. M.（1986）: Why spatial labour-market research? . *Environment and Planning A*, 18, pp.1417-1420.
Gordon, D. M., Edwards, R. C. and Reich, M. R.（1982）: *Segmented work, divided workers: the historical transformation of labor in the United States*. Cambridge, Cambridge University Press.
Green, A. E. and Owen, D. W.（1991）: Local labour supply and demand interactions in Britain during the 1980s. *Regional Studies*, 25, pp.295-314.
Herod, A.（2001）: *Labor Geographies Workers and the Landscapes of Capitalism*. New York, the Gilford Press.
Hoare, A. G.（1988）: High and low wages: some experiments with the geography of wage rate in the New Zealand economy. *Geoforum*, 19, pp.161-177.
Kelly, P. F.（2001）: The political economy of local labor control in the Philippines. *Economic*

geography, 77, pp.1-22.

Laan, L. D. (1992) : Structural determinants of spatial labour markets: a case study of the Netherlands. *Regional Studies*, 26, pp.485-498.

Martin, R. L. (1986) : Getting the labour market into geographical perspective. *Environment and Planning A*, 18, pp.569-572.

Massey, D. (1984) : *Spatial divisions of labour: social structures and the geography of production*. Macmillan, London.

Massey, D. (1995) : Masculinity, dualisms and high technology. *Transactions of the Institute of British Geographers, N. S.* 20, pp.487-499.

McDowell, L. and Court, G. (1994) : Gender divisions of labour in the post-Fordist economy: the maintenance of occupational sex segregation in the financial services sector. *Environment and Planning A*, 26, pp.1397-1418.

Morrison, P. S. (1990) : Segmentation theory applied to local, regional and spatial labour markets. *Progress in Human Geography*, 14, pp.488-528.

Owen, D. W. and Green, A. E. (1989) : Labour market accounts for travel-to-work areas, 1981-1984. *Regional Studies*, 23, pp.69-72.

Owen, D. W., Gillespie, A. E. and Coombes, M. G. (1984) : 'Job shortfalls' in British local labour market areas: a classification of labour supply and demand trends, 1971-1981. *Regional Studies*, 18, pp.469-488.

Peck, J. A. (1989) : Reconceptualizing the local labour market: space, segmentation and the state. *Progress in Human Geography*, 13, pp.42-61.

Peck, J. A. (1992) : Labor and agglomeration: control and flexibility in local labor markets. *Economic Geography*, 68, pp.325-347.

Peck, J. A. (1996) : *Work-Place: the Social Regulation of Labor Markets*. London, the Guilford Press.

Peck, J. A. and Tickel, A. (1995) : The social regulation of uneven development: 'regulatory deficit', England's South East, and the collapse of Thatcherism. *Environment and Planning A*, 27, pp.15-40.

Pinch, S. P. (1987) : Labour-market theory, quantification, and policy. *Environment and Planning A*, 19, pp.1477-1494.

Vance, J. E. (1960) : Labor-shed, employment field, and dynamic analysis in urban geography. *Economic Geography*, 36, pp.189-220.

あとがき

　本書は，2001年度に広島大学に提出した課程博士論文「わが国『周辺地域』における地域労働市場の展開と就業構造の変動に関する研究－中・南九州の事例を中心として－」を中心とし，それ以降の約十年間の研究を加えてまとめたものである．本書の内容のうち序論と結論を除く各章は既発表論文を骨子として加筆修正している．各章と発表論文の関係は次のとおりである．

第Ⅰ章：労働市場の地域構造－日本における労働市場の地域的構成研究の課題－．人文地理 56，pp.491-508（2004）

第Ⅱ章：わが国における労働市場の地域構造－1985年と1993年の比較考察－．経済地理学年報 44，pp.93-115（1998）

第Ⅲ章：わが国「周辺地域」における地域労働市場の性格と労働者の還流移動－鹿児島県姶良地域を事例として－．人文地理 51，pp.140-163（1999）

第Ⅳ章：わが国における業務請負業の労働力調達行動－東広島市に立地する業務請負企業を事例に－．地理科学 61，pp.81-95（2006）

第Ⅴ章：国内周辺地域における製造業務請負労働者および派遣労働者の就業特性－鹿児島市で求職活動をする労働者の場合－．日本福祉大学経済論集 40，pp.133-142（2010）

第Ⅵ章：工業地域における製造派遣への労働力供給－西三河地域の場合－．日本福祉大学経済論集 44，pp.25-34（2012）

第Ⅶ章：国内周辺地域における地域労働市場の変化―宮崎県西諸県地域を事例として―．地理科学 56，pp.232-251（2001）

第Ⅷ章：大都市圏における介護サービス業に従事する女性の仕事と生活－名古屋市を事例として－．日本福祉大学経済論集 43，pp.65-78（2011）

第IX章：那覇市の老人介護サービス業に従事する女性の仕事と生活．日本福祉大学研究紀要 現代と文化 123，pp.97-107（2011）

　大学で地理学を学びたいと高校の地理担当の先生に相談したときに勧められたのが広島大学である．進学した広島大学文学部では 3 年生のときに地理学野外実験の科目が設けられていたが，フィールドワークの面白さと難しさをこのとき実感した．地理学野外実験で私が訪れたのは熊本県宇土半島の柑橘栽培地域である．当時は携帯電話がまだ普及しておらず，農家への調査依頼の電話をかけるために，みかん畑と麓の公衆電話の間を真夏に歩いて何度も往復するうちに体調が悪くなり，農家の方に助けられた．みかん農家の方々からは休憩する部屋を貸していただき，食事をごちそうしていただくなど，とても親切にしていただいた．

　広島大学大学院文学研究科に進学した後は，本書の題目にもある地域労働市場に関する研究に取り組んだ．きっかけは，公共職業安定所別の統計データが掲載されている「労働市場年報」を指導教員の岡橋秀典先生に貸していただいたことである．現在ではこの資料を発行する労働局が少なくなったため，すべての都道府県の「労働市場年報」を入手できる時期に，この研究に取り組むことができたのは幸運であった．

　現在の勤務先である日本福祉大学経済学部には 2007 年に着任した．日本福祉大学の先生方からは，研究を進めるにあたり経済学や社会福祉の視点から貴重なご助言をいただいた．2015 年に退職された磯部　作先生には，教職課程の学生指導において日ごろお世話になったが，研究面においても数多くの資料をご提供いただいた．

　本書を上梓できたのは，多くの方々のご指導，ご支援の賜物である．特に広島大学大学院文学研究科地理学教室の岡橋秀典先生には終始ご指導賜った．同教室の奥村晃史先生，友澤和夫先生ならびに広島大学名誉教授である森川　洋先生，中田　高先生，藤原健蔵先生（2013 年 9 月 6 日逝去）からも多くの貴重なご教示を賜った．また広島大学大学院教育学研究科の由井義通先生には，本書第IV章，第VIII章，第IX章の研究において様々な側面からご指導とご助言を

いただいた．心より感謝申し上げます．

　資料収集に際しては，全国の労働局および都道府県庁，関係する市町村，公共職業安定所，高等学校等にご協力いただいた．事例地域における実態調査では，多くの事業所およびその従業者の方々，調査集落の住民の皆様には調査の協力のみならず，励ましの言葉をいただいた．記してお礼申し上げます．

　本書の出版に際し，独立行政法人日本学術振興会平成27年度科学研究費助成事業（科学研究費補助金）「研究成果公開促進費」（課題番号：15HP5106）の交付を受けた．また橋本寿資社長をはじめ株式会社古今書院の皆様には大変お世話になった．厚くお礼申し上げます．

　最後に私事にわたるが，故郷の佐賀にて研究活動を見守り続けてくれた父と母，日ごろの研究生活を支えてくれるだけでなく本書のカバーの絵を描いてくれた妻梓に心より感謝の念を捧げる．

　　　　　　　　2015年1月　キャンパス移転直前の美浜の研究室にて

　　　　　　　　　　　　　　　　　　　　　　　加茂浩靖

索 引

【あ 行】

アンケート調査　66, 189, 211, 212
一般求職者の県外就職率　30, 31, 41, 51, 57
衣服製造業　7, 74, 129, 167, 169, 172, 176, 227
医療法人　173, 192, 199, 200, 218
営利法人　7, 173, 175, 189, 191-193, 196, 199, 200, 206, 218, 227

【か 行】

外国人　11, 15, 109, 110, 144, 146
外国人労働者　6, 15, 37, 103, 108, 141
介護サービス業　1, 3, 5, 7, 146, 161, 162, 172, 175, 185, 186, 189, 193, 196-203, 206, 207, 209, 210, 213, 214, 217, 219, 223, 225, 227, 228
介護福祉士　197
介護保険制度　3, 173, 189, 192, 193, 213, 228
外来型製造業　163, 180,
核家族世帯　192, 205, 210, 212, 219-221, 223
学歴　14, 31, 66, 86, 87, 90, 150, 226
家計補助　185, 201, 202, 203, 206, 228
家事　3, 7, 94, 185, 189, 196-198, 200, 201, 205, 206, 210, 217-223, 228
観光業　66, 68, 74
慣習　18, 21, 63, 91
間接雇用　128, 135, 137, 138
完全失業率　30, 36, 210, 211, 213
還流移動　5, 63, 64, 76, 78, 86, 94, 165, 180, 225

期間従業者　6, 123, 128, 137-139, 144, 226
聞き取り調査　66, 101, 124, 143, 163, 189, 211
既婚女性　2, 4, 7, 74, 110, 117, 144, 173, 182, 196, 197, 200, 202, 206, 207, 209, 217-219, 227
規制緩和　1, 225
求人誌　110, 124, 131, 148
業務請負業　99-108, 111, 117, 118, 124, 128, 129, 146, 148
空間的分業　18, 20, 23, 24, 71
クラスター分析　20, 30, 42, 55, 57, 58, 64, 225
グローバル化　1, 225
兼業化　19, 36, 165, 183
建設業　23, 24, 68, 75, 90, 137, 172, 175, 178, 181-183, 185, 214
現地駐在員　5, 137, 138, 148
県庁所在地区　38, 47, 56, 58, 225
県庁所在都市　5, 28, 115, 162
県民所得　32, 47, 162
工業化　22, 35, 66, 144, 164, 165, 167, 179
公共職業安定所　4, 19, 20, 29, 110, 124, 125, 130, 131, 138, 141, 145, 148, 154, 155, 176, 185
工業地域　3, 6, 22, 114, 119, 138, 141, 144, 146, 147, 149, 150, 159, 226
工場誘致　66, 164
高度経済成長期　28, 46, 117, 123, 127, 161
ゴールドプラン　161

国内周辺地域　3, 5-7, 63, 64, 94, 115, 119, 123, 124, 138, 139, 151, 159, 162, 175, 185, 225-227
子育て　3, 7, 185, 196-198, 200, 201, 206, 210, 217-223, 228
古典派　12
雇用保険　30, 114, 135, 155, 177, 180
雇用保険受給率　30, 31, 38, 42, 43, 49, 53, 57

【さ　行】

サービス業　70, 145, 161, 162, 172, 175, 178, 180-182, 185
三交代制　74
3大都市圏　27, 33, 35, 49, 57, 100
三地帯構成　5, 27, 58, 225
Jターン　64, 87,
ジェンダー　11, 24, 210
資格　90, 107, 179, 197, 201, 202, 206, 214, 223
施設介護　190, 192, 193, 198, 199, 212
失業　2, 29, 36, 49, 155, 175, 177
自動車製造業　107, 145
社会規範　2, 18, 21, 229
社会的調整　18, 21, 229
社会的調整様式　18, 21, 25, 229
社会福祉協議会　3, 161, 173, 175
社会福祉法人　3, 173, 175, 193, 199, 200, 218
従業員寮　68, 149, 151, 155, 158, 227
就業構造　2, 7, 23, 24, 63, 64, 161, 165, 180
就業行動　5, 133, 135, 139, 143
就職進学　81, 94, 226
集団就職　3, 6, 119, 123, 127, 129
職安管轄区域　5, 27, 29, 30, 32, 41, 43, 49, 51, 57, 58
職業経歴　66, 86
女性　3, 7, 11, 15, 23, 74, 78, 82-84, 90, 91, 94, 107, 143, 162, 165, 180-182, 185, 186, 189, 190, 192, 199, 201, 206, 207, 209, 210-215, 219, 221, 223, 227-229
事例集落　163, 180, 182
新規高卒者　64, 68, 75, 114, 144, 178
新規高卒者の県外就職率　68, 126
新古典派　12, 13
人材サービス業　1, 3, 5, 6, 99, 100, 104, 119, 123, 124, 126, 127, 129, 130-139, 141, 142, 146-148, 150, 151, 154, 155, 158, 159, 225, 226, 228
親族世帯　192, 205, 212, 219-221, 223
人的資本論　13, 14
製造業　1, 3, 6, 7, 68, 137, 161, 162, 165, 167, 168, 175-178, 180-182, 185, 227
製造業務　6, 100, 124, 126-129, 133, 135, 137, 139, 141, 142, 144-146, 148, 149, 151, 158, 226
製造派遣　7, 123, 132, 137, 150, 154, 155, 159, 226, 227
制度派　12
性別　14, 74, 150, 180
世帯構造　2, 7, 209-211
繊維製造業　68, 69, 74, 90, 91, 131
専業主婦　185, 201, 214, 223

【た　行】

大都市圏　7, 22, 24, 37, 51, 53, 56, 58, 68, 70, 79, 91, 115, 116, 118, 127, 151, 159, 163, 189, 190, 193, 198, 206, 207, 209, 225-227
太平洋ベルト地帯　35, 36, 38, 46, 57, 115, 225
滞留　16, 143, 151
託児施設　199, 206, 217, 227
男女雇用機会均等法　16
男性　41, 74, 78, 82-84, 87, 90, 94, 107, 143, 180-182, 213, 214, 221

索引　247

地域労働市場　1, 4, 7, 11, 12, 16-22, 24, 25, 27, 29, 46, 63, 64, 66, 75, 76, 82, 86, 94, 100, 118, 133, 139, 161, 162, 165, 167, 175, 179, 182, 186, 226, 229
地域労働市場モデル　23
駐車場　199, 201, 206, 217, 227
中心・周辺地帯区分　27, 43, 57
直接雇用　6, 110, 123, 127, 128, 135, 137, 138, 226
賃金水準　6, 123, 126, 151, 173, 210, 222
通勤圏　4, 19, 20, 21, 29, 51, 109, 111, 112, 114, 118, 145, 148, 149, 158, 226, 228
通所介護　163, 190, 191, 193, 196, 197, 199, 211, 212
低成長期　36, 46
低賃金　23, 41, 49, 63, 71, 75, 162, 228
DINKs　192, 205, 212, 220, 223
出稼ぎ　3, 6, 76, 119, 123, 137
テクノポリス　70
電機製造業　68, 69, 71, 74, 107, 110, 127, 133, 167, 169, 172
都市的中心性　32, 38, 41, 43, 49, 53, 56

【な 行】
二重労働市場論　13, 14
日系外国人　110
年齢　13, 14, 74, 82, 86, 180
農業経済学　13, 16, 18, 23

【は 行】
パートタイム　82, 84, 90, 91, 137, 178, 197, 222
非営利法人　191, 199, 200, 206, 227
非正規雇用　205, 222, 227
1人当たり製造業賃金　30, 38, 42, 43, 46, 49, 53, 57
標準得点　32, 37, 42

不安定就業　17, 63, 106, 221, 223, 225
フリーター　100, 109, 119, 155
ブルーカラー　66, 71, 74, 75, 82, 84, 86, 87, 90, 91, 94
フルタイム　15, 82, 84, 90, 91, 94, 178, 222
フレキシビリティ　11, 13-15
保育所　199, 218, 222
訪問介護　162, 173, 190, 191, 193, 196, 197, 199, 211, 212
訪問看護　163
ホームヘルパー　176, 197
母子世帯　8, 192, 198, 203-205, 210-212, 215, 221-223, 228
ホワイトカラー　66, 70, 82, 84, 86, 87, 90, 94

【ま 行】
マルクス学派　12

【や 行】
夜間勤務　74, 84, 108, 198
有効求人倍率　30, 31, 33, 35-37, 38, 42, 43, 46, 47, 49, 51, 53, 56, 57, 68, 69, 123, 126, 145, 198, 211
Uターン　63, 64
輸送用機械製造業　102

【ら 行】
ラディカル理論　14
類型化　5, 20, 23, 27, 29, 30, 42, 57, 162
労働市場　2, 3, 11-13, 21, 81, 161, 212, 229
労働市場指標　29, 47, 55
労働市場特性　20, 32, 43, 46, 58, 123, 225
労働市場年報　29, 31, 41, 58, 177, 178
労働市場の地域構造　4, 5, 27-29, 32, 33, 36, 37, 46, 47, 55, 57, 225
労働市場分断論　13, 17, 18, 20, 23
労働者派遣業　99, 102, 124, 139, 143, 146, 148

労働者派遣法　16, 128
労働力供給　2-4, 6, 13, 119, 123, 133, 141, 150, 151, 159, 226
労働力需給圏　19, 29, 100
労働力需要　2, 3, 6, 7, 13, 28, 31, 37, 46, 68, 69, 75, 87, 94, 119, 144, 162, 165, 175, 177, 197, 201, 206, 209, 210, 214

索引　247

地域労働市場　1, 4, 7, 11, 12, 16-22, 24, 25, 27, 29, 46, 63, 64, 66, 75, 76, 82, 86, 94, 100, 118, 133, 139, 161, 162, 165, 167, 175, 179, 182, 186, 226, 229
地域労働市場モデル　23
駐車場　199, 201, 206, 217, 227
中心・周辺地帯区分　27, 43, 57
直接雇用　6, 110, 123, 127, 128, 135, 137, 138, 226
賃金水準　6, 123, 126, 151, 173, 210, 222
通勤圏　4, 19, 20, 21, 29, 51, 109, 111, 112, 114, 118, 145, 148, 149, 158, 226, 228
通所介護　163, 190, 191, 193, 196, 197, 199, 211, 212
低成長期　36, 46
低賃金　23, 41, 49, 63, 71, 75, 162, 228
DINKs　192, 205, 212, 220, 223
出稼ぎ　3, 6, 76, 119, 123, 137
テクノポリス　70
電機製造業　68, 69, 71, 74, 107, 110, 127, 133, 167, 169, 172
都市的中心性　32, 38, 41, 43, 49, 53, 56

【な 行】

二重労働市場論　13, 14
日系外国人　110
年齢　13, 14, 74, 82, 86, 180
農業経済学　13, 16, 18, 23

【は 行】

パートタイム　82, 84, 90, 91, 137, 178, 197, 222
非営利法人　191, 199, 200, 206, 227
非正規雇用　205, 222, 227
1人当たり製造業賃金　30, 38, 42, 43, 46, 49, 53, 57
標準得点　32, 37, 42

不安定就業　17, 63, 106, 221, 223, 225
フリーター　100, 109, 119, 155
ブルーカラー　66, 71, 74, 75, 82, 84, 86, 87, 90, 91, 94
フルタイム　15, 82, 84, 90, 91, 94, 178, 222
フレキシビリティ　11, 13-15
保育所　199, 218, 222
訪問介護　162, 173, 190, 191, 193, 196, 197, 199, 211, 212
訪問看護　163
ホームヘルパー　176, 197
母子世帯　8, 192, 198, 203-205, 210-212, 215, 221-223, 228
ホワイトカラー　66, 70, 82, 84, 86, 87, 90, 94

【ま 行】

マルクス学派　12

【や 行】

夜間勤務　74, 84, 108, 198
有効求人倍率　30, 31, 33, 35-37, 38, 42, 43, 46, 47, 49, 51, 53, 56, 57, 68, 69, 123, 126, 145, 198, 211
Uターン　63, 64
輸送用機械製造業　102

【ら 行】

ラディカル理論　14
類型化　5, 20, 23, 27, 29, 30, 42, 57, 162
労働市場　2, 3, 11-13, 21, 81, 161, 212, 229
労働市場指標　29, 47, 55
労働市場特性　20, 32, 43, 46, 58, 123, 225
労働市場年報　29, 31, 41, 58, 177, 178
労働市場の地域構造　4, 5, 27-29, 32, 33, 36, 37, 46, 47, 55, 57, 225
労働市場分断論　13, 17, 18, 20, 23
労働者派遣業　99, 102, 124, 139, 143, 146, 148

労働者派遣法　16, 128
労働力供給　2-4, 6, 13, 119, 123, 133, 141, 150, 151, 159, 226
労働力需給圏　19, 29, 100
労働力需要　2, 3, 6, 7, 13, 28, 31, 37, 46, 68, 69, 75, 87, 94, 119, 144, 162, 165, 175, 177, 197, 201, 206, 209, 210, 214

著　者

加茂　浩靖（かも　ひろやす）

［経歴］
2001年　広島大学大学院文学研究科博士課程後期修了
現在　日本福祉大学経済学部准教授　博士（文学）
専門は経済地理学，社会地理学

［主な著作］
『女性就業と生活空間－仕事・子育て・ライフコース』明石書店（分担執筆）

書　名	人材・介護サービスと地域労働市場
コード	ISBN978-4-7722-4186-1 C3036
発行日	2015年11月20日　初版第1刷発行
著　者	加茂　浩靖
	Copyright ©2015 Hiroyasu KAMO
発行者	株式会社古今書院　橋本寿資
印刷所	株式会社理想社
製本所	渡邉製本株式会社
発行所	古今書院
	〒101-0062　東京都千代田区神田駿河台2-10
電　話	03-3291-2757
ＦＡＸ	03-3233-0303
振　替	00100-8-35340
ホームページ	http://www.kokon.co.jp/
	検印省略・Printed in Japan

いろんな本をご覧ください
古今書院のホームページ

http://www.kokon.co.jp/

★ 700点以上の**新刊・既刊書**の内容・目次を写真入りでくわしく紹介
★ 地球科学やGIS，教育など**ジャンル別**のおすすめ本をリストアップ
★ **月刊『地理』**最新号・バックナンバーの特集概要と目次を掲載
★ 書名・著者・目次・内容紹介などあらゆる語句に対応した**検索機能**

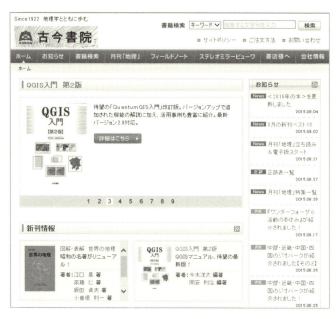

古今書院

〒101-0062　東京都千代田区神田駿河台 2-10

TEL 03-3291-2757　　FAX 03-3233-0303

☆メールでのご注文は　order@kokon.co.jp　へ